21 世纪高职高专新概念（财经类）系列教材

总主编　王宗湖

法律基础

（第 2 版）

主　编　李建于　苟　鑫

副主编　高慧萍　陈璇子

对外经济贸易大学出版社

中国 · 北京

图书在版编目（CIP）数据

法律基础/李建于，苟鑫主编．—2 版．—北京：
对外经济贸易大学出版社，2014
21 世纪高职高专新概念（财经类）系列教材
ISBN 978-7-5663-1182-5

Ⅰ．①法… Ⅱ．①李… ②苟… Ⅲ．①法律-中国-
高等职业教育-教材 Ⅳ．①D92

中国版本图书馆 CIP 数据核字（2014）第 215343 号

法律基础（第 2 版）
李建于 苟 鑫 主编
责任编辑：汪友年 刘晓君

对外经济贸易大学出版社
北京市朝阳区惠新东街 10 号 邮政编码：100029
邮购电话：010-64492338 发行部电话：010-64492342
网址：http://www.uibep.com E-mail：uibep@126.com

山东省沂南县汇丰印刷有限公司印装 新华书店北京发行所发行
成品尺寸：185mm×260mm 15.5 印张 358 千字
2014 年 10 月北京第 2 版 2014 年 10 月第 1 次印刷

ISBN 978-7-5663-1182-5
印数：0 001-3 000 册 定价：33.00 元

21世纪高职高专新概念（财经类）系列教材编委会

总　序

当今世界科学技术日新月异，知识经济初见端倪，国力竞争日趋激烈。针对这一知识化、信息化、全球化的时代特征，世界各国正在酝酿一场深刻的教育改革，以培养同时代要求相适应的高素质的劳动者和富有创造性的专业人才。

随着我国市场经济体制的逐步完善和对外开放的程度不断扩大，我国经济将完全融入世界经济体系之中，而教育水平的高低与经济的发展密切相关。职业教育作为我国高等教育的全新组成部分，应确立怎样的培养目标来适应时代要求，已成为人们普遍关心的问题。教育部在关于《面向21世纪教育振兴行动计划》有关问题的回答中，对高职的培养目标是这样定位的："高等职业教育应以培养基层和生产第一线技术应用型人才为办学宗旨，建立以基本素质和技术应用能力培养为主线的教学体系……专业课应加强针对性和实用性，实践教学要以培养学生专业应用能力为主……时间可占总课时数的1/3以上，至多可达50%……"可见，高等职业教育的培养目标，主要强调能力的培养和技术的应用，它要求我们的教育能够不断造就基本功扎实、操作能力强，又具有丰富知识和较高技能的复合型、实用型人才。

教材作为"整个教育系统的软件"，它不仅反映着社会发展的要求，同时在某种程度上还直接决定着受教育者的培养质量，因而，世界各国都非常注重教材的开发和建设。但目前，我国职业教育教学和管理模式受传统教育思想和教育模式的影响较深，以能力为本位的教育观念还未能在教学领域完全形成，课程改革和教材开发还远远满足不了形势发展对高职教育的要求。因此，要适应21世纪知识经济时代发展和我国现代化建设的要求，高等职业教育必须加快课程体系改革和教材建设的步伐，建立符合时代特征和具有我国特色的职业教育新思想、新模式、新课程体系。有鉴于此，对外经济贸易大学出版社为适应教育发展的新形势，并努力推动高职高专院校的教材建设，委托我们组织全国职业院校的教师及具有企业工作经验的业务骨干，编写这套21世纪高职高专新概念（财经类）系列教材。本系列教材暂包括国际贸易、会计、市场营销、经贸英语、旅游管理、物流管理、电子商务等10大专业以及基础科目90门课程。

为使教材编写尽量适应高职教育的特点及时代发展的新要求，我们在编写过程中，尽可能把最新的研究成果吸收渗透到教材中来，在内容安排、教法选择、编写体例等方面也进行了较多的改革，甚至是新的尝试，使本套丛书具有以下特点：

1. 在内容安排上，突出了"能力培养"和"创新教育"，加大了技能训练的比重

本套丛书各册教材，在基础理论讲授之后，每篇均加列"技能训练"专章，通过采用案例分析等形式，引导学生对本篇的重点、难点内容进行分析、讨论、练习和模拟训练；每章结束后针对本章重点内容设计了个案分析、关键名词、讨论与思考等项目，以强化学生对经济与管理理论和业务环节处理技巧的掌握。这些新增加的关于"能力培养"和"技能训练"等新内容，约占整本教材篇幅的1/3，基本上达到了国家对职业教育改革的要求。这种编写体例的运用在目前经济类课程的教材中还较少见，希望这种新的尝试能经日后的教学实践验证，成为一种“能力培养”和“创新教育”的有效方法。

2. 在编写体例上，积极探索模块教学，使学生容易理清教材的知识体系，迅速而系统牢固地掌握知识

本套丛书各册均采用“篇、章、节”的结构。每篇开始之前，均有一段概括性文字，对本篇内容的重点与难点、目的与要求加以说明，使学生在学习之前能对整篇主要内容有所了解；每章之下又提出了具体的学习目标及应掌握的重点难点，以便学生明确具体的学习任务。这样，每篇作为教材的大模块，包含着“章”这样的小模块，小模块又通过具体的学习任务的确立映衬着大模块，既使大模块之间篇篇相连，又与小模块环环相扣，组成系统的“知识链”。这种先将一本教材中的相关知识切块“溶解”，最后又串联起来的编写思路及形式，符合人类的分析综合的思维特点，有利于学生在学习过程中迅速而系统牢固地掌握知识。

3. 在教学方法上，注意吸收国外流行的教学理念，并尝试教学改革与教法创新

模拟教学、案例教学和启发式教学源于国外，现在是我国经济专业比较流行和推崇的教学方法。在本套教材的编写过程中，我们注重了上述教学方法的综合运用，旨在增强学生的主动参与意识和创新意识，提高学习的功效。同时，我们进一步借鉴了培养MBA的教学经验，在本套教材的编写方法上尽量运用提示、启发、引导、讨论和模拟等方法，其目的是使学生运用所学知识在进行初步的分析、综合、比较、分类后，将知识、技能抽象概括和具体化，提高学生灵活分析和解决问题的能力。这样既与国家对高职教育培养的目标相吻合，又适合学生的学习思维特点，并容易激发学生的学习兴趣，所以较之传统的教学方法有了较大的改革与突破。

4. 在学科建设上，积极探索和建立综合型、技能型、实践型新科目

江泽民同志在第三次全国教育工作会议上指出：“职业教育和成人教育要使学生在掌握必要的文化知识的同时，具有熟练的职业技能和适应职业变化的能力。”可见，现代职业教育呼唤综合型、应用型、技能型的新学科的设立。为反映这些要求，我们在每个专业都增设了“综合技能训练”课程，以此为基础编写了经济管理类各专业实践课的应用教材。该科目在内容上以各专业的主要业务为线索，将骨干核心课程的知识高度浓缩并有机串联，将主干课中没有系统讲授而实际工作中必然牵涉到的知识纳入其中，弥补了原来系列教材的欠缺与不足。同时，该系列教材大量采用模拟教学和案例教学，让学生以“业务员、经济师、总经理”的身份参与学习与训练，独自策划交易，进行经济活动等，刻意营造一种仿真情境，让学生在“训练”中学习，在“情景”中增长才干和积累经验，有效地将知识转变为专业性的技能技巧，提高其解决和处理实际问题的综合能力。总之，各专业“综合技能训练”课程的设立，是按照教育部“要多增加综合课”的要求而设立的新型试验科目，其主要目的是通过运用灵活有趣的模拟训练及案例教学等方法，启发诱导学生的立体思维，全面提高其独立操作经济业务的综合实践能力。因为是初次尝试，所以希望大家多加关注，并提出指导性的建议。

本套丛书的编写，得到了有关学校领导和学者、教授的大力支持，并引用了有关作者的部分资料，在此一并表示谢意。

本套丛书无论从体例安排到内容设置，还是从知识点的归纳到教法的运用，都进行了大胆探索和尝试，希望为我国财经类高职高专教材的编写尽微薄之力，但由于时间和水平有限，疏漏和不足甚至是错误在所难免，希望广大教师、读者多提宝贵意见，以便日后充实与完善。

21世纪高职高专新概念（财经类）系列教材编委会

2009年1月

前言（第二版）

《法律基础》一书是专门针对中高职院校非法律专业学生的特点而编写的，自2008年出版以来，深受兄弟院校师生的厚爱，得以多次重印。但是该书首印至今已近六载，特别是党的十八大以来，书中所涉法律或制定，或修改，或废止，已不能完全满足教和学的需要，亟待修订。修订过程中，我们吸收了兄弟院校提出的一些宝贵意见和建议，在坚持以“实用、有用、够用”为原则的基础上，进行了较大幅度的修订，具体如下：

（一）重塑了教材体系。把更加贴近人们生活的民法从第一版的第五章提前到第三章，把对学生行为习惯引导性较强刑法排放到行政法的前面，把第一版第七章民事诉讼法、第八章行政诉讼法、第九章刑事诉讼法综合为第九章诉讼法。同时，将原教材第五章民法中第七节婚姻法独立为第四章，并增加继承法的相关内容；将原教材第六章经济法中第六节劳动法和劳动合同法的内容独立为第六章，使得整个教材体系更加科学、完整和清晰。

（二）更新了法律规定。近几年来，随着时代的进步，更多新法律被制定，旧的法律也或修订或废止，涉及本教材的主要体现于物权法、劳动合同法、刑法、诉讼法等相关内容，经过本次修订，教材内容更加完整和新颖，表达更加准确。

（三）更注重对知识的掌握和运用。与第一版相比较，增加了案例引导，增加了大量的案例分析和案例讨论，帮助学生对法律知识的理解和吸收，增强学生运用法律知识分析解决问题的能力。

本教材由李建于、苟鑫担任主编。李建于编写第1-6章，苟鑫编写第7-10章。

本教材在编写过程中，参考了一些同类著作，得到了对外经济贸易大学出版社的大力支持，在此表示由衷地感谢。

由于编者的知识和能力有限，此次修订也不尽善尽美，有些观点可能有不妥之处。在此，恳请读者与法学界同仁提出宝贵意见。

编　者

2014年9月

前言（第一版）

本书是由四川省旅游学校任课教师经过多年教学实践、专门针对中高职院校的特点而编写的，在编写风格和内容的取舍上坚持以“实用、有用、够用”为原则，尽量通俗易懂地阐释法律概念和理论，反映我国立法工作和法学研究的最新成果，体现培养和提高中高职学生法律意识、法制观念和道德素质的宗旨和目的，突出时代感、现实性和思想性。本教材每章都列出了学习目标、重点难点和讨论与思考，以突出学生学习的目的性和提高学生对所学知识的实际运用能力。

全书由李建于、苟鑫担任主编，高慧萍、陈璇子担任副主编，并由四川省旅游行业资深专家、旅游政策与法规高级讲师、知名律师张琥先生对全书进行了审定。其中，第一章、第三章、第五章由李建于编写；第七章、第八章、第九章由苟鑫编写；第二章、第六章由高慧萍编写；第四章、第十章由陈璇子编写。全书由李建于、苟鑫统稿定稿。

本书力求反映我国法律制度的整体面貌，吸收我国法学研究的成果，也包含了编者个人的部分研究成果和观点。它既可以作为中高职院校法律基础课程的教材，也可作为社会各界普及法律基础知识教育的教材及对法学感兴趣的广大读者的参考读物。

鉴于编者的水平，本书仍存在一些缺憾，书中个别观点可能有不妥之处。在此，恳请读者与法学界同仁提出宝贵意见。

编　者

2008 年 2 月

目录

第一章

法的基本理论

课前准备

【案例导读】

基本案情：在云南一山区农村生活着一对80岁左右的老人，他们衣衫褴褛、食不裹腹，居住在四面透风的柴棚里，靠农村低保和村委会的救济粮加上翻山越岭种点玉米、土豆维持生活。原本两位老人勤勤恳恳一生建盖了土木结构的住房与小儿子共同生活，但儿子娶妻成家后认为老人用的水电费不应当由自己承担，就切断了老人的生活用水和电，老人无法生活遂搬到柴棚里。问题反映到禄丰法院后，办案法官找到了老人的小儿子做工作，但耐心劝说、反复调解、案件始终未能调解结案，法院只有冻结了小儿子的银行账户，将小儿子应支付老人的赡养费直接划到老人的账户。后来老人的大儿子站了出来，表示尽管自己家境不宽裕，但愿意赡养两个老人，案件得以解决，老人有了归宿。

虽然该案已经结案，但确留给了我们沉重的思考。在市场经济浪潮的冲击下，传统的道德观念和一些社会良俗面临新的挑战。随着社会价值观的变化，养儿防老的这种观念在年轻人中慢慢淡化。但是由于社会养老保险的不完善，特别是在偏远山村，一些子女对父辈关心和爱不断淡化和褪色，温情、亲情淡漠，经常会发生子女不尽赡养义务的这种案例。不过，我们也应该欣慰地看到，社会主义民主法治建设越来越健全，法律在社会规范中的地位和作用日益突出，建设法治社会的理念正在日益深入人心。我们共同呼吁：用我们最美丽的智慧，来守住社会的良知，守住道德底线，让道德回归，让法治畅行。

【重点难点】

1. 掌握法的概念、本质与特征
2. 掌握法的价值和法的作用
3. 掌握法的法律体系和分类
4. 掌握法律渊源和法律效力
5. 掌握法律关系的概念及构成要素
6. 掌握法律责任和法律制裁
7. 掌握依法治国的科学含义及加快社会主义法治建设的重要性

学习内容

第一节 法的历史与本质

一、法的产生与法的历史类型

（一）法的产生及其根源

关于法的产生问题，中外法学理论有各种不同的看法，形成了各种学说。按照历史唯物主义观点，法不是从来就有的，而是人类社会发展到一定历史阶段的产物，是随着私有制、阶级和国家的出现而产生的。法的产生经历了一个长期演进的过程。

原始社会是人类历史发展中的第一个社会形态，当时的社会生产力水平极端低下，生产工具十分简陋，人类以采集和渔猎为生，而且单个人的能力不足以独立应付自然和外族的压力，人们只有依靠集体的力量才能得以生存和发展。因此，人们共同劳动，生产资料共同所有，劳动产品平均分配。在原始社会条件下，没有私有制、没有阶级，也没有剥削，彼此之间处于一种原始的平等互助关系，称为原始公有制。

原始社会尽管没有国家和法律，但并不意味着它是一个无秩序的社会。原始社会有着与其生产方式相适应的社会调控机制。原始社会后期出现了氏族，并由氏族组成了部落和部落联盟。原始社会无政府而有规范。在原始社会，人们也有共同遵守的行为规范，如习惯规范、道德规范、宗教规范等，这些规范通常被称为氏族习惯，是人们在长期的共同生产和生活中形成的，体现了全体氏族成员的共同利益和意志。在氏族内部，依靠氏族部落首领的威信、人们的自觉遵守来保证其实施。

后来，到了原始社会末期，在生产力的推动下，随着社会分工和商品交换的发展，社会成员之间的贫富差距越来越大，氏族内部逐步分裂为奴隶主和奴隶两大对立的阶级。奴隶主为了维护自己的利益和统治，凭借在经济上的统治地位，建立国家，设置军队、法庭监狱，并逐渐形成一种能反应本阶级意志的行为规范。这种行为规范通过国家的认可而将之上升为法律，依靠国家力量强制全社会成员遵守。

显然，法律的形成，是以国家的产生、权利义务观的形成、法律诉讼和司法的出现为主要标志。

所以，马克思主义认为法律不是从来就有的，也不是一成不变的，而是人类社会发展到一定的历史阶段才出现的社会现象，法律随着生产力的发展、社会经济的发展、私有制和阶级的产生、国家的出现而产生，并经历了一个极其漫长的、渐进的过程。

（二）法的历史类型

法的历史类型与国家的历史类型和社会形态相适应。人类迄今为止经历了四种不同历史类型的法，即奴隶制法、封建制法、资本主义法和社会主义法。

1. 奴隶制法

奴隶制法是人类历史上最早出现的法，也是最早的私有制类型的法，它是随着私有制、阶级和国家的出现，在氏族制度的基础上建立起来的奴隶制社会上层建筑的组成部分。奴隶制法是奴隶主阶级意志和利益的体现，其目的在于维护有利于奴隶主阶级的社会关系和社会秩序。

2. 封建制法

封建制法是继奴隶制法之后出现的又一种私有制类型的法，封建制法存在的历史较长，在法的历史发展进程中有着重要的地位和影响。

封建制法赖以建立和存在的经济基础是地主占有土地和部分占有农民或农奴。封建制法是地主阶级意志和利益的体现，是由封建国家制定或认可，并以国家强制力保证其实施的行为规范，是维护和巩固地主阶级压迫和剥削农民的工具。

3. 资本主义法

在欧洲封建社会中后期，随着资本主义生产关系的出现，带有资本主义因素的法开始产生了。资本主义法是通过资产阶级革命推翻封建统治建立起来的。资本主义法是建立在资本主义经济基础之上并为之服务的上层建筑，它是资产阶级意志和利益的体现。

4. 社会主义法

奴隶制法、封建制法和资本主义法都是建立在生产资料私有制经济基础之上的，体现剥削阶级意志的剥削阶级类型的法。社会主义法则是建立在生产资料公有制经济基础之上、维护和反映无产阶级和广大人民意志和利益的法，是人类历史上新型的、也是最高类型的法，它们之间存在根本的区别。

二、法的概念与本质

（一）法的概念

我国现在一般从广义和狭义两个方面来理解法。广义的法是指法的整体，即由国家制定或认可的并以国家强制力保证实施的行为规范的总和。它包括作为根本法的宪法、全国人民代表大会及其常务委员会制定的法律、国务院制定的行政法规、地方国家机关制定的地方性法规。狭义的法是指拥有立法权的国家机关依照立法程序制定和颁布的规范性文件，仅指全国人民代表大会及其常务委员会制定的法律。

我国《宪法》规定的“中华人民共和国公民在法律面前一律平等”，其中所讲的法就是广义上的法律。

（二）法的本质

对于法的本质问题，不同时代的思想家或法学家曾经作过不同的论述。他们或者把法本质归结为某种精神力量，比如在中世纪出现的“神意论”；或者把法视为单纯的规则体系，如认为法是“主权者的命令”、“纯粹的规范”等。这些思想家或法学家对于法的本质的论述，虽然有一些“真理的微粒”，是值得我们加以借鉴的，但其带有历史和阶级的局限性，还不能真正科学地揭示法的本质。和以往的一些思想家或法学家不同，马克思主义以辩证唯物主义和历史唯物主义为指导，第一次科学地揭示了法的真正本质。他们不是把法的本质归结为某种精神力量或者单纯的规则体系，而是把法律和国家政权、阶级统治紧密联系在一起，特别是把法律和现实的经济关系，即统治阶级的物质生活条件紧密地联系在一起。马克思和恩格斯曾经深刻地揭露过资本主义法的本质，即“你们的观念本身是资产阶级的生产关系和所有制关系的产物，正像你们的法不过是被奉为法律的你们这个阶级的意志一样，而这种意志的内容是由你们这个阶级的物质生活条件决定的”。马克思和恩格斯的这段话虽然是针对资本主义法的本质而说的，但却深刻地揭示了一切法的本质属性。

以马克思主义关于法的本质的论断为指导，可以把法的本质概括为以下三个方面：

1. 法是统治阶级意志的体现

法是体现国家政权意志的社会规范，国家政权由统治阶级掌握，因此，法首先且主要体现统治阶级意志。

统治阶级意志是“取得胜利、掌握国家政权的阶级的意志”。在阶级社会中，“掌握国家政权的阶级”只能是在经济关系和社会关系中居于统治地位的阶级。但应当指出，法所反映的统治阶级意志不是统治阶级的所有意志，通常只有与统治阶级根本利益一致的意志，才需要上升为国家意志并通过法的形式表现出来。另外，法所反映的统治阶级意志是统治阶级的共同意志，不是统治阶级内部某个人的意志或意志的简单相加。

2. 法是以国家意志的形式表现出来的统治阶级意志

法是统治阶级意志的体现，但并不是统治阶级的意志都表现为法，只有把统治阶级的意志上升为国家意志，才能成为法律。这种以国家意志表现出来的统治阶级的意志，全体社会成员都必须遵守，否则，将受到国家强制力的制裁。

统治阶级取得政权以后，其阶级意志以国家为中介上升为法，取得“法律的一般表现形式”。实现这种转变通常有两个途径：一是国家对法的制定，即有立法权的国家机关通过特定程序将统治阶级意志制定为法律规范；二是国家认可，即国家专门机关对社会上现实存在的符合统治阶级意志的一般社会规范赋予其法律效力，使之成为体现统治阶级意志的法律规范。

3. 法的内容是由统治阶级所处的社会物质生活条件决定的

法所表现的统治阶级意志并非凭空产生的，而是由统治阶级所处的社会物质生活条件决定的。物质生活条件是指与人类生存有关的物质资料的生产方式、地理环境、人口等因素。其中，物质资料的生产方式是决定因素。这是因为：一方面，人们通过生产力和生产关系使自然界的一部分转化为物质生活条件，同时使生物的人上升为社会的人；另一方面，在生产过程中发生的人与人之间的关系又是根本的社会关系，其他一切关系都是由它派生出来的。即使是地理环境、人口等因素，也只有通过生产方式才能对法的本质内容产生作用。当然，法的内容是由特定的社会物质生活条件所决定的，这是从最终意义上讲的，但我们也不应忽略社会物质生活条件以外的政治、科技、文化等因素对法产生的影响。

综上所述，法的本质是由特定的社会物质生活条件决定的，通过国家意志表现出来的统治阶级的共同意志和根本意志。

三、法的特征

任何事物的特征都是在与其他事物相比较中表现出来的。与道德、宗教、政策等其他社会规范相比，法的特征可以概括为以下三个方面：

（1）法是由国家制定或认可并具有普遍约束力的社会规范。制定和认可，是国家创制法律的两种形式。制定是指国家有立法权的机关在权限范围内，按照法定的程序制定出具有不同效力的规范性文件，如宪法、法律、行政规范等；认可是指国家对某些社会上已经形成的而又符合统治阶级意志和利益的行为规范，如风俗习惯、社会道德、宗教信仰等加以确认，使它具有法律效力。

（2）法是以权利和义务为内容的社会规范。法律对人们行为的调整主要是通过权利、义务的设定和运行来实现的。权利是指国家通过法律规定，对人们可以作出某种行为的许可和保障。义务是指国家通过法律规定，对人们必须作出某种行为的约束。法以规定权利和义务的方式影响人们的行为动机，指引人们的行为，把社会关系调整到调整统治阶级利益所容许的模式之中。

（3）法是由国家强制力保证实施的，具有国家强制性。法律是以国家强制力为后盾，由国家强制力保障实施，这是法律与其他社会规范的重要区别。这种国家强制性，即表现为国际对违法行为的否定和制裁，也表现为国家对合法行为的肯定和保护；其既表现为国家机关依法行使权力，也表现为公民可依法请求国家保护其合法权利。国家强制力并不是绝对的，它也受制于法律，而且必须依照法定程序、有限度地施行。

第二节　法的作用与价值

一、法的作用

法的作用是指法对人们的行为、社会生活或社会关系所产生的影响。法的作用与法的特征和本质紧密联系。法律是国家意志的体现，是国家权力规范化的标志。法的作用主要体现为规范作用和社会作用两个方面。

（一）法的规范作用

法的规范作用是指法自身表现出来的、对人们的行为或社会关系发生影响的手段和方式。法的规范作用根据主体范围和方式的不同，可分为指引作用、评价作用、预测作用、教育作用和强制作用。

1. 指引作用。法律作为一种行为规范，通过规定各种权利和义务，为人们提供某种行为模式，指引人们可以这样行为、必须这样行为或不得这样行为，从而对行为者的行为产生影响。

2. 评价作用。法的评价作用是指法律作为人们行为的评价标准所起的作用，表现为法律对人们行为合法或违法及其程度具有判断、衡量作用。

3. 预测作用。法的预测作用表现为人们可以依据法律规范的规定预先估计到当事人双方如何行为及其法律后果。由于法律规范的存在，人们可以预见到自己的行为在法律上是合法的还是非法的、是有效的还是无效的，以及是否会受到国家肯定、鼓励、保护等。

4. 教育作用。法的教育作用表现为通过法律的实施，对人们今后的行为发生直接或间接的诱导影响。法律把体现在自身规则和原则中的某种思想、观念和价值灌输给社会成员，使其内心确立法律的信念，从而达到使法的外在规范内化，形成尊重和遵守的习惯。

5. 强制作用。法的强制作用表现在法为保障自身得以充分实施，运用国家强制力制裁、惩罚违法行为上。这也是法的国家强制力的表现。

（二）法的社会作用

法的社会作用是法为实现一定的社会目的而发挥的作用，大体分为两个方面：

1. 法的阶级统治职能。为了维护自己的统治，掌握政权的阶级通过国家制定和实施法律，来使自己在社会生活中的统治地位合法化，使阶级冲突和矛盾保持在统治阶级根本利益所允许的限度之内，建立有利于统治阶级的社会关系和社会秩序。

2. 法的社会公共职能。法的社会公共职能产生于处理社会公共事务的客观需要。其使命在于维持社会生存和发展的共同条件，这些共同条件反映了社会的共同利益。

法的社会公共职能包含大量内容，诸如维护基本的社会治安秩序、维护物质资料生产再生产的基本条件、保护生态环境和确保必要规模的文化事业等，尤其是在科技水平和生产的社会化程度日益提高的现代社会，法的社会公共职能内容越来越丰富。

应当指出，法的社会作用的两个方面不是截然对立的，而是相互联系、相互作用的。因此，不能简单地说，某一部分的法律规范只执行阶级统治职能，另一部分法律规范只执行社会公共职能，其实二者是相互渗透的。如就维护一定的社会秩序，制裁杀人、放火的反社会行为而言，它既体现了法在执行公共职能中的作用，也起到了维护阶级统治的目的，具有阶级统治职能。

二、法 的 价 值

价值一般是指客体对主体的意义，是客体满足主体需要的某种属性。法的价值是以法与人的关系作为基础的。法对于人所具有的意义，是法对人的需要的满足，是人关于法的绝对超越指向。

法的价值主体是人。作为法的价值主体的人包括人的个体、群体和人类，但是最基本的还是作为个体的人，一般的人。

法的价值客体是法。作为法的价值客体的法是广义的法，或者可以称之为法的现象或法律现象。它包括法的制度、以社会状态存在的法、法的被执行与遵守及以观念形态存在的法律意识。

法的价值以法与人之间的客体与主体的关系为客观基础。任何法的价值都是以客体与主体之间的关系作为存在依据的，是客体与主体之间关系的产物。法的价值是以法的属性为基础的法对人的意义，是法所具有的属性在一定条件下的外化。如果法根本就不具有可以实现的秩序自由、平等、人权、正义和促进人的全面发展等价值的属性基础，法将不可能具有相应的价值，法的属性为法的价值的产生提供了客体上的可能性。法对人的意义包括法对人的需要的满足和人关于法的绝对超越指向。满足人的需要是法的价值的最基本的内容。人的需要是多方面的，法满足人的需要的方式也是多种多样的，这是法作为价值客体所必须具有的属性。同时，由于法是人的创造物，因此，人们在创制法的时候就赋予和确定了其价值，法的价值包含着人们关于法的永恒的终极理想，凝结着人类的法精神与法信仰，具有绝对超越指向的意义。

第三节　法律体系和形式分类

一、法律体系

法律体系，通常是指一个国家全部现行法律规范分类组合为不同的法律部门而形成的有机联系的统一整体。

任何国家的现行法律规范，虽然其所调整的社会关系性质不同，具有不同的内容和形式，但都是建立在共同的经济基础之上，反应着统治阶级的意志，受共同的原则指导，具有内在的协调一致性，从而构成一个有机联系的统一整体。在统一的法律体系中，各种法律规范因其所调整的社会关系性质不同，而划分为不同的法律部门，如宪法、行政法、民商法、经济法、刑法、诉讼法等。在各法律部门内部或几个法律部门之间，又包括各种法律制度，如所有权制度、合同制度、公开审理制度、辩护制度等。制度与制度之间，既存在差别，又相互联系，相互制约，于是形成了一个内在一致的统一整体。

法律体系有四个主要特征：

第一，法律体系是一个国家全部现行法律构成的整体。

第二，法律体系是一个由法律部门分类组合而形成的呈体系化的有机整体。

第三，法律体系的理想化要求是门类齐全、结构严密、内在协调。

第四，法律体系是客观法则和主观属性的有机统一。

二、法律部门

（一）法律部门的概念

法律部门，又称为部门法，是运用特殊调整方法调整一定种类社会关系的法律规范的总和。在现行法律规范中，由于调整的社会关系及其调整方法不同，可分为不同的法律部门，凡调整同一类社会关系的法律规范的总和，就构成一个独立的法律部门。

（二）法律部门划分的标准

1. 法律规范所调整的社会关系。法律是调整社会关系的行为准则，任何法律都有其所调整的社会关系，否则，就不能称其为法律。

2. 法律规范的调整方法。法律规范所调整的社会关系虽是划分法律部门的基础或是最重要的标准，但是仅仅以此为标准还是不够的，因此还需将法律规范的调整方法作为划分标准。

法律部门划分的原则有：1. 整体性原则；2. 均衡原则；3. 以现行法律为主，兼顾即将制定的法律。

（三）我国的法律部门

我国的法律体系大体上分这几个门类：宪法及宪法相关法、民商法、行政法、经济法、社会法、刑法、诉讼与非诉讼程序法这七个主要的法律部门。

1. 宪法。宪法是我国法律体系中的主导部门，是我国的根本大法，包括：宪法、国家机关组织法、选举法和代表法、国籍法、国旗法、特别行政区基本法、民族区域自治法、公民基本权利法、法官法、检察官法、立法法和授权法等。

2. 行政法。行政法是调整国家行政管理活动产生的社会关系的法律规范的总和，包括：国家安全法、城市居民委员会组织法、村民委员会组织法、监狱法、土地管理法、高等教育法、食品卫生法、药品管理法、海关法等。

3. 民商法。民商法部门是调整作为平等主体的公民之间、法人之间、公民和法人之间的财产关系和人身关系的法律规范的总和，包括：物权、债权、知识产权、婚姻、家庭、收养和继承方面的法律法规以及公司破产、证券、期货、保险、票据、海商等方面的法律法规。

4. 刑法。刑法部门是规定犯罪和刑罚的总称，是我国法律体系中的一个基本法律部门。在刑法部门中占主导地位的规范性法律文件是1979年7月1日颁布、1997年3月14日修订的《中华人民共和国刑法》。

5. 经济法。经济法是指调整国家在经济管理中发生经济关系的法律规范的总称。由于经济法调整的范围极其广泛复杂，因此不可能有一部完整的经济法的法典，经济法这一法律部门是由许多单行的规范性法律文件所组成，包括：关于国民经济和社会发展规划、计划和政策的法律，关于经济体制改革的原则、方针和政策的法律，如预算法，审计法，会计法，统计法，农业法，企业法，银行法，市场秩序法，税法等。

6. 诉讼法。诉讼法部门指有关诉讼程序的法律规范的总称。我国目前的诉讼法律部门主要由三大类诉讼法构成，包括刑事诉讼法、民事诉讼法、行政诉讼法，另外还包括仲裁法、律师法、公证法、调解法等。

7. 社会法。其主要包括以下几类：（1）保护弱势群体的法律规范，如未成年人保护法、老年人权益保障法等；（2）维护社会稳定的法律规范，如劳动法与社会保障法；（3）保护自然资源和生态环境的法律规范，如环境保护法、能源法、自然资源保护法、生态法等；（4）促进社会公益的法律规范，如社区服务法、彩票法、人体器官与遗体捐赠法、见义勇为资助法等；（5）促进科教、文卫、体育事业发展的法律规范，如教师法、科技进步法、义务教育法、教育法、卫生法等。

三、法律的形式分类

（一）实体法和程序法

这是按法律规定的内容不同来划分的。实体法是指规定具体权利义务内容或者法律保护的具体情况的法律，如民法、合同法、婚姻法、公司法等等。程序法是指以保证实体法所规定的权利义务的实现而制定的有关诉讼程序的法律，如民事诉讼法、仲裁法等。

（二）一般法和实体法

这是按法律效力范围不同来划分的。一般法是指对一般人、一般事项、一般时间、一般空间范围有效的法，带有一定的普遍性，如刑法、民法、婚姻法。特别法是指对特定的人、特定事项有效，或在特定区域、特定时间有效的法，具有明显局限性，如军人法、律师法、地方性法规、战时管执法等。

（三）根本法和普通法

这是按法律的地位、内容和制定程序不同来划分的。根本法又称宪法，是指规定国家的政治制度、经济制度、公民的基本权利和义务以及国家机构等根本问题，具有最高法律地位和法律效力。普通法是指除宪法以外的法律，它一般规定社会关系中某一方面的基本问题，其法律地位和法律效力都低于宪法，且不得与宪法的基本原则相抵触。

（四）公法与私法

这是按法律保护的主体利益不同来划分的。凡涉及公共权力、公共关系、公共利益和上下服从关系、管理关系、强制关系的法律，即为公法，如宪法、行政法、财税法、刑法、程序法等。凡涉及个人利益、个人权利、自由选择、平等关系的法，即为私法，如民法、商法等。

（五）成文法和不成文法

这是按法律的创制方式、表达方式来划分的。成为法又称制定法，是指有立法权的国家机关依照法定程序以条文形式制定的规范性文件，如宪法、法律、行政法规、地方性法规等。不成文法又称习惯法，是指由国家认可的、不具有条文形式的法律。国家认可是习惯上升为习惯法的前提。如英美法系的判例法。

（六）国内法和国际法

这是按法律的制定主体和适用主体不同来划分的。国际法是各国公认的，用以调整国家之间关系的、在国际关系中对国家具有法律约束力的行为准则的总称，其制定者是国家，适用主体也是国家。国际法通过国家间的协议产生。国内法是由本国制定或认可，实施于本国主权所及领域和范围的法律，其适用主体是本国公民、法人和其他组织，国家只在特殊的法律关系中充当主体。

第四节　法 律 关 系

一、法律关系的概念与特征

法律关系是法律规范在调整社会关系的过程中形成的人们之间的权利和义务关系。法律关系具有如下特征：

1. 法律关系是根据法律规范建立的一种社会关系

法律规范设定了法律关系产生、变更、消灭的一般条件和法律关系的一般内容。任何一种法律关系的存在都是以法律规范的存在为前提的。

2. 法律关系是主体间法律上的权利和义务关系

法律关系是以法律上的权利、义务为纽带形成的社会关系。法律关系的权利和义务的内容是区别于其他社会关系的重要标志。

3. 法律关系是法律形式与社会内容的统一

一方面，法律关系是人们社会关系的表现，如果没有法定权利和义务关系，任何一种社会关系都不能具备法律关系的属性；另一方面，法律关系又以人们的社会活动和实际联系为内容载体，没有这个社会内容，法律关系就毫无意义。

二、法律关系的构成要素

法律关系一般由法律关系的主体、客体和内容三部分构成。

（一）法律关系的主体

法律关系的主体是指一定法律关系的参加者，即在法律关系中一定权利的享受者和一定义务的承担者。权利的享受者称为权利人，义务的承担者称为义务人。法律关系的主体一般都是权利和义务的复合享受者和承担者，在享有一定权利的同时，必须承担相应的义务，很少有只享有权利或只承担义务的情况发生。法律关系的主体主要包括以下几类：

（1）自然人。这里的自然人包括具有本国国籍的本国公民、具有外国国籍的外国人和无国籍人。外国人、无国籍人在一国境内或参与一国境内的法律关系，也可以成为该国法律关系的主体。在《民法通则》第二章第四、五节专门阐述了个体工商户、农村承包经营户、个人合伙，故该部门不存在知识性错误。另按《民法通则》第29条规定，将农村承包经营户区分为个人经营和家庭经营，也为将其归为自然提供法律依据。

（2）各种组织和团体。这一类法律关系的主体主要包括两类：一是各种国家机关，例如国家权力机关、司法机关和行政机关等；二是各种企业、事业组织，各种政党和社会团体组织等。这里有些属于法人组织，包括企业法人和非企业法人，有些是非法人组织。

（3）国家。当一国加入和承认国际条约和国家间协定时，国家就成为国际法关系的主体。在国内，国家也是一些重要法律关系的主体，虽然多数情况下是由国家机关代表国家参加法律关系，但有时国家也直接以自己的名义参与法律关系，例如，发行国债等。

当然，公民和法人要想具有法律关系的主体资格，享有一定的权利、承担一定的义务，就必须具有权利能力和行为能力。权利能力是指法律关系主体依法享有权利和承担义务的能力或资格。行为能力是指法律关系主体能够以自己的行为实际取得权利和履行义务的能力。在下文民法一章中，对民事权利能力和民事行为能力进行了较详细的阐述。

（二）法律关系的客体

法律关系的客体是指法律关系主体的权利和义务所指向的对象。在现实社会中，法律关系是复杂多样的，因此，法律关系的客体也是多种多样的。而且，法律关系客体是一个不断发展着的概念范畴。在历史上，它主要表现为土地、房屋、食品、布匹、机器等种种有形产品和物品，而今天，人格、名誉、信息、知识、符号等精神现象和精神产品也已经成为法律关系的重要客体。具体而言，法律关系客体主要有以下几种：物、行为、智力成果、特定的人身利益及特定的权利。

（三）法律关系的内容

法律关系的内容是指法律关系中所包括的法律权利和法律义务。法律权利是指法律规定的权利人可以自主作出一定行为的权利、要求他人履行法定义务的权利及在自己的权利受到侵犯时请求国家机关予以保护的权利。法律义务是指法律规定的义务人所承担的某种必须履行的责任，具体表现为要求义务人作出一定的行为或不作出一定的行为以满足权利人的利益。

法律权利与法律义务是作为相互联系、不可分割的矛盾统一体存在于法律关系之中的，双方都不可能孤立地存在和发展，没有无义务的权利，也没有无权利的义务。它们的存在和发展都必须以另一方的存在和发展为条件。

三、法律关系的产生、变更与消灭

法律关系不是固有的，也不是一经产生就固定不变的，而是经常处于变动之中的。法律关系的产生、变更和消灭是由法律事实引起的。

法律事实是指能够引起法律关系发生、变更和消灭的客观情况。法律事实主要分事件与行为。事件是指与法律关系主体（当事人）的主观意志无关的能引起法律关系发生、变更和消灭的客观事实。法律事件又分为自然事件和社会事件。自然事件是不以人的意志为转移的自然灾害及人的生死；社会事件是不以人的意志为转移的社会变迁或社会变革。行为是指法律关系主体（当事人）有意识地进行的，引起法律关系的发生、变更和消灭的法律事实。行为包括作为和不作为。作为是指积极地、主动地去实施的行为；不作为是指有作出一定行为的责任和义务而不做，是消极的、被动的行为。行为依其性质不同，可分为合法行为与违法行为；依其主体不同，可分为国家的行为与当事人的行为。

【案例分析】

甲男与乙女系隔壁邻居。因甲时常聚集三朋四友在家打麻将，有时通宵达旦，喧闹声严重影响了乙家正常的休息。乙多次到甲家说明自己身体不好，神经衰弱，且孩子要学习，希望甲夜晚不要扰民。一次甲家正在玩麻将，乙又敲门表示不满。甲认为乙在朋友面前扫了自己面子，遂出言不逊，辱骂乙神经病。乙亦怒斥甲不务正业，像个赌徒。双方由此发生争吵，引来邻里十数人，纷纷劝说双方忍让。甲恼羞成怒，上前拉住乙的衣服说："我是赌徒，你就是妓女。"乙羞愤不已，转身欲走，但被甲拉住。挣扯间致乙衬衣被撕破，上身部分裸露。乙遭此羞辱之后，神经受到严重刺激，神经衰弱加重，不能正常生活、工作，所在外企因此将其辞退。治病、休养、生活无来源，使乙身心、财产俱遭伤损。后有朋友告诉乙，此事不能作罢，一定要讨个说法。试分析本案中甲的行为（可能）会引起哪些法律关系产生。

分析： 本案中，我们不妨从法律主体的行为着手分析，主体的行为主要有：(1) 甲男居住在乙女的隔壁。(2) 甲时常聚集三朋四友在家打麻将。(3) 甲拉住乙的衣服说："我是赌徒，你就是妓女。"(4) 在双方挣扯间乙衣服被撕破，上身部分裸露。(5) 乙女所在的外企将乙辞退。因此，从民事法律关系来讲，甲的行为1可能引起相邻法律关系；行为2因为侵犯了乙的正常休息与安宁居住的权利而产生侵犯一般人格权法律关系；甲的行为3、4可能发生侵犯名誉权、财产所有权的法律关系。外企的行为可能产生劳动合同关系争议。

第五节　法律渊源和法的效力

一、法的渊源

"法的渊源"是指法律的效力来源，是法律的一种表现形式。它是因制定法律的国家机关不同，从而具有不同法律地位或法律效力的法律规范的外部表现形式。我国社会主义法的基本渊源是有权创制法律规范的国家机关制定的规范性法律文件，主要是以宪法为核心的各种制定法，包括宪法、法律、行政法规和行政规章、地方性法规和地方性规章、民族自治地方的自治条例和单行条例、经济特区的规范性文件、特别行政区的法律、国际条约和协定。

（一）宪法

作为国家根本法的宪法，是一切法律部门的渊源，它由全国人民代表大会制定。宪法规定了国家的国体、政体、经济制度、公民的基本权利和义务、国家的结构形式、国家机构的设置等根本性制度。宪法具有最高的法律效力，一切法律、行政法规和其他规范性法律文件都不得与宪法相抵触。

（二）法律

法律是由全国人民代表大会及其常务委员会制定的规范性法律文件。前者制定的是基本法律，后者制定的是基本法律以外的其他法律。法律的效力与地位仅次于宪法。

（三）行政法规和行政规章

行政法规是由国务院根据宪法和法律在其职权范围内制定的有关国家最高行政管理活动的规范性文件，其效力低于宪法和法律。行政规章是指国务院所属的部、委、办发布的规定、办法、实施细则、规则的统称，它也是法律规范的外部表现形式。

（四）地方性法规和地方性规章

地方性法规是由省、自治区、直辖市人大及其常委会，省、自治区人民政府所在地的市的人大及其常委会，以及国务院批准的较大的市的人大及其常委会制定的规范性文件。地方性规章是指省、自治区、直辖市的人民政府，省、自治区的人民政府所在地的市和经国务院批准的较大的市的人民政府制定的规范性文件。地方性法规和地方性规章是我国法律的渊源之一，但不得与宪法、法律和行政法规相抵触。

（五）民族自治地方的自治条例和单行条例

民族自治地方的人民代表大会根据宪法的规定，依照当地民族的政治、经济和文化的特点，有权制定自治条例和单行条例。自治条例与单行条例作为我国的法律渊源之一，只在民族自治地方的地域范围内发生效力。

（六）经济特区的规范性文件

全国人大及其常委会授权经济特区人大及政府制定的规范性文件，也具有法律渊源的地位。

（七）特别行政区的法律

特别行政区是根据“一国两制”的构想和宪法的规定设立的，它实行不同于全国其他地区的政治、经济和法律制度，在立法权限和法律形式上也有特殊性，依法享有高度的自治权。特别行政区的法律法规在我国的法律渊源中也占有重要的地位。

（八）国际条约和协定

我国加入和承认的国际条约和双边、多边的国家间协定，也是我国法律的渊源之一。

二、法的效力

法的效力，是指法的生效范围或适用范围，即法在什么地点、什么时间和对什么人适用，包括法的空间效力、法的时间效力、法对人的效力。

（一）空间效力

法的空间效力，是指法律在哪些地域有效力。一般来说，一国法律适用于该国主权范围所及的全部领域，包括领土、领水及其底土和领空，以及作为领土延伸的本国驻外使馆、在外船舶及飞行器。但由于法律的内容和制定机关不同，法的空间效力范围也不同，具体来说，我国法律的空间效力分为三种情况。

1. 在全国范围内生效。凡中央国家机关制定的规范性文件，一般在全国范围内有效。例如，由全国人民代表大会及其常务委员会制定的法律、国务院制定的行政法规，除有特殊规定的外，一般在全国有效。

2. 在局部地区生效。一般指地方制定的规范性法律文件，在该地区有效。如地方性法规、自治法规只在其管辖范围内有效。

3. 在域外生效。指法律在其制定国管辖区域范围外具有效力，如刑法或涉外的民事、贸易、婚姻家庭方面的法律。

（二）时间效力

法的时间效力，是指法律在何时开始生效、何时终止生效和是否具有溯及力。

我国法律开始生效一般都作出明文规定，通常有三种情形：自法律公布之日起生效；法律条文中自行规定生效时间；规定法律公布后符合一定条件时生效。

我国法律终止的时间，有五种情形：由法律本身明文规定终止生效的时间；因新法律的颁布，原有法律自动终止生效；由国家机关颁布特别法令废止；由于法律完成了历史任务自然失效；随新法的颁布实施，与已生效的新法相抵触的旧法相关内容自动失效。

法律的溯及力，是指法律对其生效以前的事件和行为是否适用。如果适用，就具有溯及力；如果不适用，就没有溯及力。我国一般采用“法不溯及既往”原则，法律另有规定的除外。

（三）对人的效力

对人的效力，是指法律对哪些人和组织具有约束力。这里的人通常包括自然人、法人和其他组织。

各国的法律在对人的效力实行的原则大体有四种：即属人主义、属地主义、保护主义和以属地的原则为主，与属人主义、保护主义相结合的原则这四种原则。（1）属人主义，即法律只适用于本国公民，不论其身在国内还是国外，非本国公民即使身在该国领域内也不适用。（2）属地主义。法律适用于该国管辖地区内的所有人，不论是否是本国公民，都受法律约束和法律保护。本国公民不在本国，则不受本国法律的约束和保护。（3）保护主义，即以维护本国利益作为是否适用本国法律的依据。任何侵害了本国利益的人，不论其国籍和所在地域，都要受该国法律的追究。（4）以属地主义为主，与属人主义、保护主义相结合。即既要维护本国利益，坚持本国主权，又要尊重他国主权，照顾法律适用中的实际可能性。

我国采用的是第四种原则。根据我国法律，对人的效力包括两个方面：

1. 对中国公民的效力。中国公民在中国领域内一律适用中国法律。在中国境外的中国公民，也应遵守中国法律并受中国法律保护。但是，这里存在着适用中国法律与适用所在国法律的关系问题。对此，应当根据法律区分情况，分别对待。

2. 对外国人和无国籍人的效力。外国人和无国籍人在中国领域内，除法律另有规定者外，适用中国法律，这是国家主权原则的必然要求。

【案例分析】

被告人，巴托，男，30岁，某国商人。被告人巴托于1997年11月25日下午，至中国银行某市分行市中支行，用变造的某国护照和某国西太平洋银行旅行支票计8 000元，采取签署上述某国护照上库玛姓名的手法，骗兑得美金3 242元（折合人民币2.68余万元），人民币1.12余万元。同年11月30日上午，被告人至某饭店外币兑换处，仍采用上述方法，骗兑得人民币8 512元。当日下午，被告人又至中国银行某市分行营业处外币兑换处，再次采用上述方法，企图骗兑人民币1.85余万元钱款时，因被该行工作人员察觉当场扭获而未得逞。我国法院对此案是否有管辖权？为什么？

分析：有管辖权。《刑法》规定，外国人在我国领域内犯罪，除刑法第11条规定的享有外交特权和豁免权的外国人的刑事责任通过外交途径解决外，其他外国人犯罪的一律适用我国刑法。本案被告人巴托虽系某外国公民，但不具有外交特权和豁免权。其在中国的票据诈骗犯罪，应依中国刑法的属地管辖原则，由中国司法机关依法惩处。就本案的具体情况而言，行为人巴托在主观上具有非法获利的犯罪故意，在客观方面又实施了伪造护照、虚构身份、持有伪造的某国西太平洋银行旅行支票骗兑钱财的行为，已符合我国刑法关于票据诈骗罪的犯罪构成要件的规定。因此，我国人民法院依照我国刑法对行为人巴托的行为可以行使管辖权。

第六节　法律责任与法律制裁

一、法律责任

法律责任有广义和狭义之分。广义的法律责任既包括了在合法状态下，依法律规定或合同约定而产生的各种应尽义务，同时也包括由于实际违反法律规定应具体承担的强制履行的义务。本章的法律责任是指狭义的法律责任，是指违法行为引起的依法应承担的责任。违法行为是承担法律责任的前提和依据。按照违法行为的性质、情节和后果，法律责任可以分为刑事责任、民事责任、行政责任和违宪责任四种。

刑事责任，是指行为人因其犯罪行为应当承受的，国家司法机关以国家名义根据刑法对该行为所作的否定评价和对行为人进行的谴责。刑事责任是最严厉的一种法律责任。认定和追究刑事责任的只能是国家审判机关，承担刑事责任的主体只能是犯罪行为实施者本人。

民事责任，是指由于民事违法行为、违约行为、侵权行为及按民法的规定应承担的法律责任。民事责任的方式有十余种之多，但其中最主要的是财产责任。

行政责任，是指行政主体在行政管理中因违法失职、滥用职权或行政不当而产生的法律责任。

违宪责任，是指因国家机关、政党、社会团体和其他组织、公民所作的违反宪法的行为，以及有关国家机关制定的某种法律、法规和规章与宪法相抵触而产生的法律责任。

二、法律制裁

法律制裁是由特定的国家机关对违法者依其法律责任而实施的强制性惩罚措施。法律制裁和法律责任是密切联系的。法律责任是法律制裁的前提和基础，法律制裁是承担法律责任的重要表现形式。与法律责任的类型相对应，法律制裁分为刑事制裁、民事制裁、行政制裁和违宪制裁。

刑事制裁，是指司法机关对违反刑事法规的犯罪者依其所应承担的刑事责任而实施的制裁。

民事制裁，是指人民法院对民事责任主体依其所应承担的民事责任而实施的强制性惩罚措施。

行政制裁，是指国家行政机关对违反行政法规的公民、法人或其他组织所给予的强制性惩罚措施。行政制裁主要包括行政处分和行政处罚。

违宪制裁，是指由监督宪法实施的国家机关根据宪法的特别规定对违宪行为所实施的强制性惩罚措施。在我国行使违宪制裁权的是全国人大及其常委会。违宪制裁的方式主要是撤销同宪法相抵触的法律、行政法规、地方性法规和自治条例，撤销中央国家机关违宪的各种决定、命令和决议，罢免国家机关的领导人员等。

【案例分析】

《某省计算机信息系统安全管理条例（修订）》规定：任何单位和个人不得未经允许侵入信息系统；窃取他人账号和密码，或者擅自向第三方公开他人账号和密码，对计算机信息系统功能进行删除、修改、增加或者干扰；提供专门用于实施侵入、非法控制信息系统的程序、工具。单位和个人违反规定的，将由公安机关给予警告；有违法所得的，没收违法所得，对单位可以并处1.5万元罚款，对个人可以并处5 000元罚款；情节严重的，给予3个月停止联网、停机整顿处罚；构成犯罪的，依法追究刑事责任。试分析该项规定包括了国家机关可以采取的哪几种强制措施？

分析：该项规定中，“给予警告”是由国家机关可以作出的行政处分；“没收违法所得，对单位可以并处1.5万元罚款，对个人可以并处5 000元罚款”是行政机关可以作出的行政处罚；“构成犯罪的，依法追究刑事责任。”是司法机关可以作出的刑事制裁。

第七节　建设社会主义法治国家

中共十八届三中全会提出“建设法治中国，必须坚持依法治国、依法执政、依法行政共同推进，坚持法治国家、法治政府、法治社会一体建设”。“共同推进”和“一体建设”的思想，是我们党和国家对全面落实依法治国基本方略认识的深化和最新成果，是对全面推进依法治国作出的新部署、提出的新要求，进一步明确了全面推进依法治国的总体思路和战略，显示了新的法治思维和法治理念，对我国社会主义法制建设具有重大的指导意义和促进作用。

一、依法治国的科学含义

江泽民同志在党的十五大报告中，对依法治国的科学含义作了全面系统阐述。他指出：“依法治国，就是广大人民群众在党的领导下，依照宪法和法律的规定，通过各种途径和形式管理国家事务，管理经济文化事业，管理社会事务，保证国家各项工作都依法进行，逐步实现社会主义民主的制度化、法律化，使这种制度和法律不因领导人的改变而改变，不因领导人看法和注意力的改变而改变。”依法治国，是党领导人民治理国家的基本方略，是发展社会主义市场经济的客观需要，是社会文明进步的重要标志，是国家长治久安的重要保障。

具体来说，依法治国主要包括以下含义：

第一，依法治国的主体是广大人民群众。人民群众是历史的创造者，我国的一切权力属于人民，人民群众理所当然是治理国家的主体。

第二，依法治国的对象是国家事务、经济文化事业、社会事务，是对国家权力行使的监督和约束。

第三，依法治国的依据是宪法和法律。治理国家必须严格按照体现人民意志、集中群众智慧和反映客观规律的宪法和法律来进行。

第四，依法治国的目标，是保证国家各项工作都依法进行，逐步实现社会主义民主的制度化、法律化，使这种制度和法律不因领导人的改变而改变，不因领导人的看法和注意力的改变而改变。实现国家政治生活、经济生活、文化生活和社会生活的法治化，杜绝人治现象。

第五，依法治国的方式，是人民群众在党的领导下，依法通过各种途径和方式治理国家，确保国家权力正确有效地行使和运用，防止国家权力的异化和滥用，保证真正做到"立党为公，执政为民"。

二、如何建设社会主义法治国家

习近平同志指出："推进国家治理体系和治理能力现代化，要高度重视法治问题，采取有力措施全面推进依法治国，建设社会主义法治国家，建设法治中国。"依法治国，是治理国家的基本方略；依法执政，是执政党的基本执政方式；依法行政，是政府行政权运行的基本原则。

（一）坚持依宪治国，依宪执政

依法治国首先是依宪治国，依法执政关键是依宪执政。中共十八届三中全会审议通过的《中共中央关于全面深化改革若干重大问题的决定》（以下简称《决定》）提出："宪法是保证党和国家兴旺发达、长治久安的根本法，具有最高权威。要进一步健全宪法实施监督机制和程序，把全面贯彻实施宪法提高到一个新水平。建立健全全社会忠于、遵守、维护、运用宪法法律的制度。坚持法律面前人人平等，任何组织或者个人都不得有超越宪法法律的特权，一切违反宪法法律的行为都必须予以追究。"习近平同志指出："宪法与国家前途、人民命运息息相关。维护宪法权威，就是维护党和人民共同意志的权威。捍卫宪法尊严，就是捍卫党和人民共同意志的尊严。保宪法实施，就是保证人民根本利益的实现。""我们要更加自觉地恪守宪法原则、弘扬宪法精神、履行宪法使命。"因此，全面贯彻实施宪法，是建设社会主义法治国家的首要任务和基础性工作。

（二）坚持科学立法，提高立法质量

习近平总书记指出，全面推进依法治国，必须坚持科学立法。他强调："人民群众对立法的期盼，已经不是有没有，而是好不好、管用不管用、能不能解决实际问题；不是什么法都能治国，不是什么法都能治好国；越是强调法治，越是要提高立法质量。"要结合贯彻落

实党中央批准的第十二届全国人大常委会五年立法规划，从党和国家工作大局出发，全面落实依法治国基本方略，注重发挥立法的引领和推动作用，加强重点领域立法，积极推进科学立法、民主立法，着力提高立法质量，完善中国特色社会主义法律体系，为中国特色社会主义事业提供更加有力的法制保障。

（三）加强司法工作，维护社会公平正义

党的十八届三中全会指出，建设法治中国，必须深化司法体制改革，加快建设公正高效权威的社会主义司法制度，维护人民权益。司法体制改革是一项长期而艰巨的任务。改革开放特别是党的十六大以来，我国稳步推进司法体制和工作机制改革取得了重要成果，积累了宝贵经验。但是，我国司法体制还存在一些不适应、不协调的问题。习近平总书记指出："要努力让人民群众在每一个司法案件中都感受到公平正义，所有司法机关都要紧紧围绕这个目标来改进工作，重点解决影响司法公正和制约司法能力的深层次问题"。党的十八大之后，司法改革的蓝图已经愈来愈明晰。维护司法公正和确保司法机关独立行使职权是我国司法改革的基本目标。

（四）加强行政执法工作，推进依法行政

推进依法治国，既要坚持依法执政，更要注重依法行政。《决定》提出，深化行政执法体制改革。整合执法主体，相对集中执法权，推进综合执法，着力解决权责交叉、多头执法问题，建立权责统一、权威高效的行政执法体制。减少行政执法层级，加强食品药品、安全生产、环境保护、劳动保障、海域海岛等重点领域基层执法力量。理顺城管执法体制，提高执法和服务水平。

完善行政执法程序，规范执法自由裁量权，加强对行政执法的监督，全面落实行政执法责任制和执法经费由财政保障制度，做到严格规范公正文明执法。完善行政执法与刑事司法衔接机制。

（五）加快法制建设宣传教育，提高全社会的法律意识和法治观念

首先要营造学法懂法守法的社会氛围。习近平同志指出，要深入开展法制宣传教育，在全社会弘扬社会主义法治精神，引导全体人民遵守法律、有问题依靠法律来解决，形成守法光荣的良好氛围。其次，要增强全体人民对法律的信任感。法律要发生作用，全社会要信仰法律。如果一个社会大多数人对法律没有信任感，认为靠法律解决不了问题，还是要靠上访、信访，要靠找门路、托关系，甚至要采取聚众闹事等极端行为，那就不可能建成法治社会。因此，既要引导人们遵守法律，有问题依靠法律来解决，也要逐步在广大干部群众中树立法律的权威，使人们相信法不容情、法不阿贵，只要是合理合法的诉求，通过法律程序就能得到合理合法的结果。

【思考与练习】

一、单选题

1. 法是由国家制定或认可，并具有（　　）的社会规范。

A. 特殊效力　　　　B. 普遍约束力

C. 一定强制力　　D. 特定效力

2. 按照法的效力、内容和制定程序的不同，法可分为（　　）。

A. 国内法和国际法　　B. 根本法和普通法

C. 实体法和程序法　　D. 一般法和特别法

3. 法律关系是由（　　）保证的社会关系。

A. 国家法律　　B. 国家权力

C. 国家强制力　　D. 国家司法机关

4. 法律义务是指法律关系主体（　　）。

A. 可以自己作出一定行为　　B. 可以要求他人作出一定行为

C. 必须作出或不作出一定行为　　D. 可以要求他人不作出一定行为

5. 权利主体之间的权利义务所指向的对象称为（　　）。

A. 法律事实　　B. 法律关系客体

C. 法律关系内容　　D. 法律关系主体

6. 凡是能直接引起法律关系产生、变更和消灭的条件或根据称为（　　）。

A. 法律关系主体　　B. 法律关系客体

C. 法律事实　　D. 法律关系内容

7. 承担法律责任的主要形式是（　　）。

A. 民事制裁　　B. 刑事制裁

C. 行政制裁　　D. 法律制裁

二、简述题

1. 什么是法律？其有哪些特征？

2. 简述法的历史类型。

3. 什么是法律关系？法律关系构成要素有哪些？

4. 简述法律效力。

5. 什么是法律责任？什么是法律制裁？

第二章

宪　法

课前准备

【案例导读】

王某、刘某均系某市八中1990届初中毕业生。刘某在1990年中专预考时成绩不合格，失去了升学考试资格。王某则通过了预选考试，并在中专统考中获得441分，超过了委培录取的分数线。随后，该市一中专学校发出录取王某为该校1990级财会专业委培生的通知书。但王某的录取通知书被刘某领走，并以王某的名义到该中专校报到就读。1993年毕业后，刘某继续以王某的名义到中国银行某市支行工作。1999年1月29日，王某在得知刘某冒用自己的姓名上学并就业的情况后，以刘某及刘某之父、某市八中、中专校、某市教委为被告，向该市中级人民法院提起民事诉讼，要求被告停止侵害，并赔偿经济损失和精神损失。

1999年5月，该市中院作出一审判决。法院认为，刘某冒用王某姓名上学的行为，构成对王某姓名权的侵害，判决刘某停止侵害，刘某等被告向王某赔礼道歉并赔偿精神损失费35 000元，但驳回王某其他诉讼请求。王某不服，认为被告的共同侵权剥夺了其受教育的权利并造成相关利益损失，原审判决否认其受教育权被侵犯，是错误的。王某遂向某省高院提起上诉，请求法院判令刘某等赔偿各种损失56万元。

二审期间，某省高院认为该案存在适用法律方面的疑难问题，于是报请最高人民法院作出司法解释。

最高人民法院经反复研究，在2001年8月13日的批复中明确指出，当事人王某主张的受教育权利，来源于我国《宪法》第46条第1款的规定。根据本案事实，刘某等以侵犯姓名权的手段，侵犯了王某依据宪法规定所享有的受教育的基本权利，并造成了具体的损害后果，应承担相应的民事责任。

本案中，最高人民法院运用民法理论，将公民受教育权理解为作为一般人格权的人身自由权，用保护人格利益的方式来保护公民的受教育权，从而为该案的终审裁决提供了依据，使这一具有宪法性争议的权利纠纷案件得到比较合理的解决。

【重点难点】

1. 掌握宪法的含义和分类

2. 掌握我国公民的基本权利与基本义务
3. 掌握我国的国家机构的组织系统

学习内容

第一节 宪法基本理论

一、宪法的含义

宪法是指规定国家的根本制度和根本任务，集中表现各种政治力量对比关系，保障公民基本权利和义务的国家根本大法。对这一概念，我们可以从以下四个方面来理解：

（一）宪法是法的组成部分

宪法和其他普通法律一样，是组成一国法律体系不可缺少的部分。宪法也是统治阶级意志的反映，由国家制定或认可并以国家强制力保证实施的行为规范，其内容由社会物质生活条件决定。

（二）宪法是国家的根本大法

宪法是国家的根本大法，主要表现在以下三个方面：

1. 宪法的内容与普通法律不同

宪法的基本内容包括国家制度和社会制度的基本原则，包括国家性质、政权组织形式、国家结构形式、基本经济制度、国家机构及其组织与活动的基本原则、公民的基本权利和义务等。而普通法律只对社会生活的某一方面或几方面的问题作出规定。

2. 宪法的效力与普通法律不同

宪法的效力高于普通法律，普通法律的内容与原则不得与宪法的内容及原则相抵触，否则该普通法律全部无效或抵触的部分无效。

3. 宪法的制定与修改程序与普通法律不同

宪法的制定和修改程序及通过的要求比普通法律更为严格。我国《宪法》第64条规定：“宪法的修改，由全国人民代表大会常务委员会或者五分之一以上的全国人民代表大会代表提议，并由全国人民代表大会以全体代表的三分之二以上的多数通过。法律和其他议案由全国人民代表大会以全体代表的过半数通过。”

（三）宪法是各种政治力量对比关系的集中体现

宪法是各种政治力量对比关系的集中体现。这主要体现在：（1）从政治斗争上看，宪法是统治阶级的利益和意志的集中表现；（2）各种政治力量实际对比关系的变化，必然引起宪法的变化；（3）宪法是保障推动民主制度发展的重要形式。

（四）宪法是民主制度的法律化

宪法是以法的形式把民主制度确立、巩固下来的文件。

二、宪法的产生、发展与分类

（一）宪法的产生与发展

我国近代意义上的宪法于19世纪由日本传入我国。1908年，清政府颁布了《钦定宪法大纲》，由此，近代意义上的宪法在我国初步确立下来。1912年，以孙中山先生为首的资产阶级革命派制定的《中华民国临时约法》是一部具有资产阶级革命性、民主性的宪法。1949年的《中国人民政治协商会议共同纲领》，在新中国成立初期起着临时宪法的作用。在此之后，我国分别于1954年、1975年、1978年和1982年制定了四部宪法。

1982年的宪法即现行宪法，是1982年12月4日第五届全国人大第五次会议上正式通过并颁布，分为序言，总纲，公民的基本权利和义务，国家机构，国旗、国歌、国徽、首都五个部分，共4章138条。该部宪法继承和发展了1954年宪法的基本原则，总结了中国社会主义发展的经验，并吸收了国际经验，是一部有中国特色、适应中国社会主义现代化建设需要的根本大法。它明确规定了中华人民共和国的政治制度、经济制度、公民的权利和义务、国家机构的设置和职责范围、今后国家的根本任务等。其根本特点是，规定了我国的根本制度和根本任务，确定了四项基本原则和改革开放的基本方针。它规定，全国各族人民和一切组织，都必须以宪法为根本的活动准则，任何组织或个人都不得有超越宪法和法律的特权。

为了适应中国经济和社会的发展变化，全国人大分别于1988年、1993年、1999年、2004年对这部宪法逐步进行了修改、完善。

1988年4月12日，第七届全国人大一次会议通过的宪法修正案，对私营经济的地位、作用和国家对私营经济政策作了明确规定；对土地使用转让的问题作了补充规定。这是中国第一次采用宪法修正案的形式修改宪法。

1993年3月29日，第八届全国人大第一次会议通过的宪法修正案，对原宪法作了9处修改，将“社会主义初级阶段”、“建设有中国特色的社会主义的理论”、“坚持改革开放”及“中国共产党领导的多党合作和政治协商制度”等写入了宪法；将“国营经济”修改为“国有经济”；将“国家在社会主义公有制基础上实行计划经济”修改为“国家实行社会主义市场经济”。修正案内容还涉及政协制度、县市级人民代表大会任期等。

1999年3月15日，第九届全国人大二次会议再次通过宪法修正案，对原宪法作了6处修改，把邓小平理论的指导思想地位、依法治国的基本方略、国家现阶段的基本经济制度和分配制度以及非公有制经济的重要作用等写进了宪法。

2004年3月14日，第十届全国人大二次会议通过宪法修正案，对原宪法作了修改。宪法修正案确立“三个代表”重要思想在国家政治和社会生活中的指导地位，增加推动物质文明、政治文明和精神文明协调发展的内容，在统一战线的表述中增加社会主义事业的建设者，完善土地征用制度，进一步明确国家对发展非公有制经济的方针，完善对私有财产保护的规定，增加建立健全社会保障制度的规定，增加尊重和保障人权的规定，完善全国人民代表大会组成的规定，作出关于紧急状态的规定，规定国家主席进行国事活动的职权，修改乡镇政权任期的规定，增加对国歌的规定等。

（二）宪法的分类

宪法是一种特殊的社会现象。在理论研究中，人们以是否涉及宪法的实质为标准进行划分，将其分为形式上的宪法和实质上的宪法两大类别。

1. 宪法的形式分类

（1）成文宪法与不成文宪法。这种分类的依据和标准是宪法是否具有统一的法典形式。所谓成文宪法，是指由一个或者几个现定国家根本制度和根本任务的宪法性法律文件所构成的宪法典。世界上最早的成文宪法是1987年的美国宪法。现代世界上绝大多数国家的宪法是成文宪法。所谓不成文宪法，是指既有书面形式的宪法性法律文件、宪法判例，又有非书面形式的宪法惯例等构成的宪法。英国宪法是典型的不成文宪法，主要由宪法性法律文件、法院判例、宪法惯例构成。

（2）刚性宪法与柔性宪法。这种分类的依据和标准是宪法的制定修改程序的不同。所谓刚性宪法，是指制定和修改宪法的程序比普通法律严格的宪法。当今世界上绝大多数国家的宪法属于这种类别的宪法。所谓柔性宪法，是指制定和修改宪法的程序、法律效力与普通法律完全相同的宪法。如作为英国宪法的重要组成部分的宪法性法律文件是在不同历史时期，由议会以一般立法程序制定和修改的。

（3）钦定宪法、民定宪法和协定宪法。这种分类的依据是制定宪法的主体。所谓钦定宪法，是指由君主自上而下地制定并颁布实施的宪法。如1889年日本明治天皇颁布的《大日本帝国宪法》及1908年中国清末的《钦定宪法大纲》等。所谓民定宪法，是指由民选议会、制宪会议或公民投票表决制定的宪法。当今绝大多数国家的宪法属于这种类别。所谓协定宪法，是指由君主与人民或民选议会进行协商共同制定的宪法。

2. 宪法的实质分类

资本主义类型的宪法与社会主义类型的宪法。这是根据宪法所赖以产生和存在的经济基础的性质以及国家政权的性质所进行的分类。所谓资本主义类型的宪法，又称资产阶级类型的宪法，是指建立在资本主义私有制基础之上和确认资产阶级专政的宪法。所谓社会主义类型的宪法，又称无产阶级类型的宪法，是指建立在社会主义公有制基础之上和确认由人民当家做主的宪法。

法定的宪法与现实的宪法。这是列宁根据马克思主义关于经济基础与上层建筑之间的关系的基本原理进行的分类。所谓法定的宪法，又称成文的宪法，是指统治阶级通过法定程序制成的书面形式的宪法。所谓现实的宪法，又称事实的宪法或真正的宪法，是指一个国家现实的社会经济和政治关系，以及现实的政治力量对比关系。

三、宪法的作用与监督

（一）宪法的作用

宪法作为上层建筑的特殊组成部分，必然要对它所赖以建立的经济基础及上层建筑的其他组成部分的巩固和发展起重要的作用，作为国家的根本大法，宪法对国家生活的各个方面都起着调解和规范作用。

这主要表现在：对经济制度的建立、认可、保护和促进上；在政治制度上对国家权力的归属——政权运行进行了规定；在法制上对国家法律制度的建立、完善及实施起了积极作用。

此外，宪法对公民宪法意识和宪法观念的提高，对人们思想、政治、道德水平的提高，对强化精神文明建设，对教育、科学、文化的发展等，都起着积极的促进作用。

（二）宪法监督

宪法监督制度，是指特定的国家机关依据一定的程序，审查和裁决法律、法规和行政命令等规范性文件是否符合宪法，以维护宪法权威、保证宪法实施和保障公民宪法权利的制度。

根据1982年《宪法》的规定，全国人民代表大会行使监督宪法实施的职权，全国人民代表大会常务委员会行使解释宪法、监督宪法实施的职权。同时，发挥中国共产党的领导监督作用和人民群众的监督作用，形成一个从上到下、从党政机关到行政机关的完整的监督体系。

第二节　我国的国家制度

一、人民民主专政制度

我国《宪法》第1条第1款规定：“中华人民共和国是工人阶级领导的、以工农联盟为基础的人民民主专政的社会主义国家。”《宪法》的这一规定，明确了我国的国家性质，即社会主义制度是我国的根本制度，人民民主专政是我国国家性质的具体体现。

人民民主专政是我国的国体，亦称国家性质，即国家的阶级本质。它是由社会各阶级、阶层在国家中的地位反映出来的国家的根本属性。它包括两个方面：一是各阶级、阶层在国家中所处的统治与被统治地位；二是各阶级、阶层在统治集团内部所处的领导与被领导地位。

人民民主专政实质上即无产阶级专政。人民民主专政是无产阶级专政的一种具体表现形式，二者在精神实质上、核心内容上是根本一致的。这表现在：领导力量一致——中国共产党；阶级基础一致——工农联盟；专政职能一致——保护人民，打击敌人；历史使命一致——实现共产主义。

人民民主专政制度的阶级结构为：（1）工人阶级为领导阶级。工人阶级（通过中国共产党）对国家的领导是人民民主专政的根本标志。工人阶级能够成为我国的领导阶级，是由我国工人阶级的本质、特点和肩负的历史使命决定的。（2）以工农联盟为阶级基础，以知识分子为依靠力量。我国革命和建设的发展历程表明，工人阶级领导的工农联盟是夺取新民主主义革命胜利的重要保证，也是社会主义事业胜利发展的重要保证。现阶段，工农联盟是我国实行社会主义市场经济的主要依靠力量，是党和国家制定政策和法律的出发点和依据。知识分子从来都不是一个独立的阶层，而是从属于不同阶级的特殊阶层。在现阶段，我国的知识分子从总体上讲已经成为工人阶级的组成部分，在国家建设中发挥着非常重要的作用。因此，《宪法》序言中规定："社会主义的建设事业必须依靠工人、农民和知识分子，团结一切可以团结的力量。"

二、人民代表大会制度

我国的政体又称政权组织形式，是指统治阶级按照一定的原则组成的、代表国家行使权力以实现阶级统治任务的国家政权机关的组织体制。

所谓人民代表大会制度，就是指我国人民在中国共产党的领导下，按照民主集中制的原则，依照法定的程序，选举产生全国人大和地方各级人大，并以人大为基础，建立全部国家机构，以实现人民当家作主的制度。

人民代表大会制度的基本原则就是民主集中制。所谓民主集中制，就是既有民主，又有集中，在民主的基础上实行集中，在集中的指导下实行民主，将民主与集中有机结合的一种原则。

人民代表大会制度在我国国家生活和社会生活中发挥着极为重要的作用。其具体作用有：保障国家的社会主义性质；保障人民当家作主的主人翁地位；调动中央与地方两个积极性，保障国家权力的顺利实现；保障平等的民族关系等。

人民代表大会制度不仅是我国国家机构和国家政治生活的基础，是其他政治制度的核心，而且也是我国人民实现当家作主的基本形式。因此对我国来说，人民代表大会制度是极其优越的制度，主要体现在：（1）人民代表大会制度适合中国国情，是我国人民革命政权建设的经验总结，因而具有很强的生命力；（2）人民代表大会制度便于人民参加国家管理；（3）人民代表大会制度便于集中统一行使国家权力。

三、国体与政体的关系

国家性质即国家的阶级本质，通常称为国体，是指社会各阶级在国家中的地位。政权组织形式，通常称为政体，是指根据统治阶级所确定的原则，具体组成并代表国家系统地行使权力，以实现阶级统治任务的国家组织体系。国家性质决定政权组织形式，政权组织形式又体现国家性质，因此国体决定政体，政体是国体的体现；两者是内容和形式的关系。两者的关系表现在以下三个方面：（1）政体与国体相互依存、对立统一、不可分割；（2）政体是国体的体现和反映，对国家有能动的反作用；（3）国体是政体存在和发展的基础，决定着政体的存在形态。

四、选举制度

选举制度是指法律规定的关于选举国家代表机关和国家公职人员的各项制度的总称。我国的选举制度是人民代表大会制度的基础。我国选举制度具有以下基本原则：

（一）选举权的普遍性原则

在我国，公民享有选举权的基本条件有三个：具有中国的国籍，是中华人民共和国公民；年满18周岁；依法享有政治权利。至于居住条件，我国未加以限制。但是我国法律规定“依照法律被剥夺政治权利的人没有选举权和被选举权”。

（二）选举权的平等性原则

平等性原则，即选举权的平等性是指每个选民在每次选举中只能在一个地方并只能享有一个投票权。人民解放军单独进行选举，选举办法另订。该原则不允许任何选民因民族、种族、性别、职业、家庭出身、宗教信仰、教育程度、财产状况、居住期限的不同，而在选举中允许某些公民享有特权或对某些公民加以限制或歧视。

（三）选举权的直接选举和间接选举并用原则

直接选举的范围：县级人民代表大会代表和乡、镇人民代表大会代表。

间接选举的范围：由下一级国家代表机关或者由选民投票选出的代表（或选举人）选举上一级国家代表机关的代表和国家公职人员。我国现阶段间接选举的范围包括：全国人民代表大会代表；省、自治区、直辖市人民代表大会代表；设区的市的人民代表大会代表。

（四）选举权的无记名投票原则

我国《选举法》第36条规定：“全国和地方各级人民代表大会代表的选举，一律采用无记名投票的方法。……选民如果是文盲或者因残疾不能写选票的，可以委托他信任的人代写。”

（五）选举权的监督原则

选举权的监督主要是指人民代表大会代表接受原选民或选举单位的监督。

（六）选举权的保障原则

选举权的保障原则主要体现为选举的经费由国库开支，并制定相关的法律来保障。

五、国家标志

（一）国旗

国旗是一个主权国家的重要象征和标志，体现着国家和民族的尊严，为本国人民所敬仰，也为国际社会所尊重。

我国于1990年10月1日起实施的《中华人民共和国国旗法》，对国旗的图案、形式、色彩、使用方法及象征意义都作了规定。五星红旗作为我国的象征和标志，是无数革命志士长期艰苦奋斗、英勇牺牲所取得的伟大成果，代表着我们伟大的社会主义祖国神圣不可侵犯的主权和尊严，每一个中国公民都应该尊重和爱护国旗。我国《国旗法》第19条规定：“在公共场合故意以焚烧、毁损、涂划、玷污、践踏等方式侮辱中华人民共和国国旗的，依法追究刑事责任；情节较轻的，参照治安管理处罚条例的处罚规定，由公安机关处以十五日以下拘留。”

（二）国歌

在 2003 年 10 月举行的党的十六届三中全会上通过的《中共中央关于修改宪法部分内容的建议》中，把中华人民共和国国歌是《义勇军进行曲》写进宪法，作为一条修改建议提交全国人大常委会讨论。经第十届全国人大二次会议全体代表审议通过，宪法修正案正式赋予国歌以宪法地位。

（三）国徽

国徽和国旗一样也是国家的象征和标志，常常表现一国的历史背景、革命传统乃至传说故事，也象征一国的社会制度、政治和宗教信仰以及政治思想。

国徽的图案、式样、色彩、使用方法以及象征意义，相关法律都作了规定。为了维护国徽的尊严和正确使用国徽，我国于 1991 年 10 月 1 日起实行了《中华人民共和国国徽法》。国徽中的齿轮和谷穗象征工人阶级领导下的工农联盟；天安门既表示中国人民新民主主义革命斗争的胜利，又标志着人民民主专政的中华人民共和国的诞生，形象地体现了我国各族人民的革命传统和民族精神；一大四小五颗五角星则代表着中国共产党领导下的各族人民的大团结。《国徽法》第 10、13 条明文规定，国徽及其图案不得用于商标、广告；日常生活的陈设布置；私人庆吊活动以及国务院办公厅规定不得使用国徽及其图案的其他场合。在公众场合故意以焚烧、毁损、涂划、玷污、践踏等方式侮辱中华人民共和国国徽的，依法追究刑事责任；情节较轻的，予以治安拘留处罚。

（四）首都

北京作为我国的首都，是全国政治经济文化的中心，是国家最高权力机关、行政机关和司法机关的所在地。自然，北京应当成为最清洁、最卫生和最美好的城市。

六、我国的国家结构形式

（一）国家结构形式的类型

国家结构形式可分为单一制和复合制两种。

单一制国家是由若干不具有独立性、不可分割的单一主权组成的国家结构形式。在单一制下，国家只有一部宪法，全国只有一个统一的最高权力机关，只设立一个统一的中央政府。公民具有统一的国籍。各行政单位或自治单位均受中央政府的统一领导，不能脱离中央而独立国家整体是代表国家进行国际交往的唯一主体。目前，世界上大多数国家采取单一制的国家结构形式。

复合制国家是由两个或两个以上的具有某种独立性的成员单位（州、共和国）联合组成的联邦国家或国家联盟的国家结构形式。根据成员单位独立性的强弱，复合制又可分为邦联制和联邦制等形式。

（二）我国是单一制国家

我国《宪法》序言及第 4 条明确规定，“中华人民共和国是全国各族人民共同缔造的统一的多民族国家”，“各民族自治地方都是中华人民共和国不可分离的部分”。建立单一制的统一的多民族国家，是我国各族人民的共同愿望，符合各族人民的根本利益。

（三）我国的民族区域自治制度

民族区域自治的主要内容如下：（1）民族自治地方是中华人民共和国不可分离的组成部分。（2）民族区域自治必须以少数民族聚居区为基础。（3）在民族自治地方设立自治机关。民族自治地方的自治机关是指该自治地方的人民代表大会和人民政府。（4）民族自治机关依法行使广泛的自治权。

（四）特别行政区

1. 特别行政区的定义

在中华人民共和国行政区域范围内设立的享有特殊法律地位、实行资本主义制度和生活方式的地方行政区域。

2. 特别行政区的特征

（1）特别行政区是我国不可分离的一部分。特别行政区政权是中华人民共和国的一级地方政权，直辖于中央人民政府。

（2）特别行政区享有高度自治权。特别行政区政府由当地人组成，除外交、国防由中央统一管理外，可以享有高度的自治权，即享有行政管理权、立法权，独立的司法权和终审权。特别行政区现行的法律基本不变。特别行政区享有高度自治权，但不享有国家主权，即没有外交权和国防方面的权力，也不是一个独立的政治实体。

（3）特别行政区可以在相当长的期限内保留原有的社会经济制度和生活方式。依照法律规定，我国特别行政区在相当长的期限内不实行社会主义制度，原有的社会经济制度、生活方式可以保留。1997 年 7 月 1 日，我国恢复对香港行使主权。根据香港《基本法》的规定，建立了香港特别行政区政府，在中央政府的领导下，实行“一国两制”、“港人治港”、高度自治。1999 年 12 月 20 日，我国恢复对澳门行使主权，建立了第二个特别行政区政府；实行“一国两制”、“澳人治澳”、高度自治。特别行政区是“一国两制”构想在宪法上的体现，是为完成祖国统一大业，坚持国家主权、领土完整的原则性和具体解决港澳台问题的灵活性相结合的伟大实践，这一制度已经在香港、澳门得以成功实现。

第三节 我国公民的基本权利与义务

一、公民的基本权利与义务概述

公民通常是指具有一国国籍并根据该国宪法和法律规定享有权利并承担义务的自然人。

我国《宪法》第33条第1款规定：“凡具有中华人民共和国国籍的人都是中华人民共和国公民。”公民与人民是两个不同的概念，如其概念的政治色彩、概念所指的范围、稳定性等都是不同的。

所谓公民的权利，是指公民为实现某种愿望或利益依据宪法和法律规定可以作出某种行为或者要求他人作出某种行为，并且受到国家强制力保障的资格。

所谓公民的义务，是指宪法和法律规定的公民应当履行的某种责任，否则会受到相应的法律制裁。

公民的基本权利和基本义务又称为宪法权利和宪法义务，是指宪法规定的公民最主要的、必不可少的和最低限度的权利和义务，在公民权利和义务体系中处于核心和基础地位。

二、我国公民的基本权利

根据我国宪法规定，我国公民的基本权利主要包括以下几个方面：

（一）平等权

我国《宪法》第33条第2款规定：“中华人民共和国公民在法律面前一律平等。”这是我国公民的一项基本权利，也是社会主义法制的一个基本原则。其基本精神是：凡我国公民都平等地享有宪法和法律规定的各项权利，也都平等地履行宪法和法律规定的各项义务；任何公民的合法行为，都平等地受到法律保护，违法犯罪行为也都平等地受到法律的制裁；任何公民都不得有超越宪法和法律的特权。

（二）人身自由权

1. 公民人身自由的含义

公民的人身自由是公民参加各种社会活动和享有其他权利的先决条件，它包括生存权和自由权。

2. 公民人身自由权的主要内容

广义上的人身自由权包括公民的人身、人格尊严和住宅不受侵犯以及与人身自由密切联系的通信自由和通信秘密受法律保护。狭义上的人身自由权是指公民的人身不受非法限制、搜查、拘留和逮捕。

（1）人身自由权，即公民的人身自由不受侵犯，非经人民检察院批准或者决定或者人民法院决定，并由公安机关执行，不得逮捕；禁止非法拘禁和以其他方法非法剥夺或者限制公民的人身自由，禁止非法搜查公民的身体。

（2）人格尊严，即公民的人格尊严不受侵犯，禁止用任何方法对公民进行侮辱、诽谤和诬告陷害。

（3）住宅不受侵犯，即禁止非法搜查或者非法侵入公民住宅。

（4）通信自由和通信秘密，即公民的通信自由和通信秘密受法律保护。除因国家安全或追查刑事犯罪的需要，由国家安全部门、公安机关或者检察机关依照法律规定的程序对通信进行检查外，任何组织和个人不得以任何理由侵犯公民的通信自由和通信秘密。侵犯公民的上述人身自由权利构成犯罪的，应当受到刑事制裁。

（三）政治权利和自由

政治权利和自由包括两部分内容：一是政治权利，含选举权和被选举权；二是政治自由，含言论、出版、集会、结社、游行和示威。

1. 选举权和被选举权

这是公民参加管理国家事务的一项最基本的政治权利，体现了我国人民当家作主、管理国家事务的主人翁地位。

2. 政治自由

这是公民表达个人见解和意愿，进行正常社会活动，参加国家管理的一项基本权利。但公民的这些政治权利和自由必须依法行使，不得损害国家的、社会的、集体的利益和其他公民的合法权利和自由，否则不仅得不到法律的保护，反而要受到法律的制裁。

（四）宗教信仰自由

我国《宪法》第36条第1、2款规定："中华人民共和国公民有宗教信仰自由。任何国家机关、社会团体和个人不得强制公民信仰宗教或者不信仰宗教，不得歧视信仰宗教的公民和不信仰宗教的公民。"从中可以看出，宗教信仰自由是指公民依据自身的精神信念，自愿地决定是否信仰宗教的自由。但是，利用宗教信仰破坏社会秩序、损害公民身体健康等构成犯罪的，依法追究刑事责任。

（五）监督权与取得赔偿权

《宪法》第41条第1款规定："中华人民共和国公民对于任何国家机关和国家工作人员，有提出批评和建议的权利；对于任何国家机关和国家工作人员的违法失职行为，有向有关国家机关提出申诉、控告或者检举的权利，但是不得捏造或者歪曲事实进行诬告陷害。"这是宪法赋予公民对国家机关及其工作人员的一种监督权。另外，《宪法》第41条第3款规定，由于国家机关及其工作人员侵犯公民权利而受到损失的公民，有依法取得赔偿的权利。

（六）社会经济权利

社会经济权利的内容包括以下方面：

1. 公民的劳动权

公民的劳动权，即有劳动能力的公民有获得工作并取得相应报酬的权利。劳动是一切有劳动能力的公民的权利和义务。国家采取各种措施和途径，创造劳动就业的条件，加强劳动保护，改善劳动条件，提高劳动报酬和福利待遇，保障劳动权利的实现。

2. 公民的休息权

公民的休息权，即劳动者为保护身体健康和提高劳动效率而休养生息的权利。国家发展劳动者休息和休养的设施，规定职工的工作时间和休假制度，保障劳动者休息权利的实现。公民在休息时间工作的，应按照《劳动法》的相关规定取得报酬。国家规定的"清明"、"中秋"、"端午"、"五一"、"十一"、"春节"等节假日都是休息权的体现。

3. 退休人员的生活保障权

国家依照法律规定实行企业事业组织的职工和国家机关工作人员的退休制度，并保障退休人员的生活水平不降低。

4. 公民的私有财产权和继承权

国家保护公民的合法的私有财产不受侵犯；国家依照法律规定保护公民的私有财产权和继承权。

5. 物质帮助权

公民在年老、疾病或者丧失劳动能力的情况下，有从国家和社会获得物质帮助的权利。国家建立待业保险、养老保险、社会救济、医疗卫生等社会保障制度，以保障公民享有和行使这一权利。

（七）教育、科学、文化权利和自由

我国《宪法》第46、47条规定，公民有受教育的权利和义务，国家培养青少年和儿童在品德、智力、体质等方面全面发展；公民有进行科学研究、文学艺术创作和其他文化活动的自由，国家对于从事教育、科学、技术、文化、艺术和其他文化事业的公民的有益于人民的创造性工作，给以鼓励和帮助，并保障公民享有和行使这些权利和自由。

（八）特定主体的权利

特定主体的权利即妇女、婚姻、家庭、母亲、儿童和老人受国家保护。我国宪法规定，妇女在政治、经济、文化、社会和家庭生活等各方面享有同男子平等的权利。国家依法保护妇女的合法权益，实行男女同工同酬，培养和选拔妇女干部。同时宪法还规定，婚姻、家庭、母亲、儿童和老人受国家保护；实行计划生育是夫妻双方的义务；父母有抚养教育未成年子女的义务；成年子女有赡养扶助父母的义务；禁止破坏婚姻自由；禁止虐待老人、妇女和儿童；对于虐待儿童和老人，以及拐卖妇女和儿童的犯罪，依法严厉惩处。

此外，宪法规定的我国公民的基本权利还包括：国家保护华侨、归侨和侨眷的正当权益。

三、我国公民的基本义务

（一）维护国家统一和全国各民族团结的义务

这是我国公民必须履行的基本义务之一。国家统一和各民族团结是国家繁荣、民族昌盛的重要标志。国家的统一和全国各民族的团结，是建设有中国特色社会主义事业取得胜利的基本保证，也是实现公民基本权利的保证。全体公民必须自觉履行这一义务，坚决反对任何分裂国家和破坏民族团结的行为，并坚决同破坏国家统一和民族团结的行为作斗争。

（二）遵守宪法和法律，尊重社会公德的义务

我国《宪法》第53条规定：“中华人民共和国公民必须遵守宪法和法律，保守国家秘密，爱护公共财产，遵守劳动纪律，遵守公共秩序，尊重社会公德。”遵守宪法和法律是公

民最基本和最起码的义务；保守国家秘密，爱护公共财产，遵守劳动纪律，遵守公共秩序，尊重社会公德，是公民遵守宪法和法律义务在不同社会领域的具体表现。

我国公民必须遵守宪法和法律。宪法是国家的根本大法，具有最高的法律效力。全国各族人民、一切国家机关和武装力量、各政党和各社会团体、各企事业组织，都必须以宪法为根本活动准则，并且负有维护宪法尊严、保证宪法实施的职责。我国公民必须保守国家秘密。国家秘密关系到国家的安全和利益，泄露国家秘密必然给国家和社会造成重大损失，侵害人民的利益。因此宪法规定公民有保守国家秘密的义务。爱护公共财产、遵守劳动纪律、遵守公共秩序、尊重社会公德对于国家的利益、对于国家的经济发展和社会秩序的稳定具有重要的意义。

总之，我国宪法和法律是工人阶级领导的广大人民群众共同意志和利益的集中体现和反映，遵守宪法和法律就是尊重人民的意志，维护人民的利益，尊重社会公德，是社会主义精神文明的重要内容，是维护社会安定团结的需要。

因此，每个公民都应自觉遵守宪法、法律和社会公德，与一切违反宪法和法律、破坏社会公德的行为作斗争。

（三）维护祖国安全、荣誉和利益

我国《宪法》第 54 条规定：“中华人民共和国公民有维护祖国的安全、荣誉和利益的义务，不得有危害祖国的安全、荣誉和利益的行为。”这是保障社会主义现代化建设和改革开放顺利进行的需要，任何公民不得为一己私利或小集团的利益而有损国家的安全、荣誉和利益。如果危害国家安全，给国家利益造成损害，要依法追究其刑事责任。

（四）保卫祖国，抵抗侵略，依法服兵役和参加民兵组织

保卫祖国，抵抗侵略是每一个公民应尽的职责，也是维护国家独立和安全的需要，是保卫社会主义现代化建设、保卫人民幸福生活的需要。所以，每一个公民都必须自觉地依法履行这一光荣义务和神圣职责。

保卫祖国必须有一支强大的人民武装力量，因此服兵役和参加民兵组织是公民保卫祖国、维护国家安全的实际行动。我国《兵役法》第 3 条第 1 款规定：“中华人民共和国公民，不分民族、种族、职业、家庭出身、宗教信仰和教育程度，都有义务依照本法的规定服兵役。”

（五）依法纳税

税收是国家建设资金的重要来源，也是国家财政收入的重要来源之一。它“取之于民，用之于民”。公民依法纳税，对于增加国家财政收入，保证国家经济建设资金的需要，改善和提高人民生活都具有重要意义。每个公民都应自觉遵守和执行国家税收法规和政策，与偷税、漏税、抗税的违法行为作斗争，以维护国家的利益。

第四节　我国的国家机构

一、国家机构组织和活动的基本原则

国家机构是指统治阶级为了行使国家权力、实现国家职能而建立起来的一整套有联系的国家机关的总称。

我国国家机构组织和活动的基本原则主要有：

（一）民主集中制的原则

民主集中制原则是党的政治原则和组织原则在国家制度上的体现。我国宪法规定，我国国家机构实行民主集中制的原则。

民主集中制原则的具体表现是：全国人民代表大会和地方各级人民代表大会都由民主选举产生，对人民负责，受人民监督；国家行政机关、审判机关、检察机关都由人民代表大会产生，对它负责，受它监督；中央和地方的国家机构职权的划分，遵循在中央的统一领导下，充分发挥地方的主动性、积极性的原则。

宪法的这些规定充分体现了民主集中制原则的精神，正确地解决了人民与国家权力机关、国家权力机关与其他国家机关、中央国家机关与地方国家机关之间的关系，既发扬了民主，又保证了国家机构的集中统一。民主是集中的基础，集中是民主的表现。

（二）社会主义法制原则

社会主义法制原则是国家机构组织和活动最重要的基本原则。我国《宪法》第5条规定，中华人民共和国实行依法治国，建设社会主义法治国家；一切国家机关和武装力量、各政党和各社会团体、各企业事业组织都必须遵守宪法和法律。我国国家机构是按照宪法和法律的规定建立起来的，它们必须执行、遵守宪法和法律，必须依法办事。只有这样，才能达到依法治国，建设社会主义法治国家的要求。

任何国家机关及其工作人员违反宪法和法律，都要承担法律责任，受到法律的追究。

（三）责任制原则

责任制原则是我国国家机关活动的普遍原则。责任制原则是指国家机关和它的工作人员行使职权、履行职权均应对其后果负责。根据宪法和有关组织法的规定，人民代表大会要对人民负责，人民代表大会常务委员会要对人民代表大会负责；行政机关、审判机关、检察机关都要对人民代表大会及其常务委员会负责并报告工作；在行政机关、审判机关、检察机关中，下级机关要对上级机关负责，地方机关要对中央机关负责并报告工作。权力机关、行政机关、审判机关、检察机关内部也有各自的责任制。责任制原则具体表现为两种形式：集体负责制和个人负责制。

（四）为人民服务的原则

依靠人民群众，联系人民群众，接受人民群众的监督，为人民服务，对人民负责，是国家机构组织和活动的重要原则和根本宗旨。我国宪法规定，一切国家机关及其工作人员必须依靠人民群众，经常保持同人民的密切联系，倾听人民的意见和建议，接受人民监督，努力为人民服务。

（五）精简和效率的原则

我国《宪法》规定，一切国家机关实行精简的原则，实行工作责任制，实行工作人员的培训和考核制度，不断提高工作质量和工作效率，反对官僚主义。当前我国政府机构改革的重要内容和要求，就是按照这一原则精简机构，提高效率，转变政府职能，实行政企分开。只有这样，才能更好地适应建立社会主义市场经济体制和改革开放的需要。

二、国家机构的组织系统

（一）权力机关

1. 全国人民代表大会

全国人民代表大会是我国的最高国家权力机关，是国家的立法机关，在我国国家机构体系中居于最高地位。它由各省、自治区、直辖市、特别行政区和军队选出的代表组成，每届任期5年，每年举行一次会议。

它行使的职权是：修改宪法；监督宪法的实施；制定和修改基本法律；选举、决定和罢免最高国家机关领导人员；审查和批准国民经济和社会发展计划和计划执行情况的报告；审查和批准国家的预算和预算执行情况的报告；改变或撤销全国人大常委会不适当的决定；批准省、自治区和直辖市的建置；决定特别行政区的设立及其制度；决定战争和和平问题以及应当由它行使的其他职权。

2. 全国人民代表大会常务委员会

全国人民代表大会常务委员会是全国人大的常设机关，是在全国人大闭会期间行使国家权力的机关，是全国人大的一个组成部分，它对全国人大负责并报告工作。

它由全国人大选出的委员长、副委员长、秘书长、委员组成，每届任期与全国人大每届任期相同，可以连选连任，但是委员长、副委员长连续任职不得超过两届。它的组成人员不得担任国家行政机关、审判机关、检察机关的职务。

它行使的职权是：解释宪法和法律；监督宪法的实施；制定和修改除应当由全国人大制定的基本法律以外的其他法律；审查和监督行政法规、地方性法规的合宪性和合法性；在全国人大闭会期间，审查和批准国民经济和社会发展计划以及国家预算的部分调整方案；监督国务院、中央军事委员会、最高人民法院和最高人民检察院的工作；决定任免由全国人大任免之外的最高国家机关领导人员；决定任免驻外全权代表和批准、废除同外国缔结的条约和重要协定；规定军人、外交人员和其他专门衔级制度；规定和决定授予国家勋章、荣誉称号；决定特赦；决定战争状态的宣布；决定全国总动员或局部动员；决定全国或个别省、自治区、直辖市进入紧急状态以及全国人大授予的其他职权。地方各级人民代表大会行使相应的职权。

（二）中华人民共和国国家主席

中华人民共和国国家主席是我国国家机构的重要组成部分，与最高国家权力机关结合行使国家元首权，是国家对内对外的最高代表。

1. 我国国家主席的产生与任期

《中华人民共和国宪法》第三章第二节规定，中华人民共和国国家主席、副主席由全国人民代表大会选举产生。有选举权和被选举权的年满 45 周岁的我国公民可以被选为国家主席、副主席。国家主席、副主席每届任期与全国人大每届任期相同，连续任职不得超过两届。

2. 我国国家主席的职权

国家主席的职权是：对外代表国家，进行国事活动，接受外国使节；根据人大常委会的决定，派遣和召回驻外全权代表，批准和废除同外国缔结的条约和重要协定；对内提名国务院总理人选，根据最高国家权力机关的决定，公布法律，任免国务院领导人员，授予国家的勋章和荣誉称号，发布特赦令，宣布进入紧急状态，宣布战争状态和发布动员令。

（三）行政机关

中央行政机关即国务院。国务院即中央人民政府，是最高国家权力机关的执行机关，是最高国家行政机关。它对全国人大及其常委会负责并报告工作。

1. 国务院的组成与任期

国务院由总理、副总理、国务委员、各部部长、各委员会主任、审计长、秘书长组成，实行总理负责制。国务院每届任期与全国人大每届任期相同，总理、副总理、国务委员连续任职不得超过两届。总理、副总理、国务委员、秘书长组成国务院常务会议。

2. 国务院的职权

国务院行使的职权有：制定行政法规，发布决定、命令；规定行政措施；向全国人大及其常委会提出议案；对所属各部、委和地方各级行政机关实施统一领导和监督；领导和管理经济、国防、民政、文教、卫生、民族事务等项工作；管理对外事务以及最高国家权力机关授予的其他职权。

地方行政机关即地方各级人民政府，是地方各级人民代表大会的执行机关。根据宪法的规定，地方各级行政机关对本级人大及常务委员会负责并报告工作，同时对上一级行政机关负责并报告工作，接受国务院的统一领导。

（四）军事机关

中央军事委员会是全国武装力量的领导机关。它由主席、副主席、委员组成，实行主席负责制。中央军委主席由全国人大选举产生，其他组成人员由军委主席提名，由全国人大或其常委会决定，每届任期与全国人大每届任期相同，其职权在我国国防法中作了明确规定。

（五）人民法院与人民检察院

1. 人民法院

人民法院是我国的审判机关，是代表国家行使审判权的司法机关，通过审判各种案件，惩办犯罪分子，保护人民利益，保障社会主义建设事业的顺利进行。我国的人民法院由最高人民法院、地方各级人民法院和专门人民法院组成。

最高人民法院是国家最高审判机关，对全国人民代表大会及其常务委员会负责并报告工作，依法独立行使最高审判权，不受行政机关、社会团体和个人的干涉。其主要职责是：第一，审理在全国有重大影响的案件、不服高级法院的判决和裁定的上诉案件以及最高人民法院认为应当由自己审理的案件；第二，监督地方各级人民法院及军事法院等专门法院的审判工作，对于地方各级人民法院、专门法院作出的错误判决，予以撤销，并决定提审或者指令再审；第三，对于在审判过程中如何具体使用法律问题，作出司法解释，这种司法解释在全国必须执行。

地方各级人民法院由高级人民法院、中级人民法院和基层人民法院组成。

专门人民法院由军事法院和其他专门法院组成。军事法院由解放军军事法院、大军区级军事法院和基层军事法院组成。军事法院的设置与地方人民法院相对应，设置为三级：（1）中国人民解放军军事法院；（2）大军区级单位军事法院，包括各大军区、海军、空军、武警、解放军总直属队军事法院；（3）军级、副大军区级单位军事法院，包括省军区、集团军、海军舰队、军区空军军事法院。

2. 人民检察院

人民检察院是我国国家机构的组成部分，是人民民主专政的重要工具之一。人民检察院是我国的法律监督机关，它代表国家行使检察权或法律监督权，维护社会主义法制的统一和尊严。它代表国家对直接受理的案件行使侦查权；对公诉案件行使控诉权；对刑事诉讼、民事诉讼、行政诉讼活动是否合法行使法律监督权。同时，它还行使审查批准逮捕的职权。

我国的人民检察院由最高人民检察院、地方各级人民检察院和专门人民检察院组成。

最高人民检察院是国家最高检察机关，对全国人民代表大会及其常务委员会负责并报告工作，依法独立行使最高检察权，不受行政机关、社会团体和个人的干涉。其主要职责是：领导地方各级人民检察院和专门人民检察院的工作；依法对贪污案、贿赂案、侵犯公民民主权利案、渎职案等刑事案件直接受理和立案侦查，并决定是否起诉；依法对法院的审判、刑事案件的侦查活动实行法律监督；对重大刑事犯罪案件依法审查批捕、审查起诉；对刑事案件的审判活动实行法律监督；对各级人民法院已经发生效力、确有错误的判决和裁定，依法向最高人民法院提起抗诉；依法对监管改造场所的活动实行监督；对于检察工作中具体适用法律问题进行司法解释；组织检察机关对外交涉，开展有关司法协助。

地方各级人民检察院由省级人民检察院、省级人民检察院分院和基层人民检察院组成。

专门人民检察院中的军事检察院由解放军军事检察院、大军区军事检察院和基层军事检察院组成。

【思考与练习】

一、单选题

1. 按照宪法制定主体的不同，可将宪法分为（　　）。

A. 社会主义宪法和资本主义宪法　　B. 成文宪法和不成文宪法

C. 刚性宪法和柔性宪法　　D. 钦定宪法、民定宪法和协定宪法

2. 我国《宪法》规定，中华人民共和国的一切权力属于（　　）。

A. 人民　　B. 公民　　C. 全国人大　　D. 中央人民政府

3. 在我国（　　）年宪法修正案中，“国家尊重和保障人权”这一原则载人宪法。

A. 1988　　B. 1993　　C. 1999　　D. 2004

二、简述题

1. 什么是宪法？宪法具有哪些基本特征？

2. 为什么说宪法是我国民主制度的法律化？

3. 我国公民享有哪些基本权利和自由？

4. 我国的国家性质和政权组织形式各是什么？国体与政体的关系是什么？

5. 建国以后我国制定了哪几部宪法？针对现行宪法颁布了几次修正案？

6. 公民应当如何维护宪法的尊严，保证宪法的实施？

三、案例分析题

黄某，男，19岁，农民。1998年10月经体检、政审合格后，县征兵办公室确定该青年到某军区炮兵师服现役。但是，黄某突然隐匿，逃避征兵。事情发生后，县征兵办公室找到他的父母，进行说服教育。他父母始终不说出儿子的去向。后经查找，发现黄某藏在其姑母家。县征兵办公室把黄某找回，进行了批评教育。黄某拒不答话。后来了解到他逃避征集的原因主要是其未婚妻扯他的后腿，就又做他未婚妻的工作，仍未做通。根据宪法、法律的有关规定，某乡人民政府依法强制黄某履行了兵役义务。

问：某乡人民政府强制黄某履行兵役的宪法根据是什么？

第三章 民 法

课前准备

【案例导读】

某县某商场是1994年成立的集体所有制商业单位，隶属于该县商业管理局领导。1998年11月，商业管理局举行全局职工先进个人表彰会，从商场购买石英钟、手表、电熨斗、毛巾被等日用品作为奖品，价款共计18 000元。商业局经办此事的办公室主任对商场经理说，因商业局最近开支较大，所以此项货款要到明年3月支付给商场。商场经理表示同意。但到了1999年4月，商业局仍未付款，且从未提起此事。5月初，商场派会计索要几次未果。7月，商业局作出决定并通知商场：奖品货款18 000元由商场自行消化，双方不再结算。此事在商场职工中反响强烈。9月，商场向某县人民法院提起诉讼，要求法院责令商业局付款，而商业局则以该纠纷系上下级单位内部纠纷，且商业局已对此事作出处理为由拒绝应诉。商业局的做法是否成立？

分析：我国《民法通则》第2条规定：中华人民共和国民法调整平等主体的公民之间，法人之间，公民和法人之间的财产关系和人身关系。本案的关键在于认定商场与商业局之间发生的关于货款给付的关系是否属于平等主体间的财产关系。作为地位独立的两个法人，他们有着各自的经济利益。本案中他们是地位独立、平等的买卖双方，而不存在行政管理关系中的上级与下级。买卖双方基于买卖这一民事活动产生了各自的民事权利与义务，应属于民法的调整范围。商业局应当支付所欠某商场货款18 000元。

【重点难点】

1. 掌握民法的基本原则
2. 掌握民事主体的权利能力和行为能力
3. 掌握民事法律行为的有效、无效、可变更及可撤销
4. 掌握代理的概念及类型
5. 掌握民事权利的种类及其内容
6. 掌握著作权、专利权的内容及保护
7. 掌握人身权的概念和内容

8. 掌握合同的订立、效力和合同的履行

学习内容

第一节　民法概述

一、民法的概念与特征

（一）民法的概念

民法是调整平等民事主体的自然人、法人和其他非法人组织之间的财产关系和人身关系的法律规范的总称。

（二）民法的特征

民法的特征如下：

1. 民法调整的是平等主体之间的社会关系

平等主体主要是指民事主体的法律地位平等，即每个民事法律关系的主体，都具有独立的、平等的人格。这是民法区别于其他法律部门的最重要标志。

一般而言，根据法律关系主体地位的不同，可以划分为两类法律规范：一是调整主体处于平等地位的社会关系的法律规范，在这种社会关系中，主体可称为“平等主体”，相应的法律规范主要是民法和商法；二是调整主体处于不平等地位的社会关系的法律规范，如行政法、刑法等。

2. 民法调整的对象是财产关系和人身关系

民法调整的财产关系，是指人们在财产所有和财产流转过程中形成的经济关系。民法调整的人身关系，是指与人身不可分离而又直接具有物质利益内容的社会关系，如姓名、肖像、名誉等。这种人身关系的产生、变化或被侵犯，会影响到民事主体的物质利益。民法并不调整所有的人身关系，它只调整平等主体之间发生的并能用民法方法保护的那部分人身关系。

1986年4月21日，第六届全国人大四次会议通过了我国第一部民事基本法律《中华人民共和国民法通则》（简称《民法通则》），它虽然还不是一部完备的民法典，但它已规定了民事活动中应共同遵循的规则，概括了民法应具有的一些基本内容，是一部指导自然人、法人和其他组织进行民事活动的基本法律。

此外，婚姻法、继承法、合同法、著作权法、专利法、商标法等法律也是调整民事活动的重要单行法律。

二、民法的基本原则

民法的基本原则是指民事立法、司法及民事活动必须遵循的根本准则。我国民法的基本原则主要有以下内容：

（一）平等原则

平等原则是我国民法的核心原则。我国《民法通则》第3条规定：“当事人在民事活动中的地位平等。”平等原则由民法所调整的社会关系之性质所决定。民法既然以平等主体之间的财产关系和人身关系为调整对象，就必然要求法律赋予平等的法律地位。平等原则主要体现为：民事主体的权利能力平等；民事主体的法律地位平等；民事主体平等地协商相互之间的权利义务；民事主体的合法权益受法律的平等保护；民事主体的责任平等。

（二）自愿原则

自愿原则是指民事主体在从事民事法律关系的设立、变更和终止活动时出于自身的真实意思明确表示自己的意愿，具体包括：民事主体可以根据自己的意愿决定是否参与民事活动及参与的内容、行为方式等，同时也包括民事主体要对自己违反该原则的民事行为负担法律后果。遗嘱自由就是自愿原则的重要体现。

（三）公平原则

公平原则要求民事法律关系的内容应当公平，即民事主体参加民事活动的机会要均等，承担民事责任要合理。公平原则是利益均衡这一价值判断标准在民事活动中法律化的体现，依赖于社会的公平、正义观念的主观评价。它既是一条法律适用原则，同时也是一种司法原则，特别在法律缺乏明确规定时，公平原则对当事人权利义务的变动及法官的判决起着重要作用。只要民事行为符合一般的公平观念，是当事人自愿进行的就是法律所承认的和保护的。

（四）诚实信用原则

诚实信用原则，常被称为“帝王条款”。它要求人们在市场活动中讲究信用、恪守诺言、诚实不欺，具体到民法上则是指民事主体在进行民事活动时必须意图诚实、善意，行使权利不侵害他人与社会的利益。诚实信用这一原则既对民事主体的民事活动起着指导作用，又具有填补法律漏洞的功能。大量的民法制度都体现了这一原则。例如，因故意造成他人损失的，应当承担民事责任。

（五）等价有偿原则

等价有偿原则是指当事人在民事活动中，必须根据价值规律和等价交换的原则。其内容是除法律或合同另有规定之外，取得他人的财产或者得到他人的劳动服务，就应当向对方支付价金或报酬，不能侵犯他人利益，不能无偿占用、调拨、征用另一方财产。但在民事活动中，并非所有的财产流转关系都是等价有偿的，如赠与合同。

（六）公序良俗原则

《民法通则》第七条规定：“民事活动应当尊重社会公德，不得损害社会公共利益，破坏国家经济计划，扰乱社会经济秩序。”公序良俗即公共秩序和善良风俗。依照公序良俗原则，任何违反社会公德和公共秩序，损害社会公共利益的行为，都是无效的。

【案例分析】

现年60岁的蒋某（女）与黄某于1963年5月结婚后，收养一子（已成家另过）以养儿防老。1990年7月，蒋某继承父母遗留的大小77.2平方米住房一套。1996年，黄某与比他小近30岁的张某相识后便一直在外同居。2000年9月，黄某与蒋某将蒋某继承所得房屋以8万元的价格出售给陈某，并在售房款中拿出3万元赠与其养子购买商品房。

黄某因患肝癌晚期于2001年4月18日立下书面遗嘱，将其所得住房补贴金，公积金，抚恤金和卖房款的一半4万元，总额约6万元的财产赠与张某所有，并进行了公正。黄某因病去世后，张某公开当着原配蒋某的面宣布了黄某留下的遗嘱。张某以蒋某侵害其财产权为由诉讼至泸州市纳溪区人民法院。

问：黄某的行为违反了我国《民法通则》的哪一项原则规定。

分析：《民法通则》第7条明确规定，民事行为不得违反公共秩序和社会公德，违反者其行为无效。本案中黄某与被告蒋某系结婚多年的夫妻，应相互扶助，互相忠实，互相尊重。但在本案中，遗赠人从1996年认识原告张某后，长期与其非法同居，是一种违法行为。遗赠人黄某基于与原告张某有非法同居关系而立下的遗嘱，是一种违反公共秩序和社会公德的行为。从另一个角度讲，本案被告蒋某在遗赠人黄某患肝癌晚期住院直至去世期间，一直对其护理照顾，履行了夫妻扶助的义务，遗赠人黄某却无视法律规定，违反社会公德，漠视结发夫妻的忠实与扶助，将财产赠与其非法同居的原告张某，实际上损害了被告蒋某合法的财产继承权，破坏了社会风气。遗赠人黄某的遗赠行为违反了法律的原则和精神，损害了社会公德，破坏了社会公共秩序，应属无效行为。据此，法院依照《民法通则》第7条的规定，驳回原告张某的诉讼请求。

（七）禁止权利滥用原则

权利滥用是指民事主体在从事民事活动行使自己权利过程中，违背法律和公序良俗，损害国家、集体、他人利益的行为。禁止权利滥用原则就是针对这种行为的限制。我国《民法通则》第6、7条规定，民事活动必须遵守法律，法律没有规定的，应当遵守国家政策；民事活动应当尊重社会公德，不得损害社会公共利益，破坏国家经济计划，扰乱社会经济秩序。

三、民事法律关系

（一）民事法律关系的概念

民事法律关系是指由民事法律规范调整的以民事权利和义务为内容的社会关系。其含义如下：（1）民事法律关系是以民事权利义务为内容的社会关系；（2）民事法律关系是民事法律规范调整平等主体之间的财产关系和人身关系所形成的社会关系；（3）民事法律关系是在民事法律事实的基础上形成的社会关系。

（二）民事法律关系的要素

民事法律关系要素包括主体、客体及内容三个要素。任何民事法律关系都由这三要素构成，如这三个方面发生变化，则具体的民事法律关系也随之发生变更。

1. 民事法律关系的主体

民事法律关系的主体即民事主体，是指在民事法律关系中享受权利、承担义务的人，也就是我们平常所说的民事法律关系的当事人。我国民法承认的民事法律关系主体主要是自然人和法人；同时，个体工商户、农村承包经营户、合伙组织和其他组织可以比照自然人和法人享有民事主体资格。在一些特殊情况下，国家也可以成为民事法律关系的主体。

2. 民事法律关系的客体

民事法律关系的客体是民事主体享有的民事权利和承担的民事义务所共同指向的对象。在我国民事法律关系的客体主要有以下几类：（1）物，主要是物权民事法律关系的客体，如所有权，用益物权法律关系的客体一般仅限于物，且该物以有体物为限；（2）行为，是债权法律关系的客体；（3）智力成果，是知识产权法律关系的客体；（4）人身利益和权利；（5）特定的权利，这主要是指某些权利也可成为民事法律关系的客体，如依据《中华人民共和国担保法》的规定，土地使用权、知识产权可成为质权的客体。

3. 民事法律关系的内容

民事法律关系的内容是指民事主体基于客体所形成的权利和义务，即民事权利和民事义务。

民事权利是指在法律规定的范围内，民事主体根据自己的意志进行民事活动，可以要求他人作出一定的行为或不作出一定的行为，并可以请求国家机关予以保护的一种权利。民事主体的民事权利十分广泛，包括物权、债权、人身权、知识产权、婚姻家庭权、继承权等。民事义务是指民事主体必须依据法律或权利人的要求作出或不作出一定的行为，否则要承担不履行或不适当履行该项义务所造成的民事责任的一种义务。

（三）民事法律事实

民事法律事实，简称法律事实，是指依法能够引起民事法律关系产生、变更和消灭的客观现象。民事法律规范本身并不能引起民事上的权利、义务关系，但法律可以根据需要规定引起民事法律关系产生、变更和消灭的客观情况，也就是法律事实。

民事法律事实在民法上根据事实是否与人的意志有关，将其分为事件和行为两大类

1. 事件

事件是与人的意志无关的客观现象，如地震导致所有权的消灭。事件只有引起民事法律关系变动，才能被认定为法律事实。相反如某事件未引起民事法律关系的产生、变更、消灭，则不是民事法律事实。

2. 行为

行为是与人的意志有关的法律事实。根据意志是否对外作出意思表示，又将行为分为表意行为与非表意行为。其中，表意行为是行为人通过对外的意思表示行为来产生、变更、消灭民事法律关系，如民事法律行为。非表意行为是行为人主观上没有产生民事法律关系效果的意思表示，客观上引起法律效果发生的行为，如侵权行为。

第二节　民事法律关系的主体

一、自　然　人

自然人是指依自然规律出生而取得民事主体资格的人。自然人包括本国人、居住在我国境内的外国人和无国籍人。

（一）自然人的民事权利能力

1. 自然人的民事权利能力概念及特征

自然人的民事权利能力，是指法律赋予自然人享有民事权利、承担民事义务的资格。它是自然人参加民事活动，取得民事权利、承担民事义务的前提和基础，是法律赋予自然人的一种主体资格。不具有民事权利能力的自然人是不能成为民事主体的。

自然人民事权利能力的特征有两个：一是平等性；二是不可转让性。我国《民法通则》第10条明确规定："公民的民事权利能力一律平等。"由此我们不难看出，平等性是自然人民事权利能力的首要特征。其次，民事权利能力是自然人生存和发展的必要条件，转让民事权利能力，无异于抛弃自己的生存权。因此，民事权利能力具有不可转让性。

2. 自然人的民事权利能力的开始

我国《民法通则》第9条规定："公民从出生时起到死亡时止，具有民事权利能力，依法享有民事权利，承担民事义务。"也就是说，自然人的民事权利能力从出生时始到死亡时止。在我国，"公民的出生时间以户籍证明为准；没有户籍证明的，以医院出具的出生证明为准。没有医院证明的，参照其他有关证明认定"。这是最高人民法院《关于贯彻执行〈中华人民共和国民法通则〉若干问题的意见（试行）》（简称《民通意见》）第1条明确规定的。

【案例分析】

胡某驾驶因闯红灯刹车不及，撞倒了已有五个月身孕的王某。交警部门认定，该交通事故的发生应由胡某负事故全部责任，且胡某无驾驶资格。经过法医鉴定，王某构成十级伤残。王某分娩后，发现孩子（甲）残疾，经鉴定，甲伤残是因为王某受伤后服用的恢复药物（为治疗而必须服用）所致。于是在检察院对胡某以交通肇事罪提起公诉的时候，王某也提起了刑事附带民事的诉讼，要求胡某赔偿其医疗费、伤残补助费及对胎儿的伤害费等。

问：本案中对于胎儿伤害费的赔偿请求该如何处理？

分析：我国《民法通则》的规定，自然人的民事权利能力始于出生，终于死亡。对于出生的认定，我国采取的是"独立呼吸说"。该说认为应以胎儿能够独立呼吸之时为出生时间。所以，自然人在独立呼吸之时才能享有民事权利，承担民事义务。本案中，胎儿不是法律意义上的自然人，依法不具有任何民事权利，胡某的行为对其也就不构成侵权行为。因为侵权行为是指行为人对受法律保护的权益实施侵害，并对造成的后果依法应承担民事责任的行为。既然没有侵权行为，当然对胎儿就无赔偿责任。而胎儿出生后，胡某也没有对其实施过任何行为，不可能构成侵权。故对胎儿的赔偿费请求不成立。

胎儿在未出生时是母体的一部分，胎儿的受损在法律上就是对母体生命健康权的侵犯。本案中，胡某的行为与甲的伤残有必然的因果关系，因此，王某可以以母亲自己的身份请求精神损害赔偿，这样以变通的方式来解决在法律上婴儿本应该有而没有被现行法律认可的权利。

（二）自然人的民事行为能力

自然人的民事行为能力，是指自然人能够以自己的行为独立参加民事法律关系，行使民事权利和设定民事义务的资格。自然人的民事行为能力还包括对自己的行为独立承担民事责任的能力。

我国《民法通则》根据自然人的年龄和精神状况将自然人分为完全民事行为能力人、限制民事行为能力人和无民事行为能力人三种。

1. 完全民事行为能力人

《民法通则》第 11 条规定："十八周岁以上的公民是成年人，具有完全民事行为能力，可以独立进行民事活动，是完全民事行为能力人。十六周岁以上不满十八周岁的公民，以自己的劳动收入为主要生活来源的，视为完全民事行为能力人。"

2. 限制民事行为能力人

《民法通则》第 12 条第 1 款规定："十周岁以上的未成年人是限制民事行为能力人，可以进行与他的年龄、智力相适应的民事活动；其他民事活动由其法定代理人代理，或者征得他的法定代理人的同意。"《民法通则》第 13 条第 2 款规定："不能完全辨认自己行为的精神病人是限制民事行为能力人，可以进行与他的精神健康状况相适应的民事活动；其他民事活动由他的法定代理人代理，或者征得他的法定代理人的同意。"

【案例分析】

1989 年 5 月，被告许某（当时 14 岁）因急事向原告吴某借钱，吴因与被告的哥哥关系好，遂将现金 100 元，又从银行取款 400 元共计 500 元借给被告，并商定 4~9 个月内还清。因到期未还，原告多次索要未果，遂起诉到 B 县人民法院，要求依法追回此款。

B 县法院认为：原告明知被告是未成年人，而将 500 元钱借给被告，有一定的过错。但是，被告已将此款转借给陈某，陈某未还款，故自己也无法还款的理由不能成立。为了保护债权人的权益，未成年人给他人造成的损害应由其监护人承担。该院根据《中华人民共和国民法通则》第 12 条第 1 款、第 108 条和《中华人民共和国民法诉讼法（试行）》第 102 条之规定，于 1991 年 4 月 2 日判决：被告许某欠原告吴某 500 元，于 1991 年 6 月 30 日以前一次性付清，在被告无偿还能力期间，由其监护人偿还。

被告许某不服一审判决并上诉。二审法院查明：1989 年 5 月份，许某为帮助陈某，曾三次向吴某借款。前两次没有借到，第三次由于陈某答应帮吴某买些便宜黄金，吴某才表示同意，并由许某出具了一张欠吴某 500 元的欠条，吴某取出未到期的银行存款 400 元和现金 100 元交给许某，由许某转交给陈某。事后，吴某多次索取所借款项，许某的母亲均以事前未征得其同意拒付。

二审法院认为：吴某明知许某当时未成年，不能完全独立实施民事行为，且在没有征得其父母同意的情况下，以低价购买黄金为目的，借钱给许某是错误的，应负一定责任；许某在未征得父母同意的情况下，借款立据，该行为与其年龄，智力状况不相适应，属无民事行为，其监护人应承担相应的民事责任。根据《中华人民共和国民法通则》第58条第1款第3项、第63条第1款、第133条第1款，《中华人民共和国民事诉讼法》第153条第1款第2、3项之规定，于1992年6月6日判决：（1）撤销一审法院的判决；（2）许某承担借款总额损失的46%，于1992年8月30日前一次付清，在许某无偿付能力期间，由其监护人偿还。

3. 无民事行为能力人

《民法通则》第12条第2款规定："不满十周岁的未成年人是无民事行为能力人，由他的法定代理人代理民事活动。"《民法通则》第13条第1款规定："不能辨认自己行为的精神病人是无民事行为能力人，由他的法定代理人代理民事活动。"

【案例分析】

小学生李明8岁，一天，他偷拿了父母2 000元钱，到一珠宝店购买白金项链一条，送给了同班同学王芳，后李明父母知道了所有事情找到珠宝店和王芳的家长，要求要回项链，要求珠宝店退款，收回项链。

分析：案中，因李明系无民事行为能力人，单独购买项链和将项链赠与他人的行为均是无效的，可以要求返还原物。

（三）监护

为保障无民事行为能力人和限制民事行为能力人的人身、财产和其他合法权益，我国法律规定了监护制度。其中，担任监管和保护无民事行为能力人和限制民事行为能力人的人身、财产和其他合法权益的人或单位称为监护人，被监管和保护的无民事行为能力人和限制民事行为能力人称为被监护人。

我国《民法通则》第16条规定："未成年人的父母是未成年人的监护人。"由此可见，父母为未成年人的当然法定监护人。在未成年人父母已经死亡或者没有监护能力的情况下，则由有监护能力的人员按下列顺序担任监护人：（一）祖父母、外祖父母；（二）兄、姐；（三）经基层组织同意的愿意承担监护职责的其他亲属、朋友；（四）所在基层组织、民政部门或其父母所在单位。

我国《民法通则》第17条规定："无民事行为能力或者限制民事行为能力的精神病人，由下列人员担任监护人：（一）配偶；（二）父母；（三）成年子女；（四）其他近亲属；（五）关系密切的其他亲属、朋友愿意承担监护责任，经精神病人的所在单位或者住所地的居民委员会、村民委员会同意的。对担任监护人有争议的，由精神病人的所在单位或者住所地的居民委员会、村民委员会在近亲属中指定。对指定不服提起诉讼的，由人民法院裁决。没有第一款规定的监护人的，由精神病人的所在单位或者住所地的居民委员会、村民委员会或者民政部门担任监护人。"

《民通意见》第10条规定："监护人的监护职责包括：保护被监护人的身体健康，照顾被监护人的生活，管理和保护被监护人的财产，代理被监护人进行民事活动，对被监护人进行管理和教育，在被监护人合法权益受到侵害或者与人发生争议时，代理其进行诉讼。”

监护人可将监护职责部分或者全部委托给他人。因被监护人的侵权行为需要承担民事责任的，应由监护人承担，但另有约定的除外。被委托人确有过错的，负责连带责任。监护人不履行监护职责或者侵害被监护人的合法权益的，应承担责任；给被监护人造成财产损失的，应赔偿损失。人民法院可根据有关人员或者有关单位的申请，依法撤销监护人的资格。

（四）自然人的户籍与住所

户籍是以户为单位记载自然人的姓名、出生、住所、结婚、离婚、收养、失踪和死亡等事项的法律文件。国家通过户籍制度确认自然人身份，保护自然人权利。

住所在法律上具有重要意义，是自然人发生法律关系的中心地域。《民法通则》第 15 条规定：“公民以他的户籍所在地的居住地为住所，经常居住地与住所不一致的，经常居住地视为住所。”《民通意见》第 9 条第 1 款规定：“公民离开住所地最后连续居住一年以上的地方，为经常居住地。但住医院治病的除外。”确定自然人的住所对于案件管辖、司法文书送达、债务履行地等都有着重要的法律意义。

（五）宣告失踪和宣告死亡

宣告失踪，是指经利害关系人申请，由人民法院对下落不明满一定期间的人宣告为失踪人的制度。宣告失踪的法定条件：（1）须经利害关系人申请；（2）被申请人下落不明满 2 年；（3）由人民法院以法定程序宣告（公告期为 3 个月）。申请宣告失踪的利害关系人，包括被申请宣告失踪人的配偶、父母、子女、兄弟姐妹、祖父母、外祖父母、孙子女、外孙子女以及其他与被申请人有民事权利义务关系的人。

人民法院作出宣告失踪判决的同时，制定失踪人的财产代管人。财产代管人负有管理失踪人财产的职责，可对失踪人财产进行以下管理行为：（1）偿还失踪人的到期债务，缴纳税金；（2）为失踪人的父母支付赡养费；（3）为失踪人的配偶支付扶养费；（4）支付失踪人的违约金；（5）为失踪人的未成年人子女支付抚育费；（6）支付财产管理费用。

宣告死亡，是指经利害关系人申请，由法院宣告下落不明的满一定期间的自然人为死亡的制度。宣告死亡的条件和程序：（1）须经利害关系人申请。申请宣告死亡的利害关系人顺序是：配偶；父母、子女；兄弟姐妹、祖父母、外祖父母、孙子女、外孙子女；其他有民事权利义务关系的人。顺序在先的申请人有排他效力，在先顺序的排除在后顺序，同顺序的权利平等。（2）须被申请人下落不明满一定期间，包括下落不明满 4 年；意外事故下落不明从事故发生日起满 2 年；意外失踪且取得死亡证明的。（3）须由人民法院宣告。

宣告死亡后，被宣告死亡人的婚姻关系终止，继承开始。但被宣告死亡和自然死亡的时间不一致的，被宣告死亡所引起的法律后果仍然有效，但自然死亡前实施的民事法律行为与被宣告死亡引起的法律后果相抵触的，则以其实际实施的民事行为为准。

被宣告失踪和被宣告死亡的人重新出现的，经本人和利害关系人申请，法院应当撤销对其的失踪宣告或死亡宣告。被撤销失踪宣告的人依法取回被代管的财产。被撤销死亡宣告的人有权请求返还财产，原物存在的返还原物，原物不存在的应予适当补偿；若其配偶尚未再婚的，夫妻关系从撤销死亡宣告之日起自行恢复；若其配偶再婚后又离婚或再婚后配偶又死亡的，则不得认定夫妻关系自行恢复。

（六）自然人的特殊形式

1. 个人合伙

根据《民法通则》的规定，个人合伙（以下简称合伙）是指两个以上的自然人按照协议，各自提供资金、实物、技术等，共同经营，共同劳动。合伙人应对出资数额、盈余分配、债务承担、入伙、退伙、合伙中止等事项，订立书面协议。

合伙人投资的财产，由合伙人统一管理和使用。合伙人经营积累的财产，归合伙人共有。个人合伙的经营活动，由合伙人共同决定，合伙人有执行和监督的权利。

合伙的债务，由合伙人按出资比例或协议约定，以各自的财产承担清偿责任。合伙人对合伙的债务承担连带责任，法律另有规定的除外。偿还合伙债务超过自己应承担数额的合伙人，有权向其他合伙人追偿。

2. 个体工商户

根据《民法通则》第26条的规定，“公民在法律允许的范围内，依法经核准登记，从事工商业经营的，为个体工商户。个体工商户可以起字号，”个体工商户（由一人经营的除外）为家庭合伙。个体工商户的法律特征有：（1）依法经核准登记；（2）经营以户为单位，以户的名义进行民事活动，享有民事权利和承担民事义务；（3）在法律允许的范围内从事工商业生产和经营；（4）对债务承担无限责任。

【案例分析】

陈某与王某是夫妇。1992年，陈某辞职开办了一家个体服装店。但陈某开店的想法一直都遭到丈夫王某的反对，所以双方签订了一份协议，协议约定：陈某开店的一切责任自负，双方的各自收入归个人支配。陈某在经营中效益时好时坏，但王某从不过问。陈某开店后并没有与王某分伙，她也经常以营业收入为家中购置共同的生活用品，但两人的收入的确各自保管。1994年，陈某由于几次进货失误，造成商品严重积压，并欠下8万多元的债务。1995年初，债主纷纷前来讨债，陈某将全部货物及自己的存款还债，结果仍欠林某2万多元。林某因向陈某要不到全部欠款，便向法院起诉，请求以王某的存款偿还。法院经查实，王某在银行有5万元的存款。

问：（1）我国《民法通则》对于个体工商户的债务有何规定？（2）林某是否有权请求王某偿还陈某所欠的债务？

分析：（1）我国《民法通则》第29条规定：“个体工商户，农村承包经营户的债务，个人经营的，以个人财产承担；家庭经营的，以家庭财产承担。"判断是个人投资还是家庭投资，应审查两方面：一是投入个体工商户的财产是个人财产还是家庭财产；二是个体工商户经营中的收益是仅用于经营者个人享用还是用于家庭共同享用。

（2）本案中，王某必须承担陈某的债务。我国夫妻财产制是夫妻所得共同制和约定财产制。如果夫妻间没有对整个夫妻关系存续期间的全部财产作特别约定，依据最高人民法院《关于贯彻执行（中华人民共和国民法通则）若干问题的意见（试行）》第43条的规定：“在夫妻关系存续期间，一方从事个体经营或者承包经营的，其收入为夫妻共有财产，债务亦应以夫妻共有财产清偿。”本案中陈某与王某仅对个别财产作出约定，即他们仅对经营收入作了约定，所以王某仍要以他的收入对陈某的债务负责。

3. 农村承包经营户

根据《民法通则》第27条规定：“农村集体经济组织的成员，在法律允许的范围内，按照承包经营合同从事商品经营的，为农村承包经营户。”农村承包经营户也是家庭合伙。其特征是：（1）经营单位为农民家庭；（2）按照承包合同的规定从事生产和经营；（3）在法律允许的范围内从事工商业生产和经营；（4）对债务承担无限责任。

二、法 人

（一）法人的概念

法人是具有民事权利能力和民事行为能力，依法独立享有民事权利和承担民事义务的组织。法人是相对于民法上“自然人”的概念提出的，是法律所创设的主体。法人与自然人的区别在于法人不具备自然人所享有的如人格权等一系列专属于人身的权利。

（二）法人的成立

我国《民法通则》第37条规定：“法人应当具备下列条件：（一）依法成立；（二）有必要的财产或者经费；（三）有自己的名称、组织机构和场所；（四）能够独立承担民事责任。”

（三）法人的民事能力

1. 法人的民事权利能力

法人的民事权利能力是指法人作为民事主体参与民事活动，取得民事权利和承担民事义务的资格。法人的民事权利能力始于成立之时，因法人的解散、被撤销、被宣告破产或其他原因而终止。

2. 法人的民事行为能力

法人的民事行为能力是指法人通过自己的行为取得民事权利、承担民事义务的能力。法人的民事行为能力不同于自然人的民事行为能力。法人的行为能力只要法人具备相应的成立条件，并经由设立程序取得法人资格后即开始具备，即法人的民事权利能力和民事行为能力同时产生、同时消灭，且法人的民事行为能力以法人的经营范围为限。法人的民事行为能力通常是通过法人的机关或法人机关委托的代理人来实现。法人机关的行为，视同法人的行为。

（四）法人的分类

我国《民法通则》把法人分为企业法人、机关法人、事业单位法人和社会团体法人。

企业法人是一种以营利为目的的营业性社会经济组织，如公司法人。

机关法人是国家机关在进行民事活动或进行民事诉讼活动时法律赋予其相应民事权利能力和民事行为能力的情况。机关法人只有在从事民事活动或进行民事诉讼活动中才是法人，其他情况下均为行政机关或权力机关。机关法人不需要进行核准登记程序，即可取得机关法人资格。

事业单位法人是被赋予民事主体资格的事业单位。所谓事业单位，是指以公益为目的的国家机关或其他组织利用国有资产举办的单位。该种法人与企业法人的重要区别就在于其不以营利为目的。

社会团体法人是由法人或自然人自愿组成，谋求公益事业、行业协调或同道志趣的非营利性法人，如协会、学会、基金会等团体。

第三节　民事法律行为与代理

一、民事法律行为

（一）民事法律行为的概念与特征

《民法通则》第54条规定：“民事法律行为是公民或者法人设立、变更、终止民事权利和民事义务的合法行为。”

民事法律行为具有以下特征：（1）民事法律行为是由民事主体作出的。国家行为、裁判行为虽也能导致民事法律关系的变动，但是其并不属于民事法律行为。（2）民事法律行为是合法行为。任何人的行为不得以损害他人的权利或破坏公共秩序为代价。（3）民事法律行为是以意思表示为核心要素的，且目的是为追求某种法律效果。任何民事法律行为都必须具备意思表示这一要素。

（二）民事法律行为的形式

民事法律行为的形式，实质就是作为其核心要素的意思表示的形式，主要有明示和默示两种。

明示形式包括口头形式和书写形式。口头形式是用口头语言形式进行意思表示。大多用于数额不大、即时结清的民事交往和其他基于口头形式的民事交往中，它的优点就是快捷，但不具备保留证据的特点。书面形式主要指文字（文件、信函、电报）、图表、数据、照片等形式把当事人的意思表达出来。它相对于口头形式具有保留证据的特点，适用于标的额较大的民事法律行为。

默示形式包括作为的默示和不作为的默示。一方当事人向对方提出民事要求，对方未用语言或文字明确表示意见，但其行为表明已接受，可以认定为作为的默示。例如，代理人越权代理的行为，第三人通过被代理人接受其履行的行为，推定他有追认其无权代理的意思。不作为的沉默只有在法律有规定或当事人双方有约定的情况下，才可以视为意思表示。如《中华人民共和国继承法》第25条规定，继承开始后，受遗赠人应当在知道受遗赠后两个月内，作出接受或放弃受遗赠的表示；到期没有表示的，视为放弃受遗赠。

（三）民事法律行为的成立与生效

我国《民法通则》第55条规定："民事法律行为应当具备下列条件：（一）行为人具有相应的民事行为能力；（二）意思表示真实；（三）不违反法律或者社会公共利益。"一般情况下，民事法律行为只要具备以上三项内容就成立并生效，但对某些民事法律行为只有满足法律规定的特别要求后方可成立或生效。民事法律行为一旦成立，意思表示人就必须受其约束，不得擅自变更或撤回。

【案例分析】

甲乙经人介绍相识。准备结婚时，乙在国外搞援建项目的叔父答应送乙一台彩电作为结婚礼物。婚后半年，乙的叔父把彩电带回送给乙。一年后，甲乙因性格不合，协议离婚，在分割财产时发生争议，甲要求将彩电作价分给自己一半，乙不同意。

分析：本案中，乙与其叔父之间是一种赠与法律关系，而赠与行为是要物行为，只有在具体交付标的物时才成立。因此，乙的叔父虽然是在婚前作出赠与的意思表示，但法律行为是在婚后才成立并生效。这就意味着乙的彩电是婚后所得，应当作为夫妻共同财产，在离婚时进行分割。

（四）不完全的法律行为

不完全的法律行为是指仅具备成立要件而不具备生效要件的法律行为。

1. 无效的民事行为

无效民事行为的类型有以下几种：

（1）行为人不具有行为能力实施的民事行为。它主要是指：① 无民事行为能力人实施的纯获利益以外的行为；② 限制民事行为能力人实施的与其年龄、智力、精神健康状况不相适应的行为，以及纯获利益以外的行为且其法定代理人未在法定期限内予以追认。如张三只有7岁，把父亲刚买给他的儿童自行车（价值300元）送给李四做生日礼物，就属于无效民事行为。

（2）意思表示不真实并损害国家利益的民事行为。它主要是指一方以欺诈、胁迫的手段实施的损害国家利益的合同行为。所谓欺诈，是指有意欺骗他人，使之陷于错误的行为。所谓胁迫，是指以给公民及其亲友的生命健康、荣誉、名誉、财产等造成损害，或者以给法人的荣誉、名誉、财产等造成损害为要挟，迫使对方作出违背真实意思表示的行为。在欺诈和胁迫情况下，只有损害国家利益的行为才为无效的民事行为。

（3）恶意串通，损害国家、集体或者第三人利益的行为。

（4）以合法形式掩盖非法目的行为。

（5）违反法律或者社会公共利益的行为。

《民法通则》第58条第2款规定："无效的民事行为，从行为开始起就没有法律约束力。"由此可以得知，无效民事行为所强调的无效是指行为自始无效且当然无效。如果这类行为所约定的义务尚未履行，那么就无需再去履行；而对于这类行为所约定的义务正在履行之中，那么即应中止履行；对于已经履行的部分，依照《民法通则》第61条的规定，"民事行为被确认为无效或者被撤销后，当事人因该行为取得的财产，应当返还给受损失的一方。有过错的一方应当赔偿对方因此所受的损失，双方都有过错的，应当各自承担相应的责任。双方恶意串通，实施民事行为损害国家的、集体的或者第三人的利益的，应当追缴双方取得的财产，收归国家、集体所有或者返还第三人”。对于部分无效的民事行为，不影响其他部分效力的，其他部分仍然有效。

2. 可变更、可撤销的民事行为

根据我国《民法通则》第 59 条第 1 款及《合同法》第 54 条第 1 款的规定，可变更、可撤销的民事行为类型有以下几种：

（1）重大误解，即行为人对行为内容有重大误解，使行为的后果与自己的意思相悖，并造成较大损失。

（2）显失公平，即一方当事人利用优势或利用对方当事人缺乏经验，致使双方主要权利义务明显违反公平原则。

（3）一方以欺诈、胁迫的手段或者乘人之危使对方在违背真实意思的情况下所实施的合同行为。

例如，王某有一个家传的瓷碗。一天仇某来家里做客，看到此碗说自己比较喜欢，想买下来，王某不知道其价值，就把碗送给他了。可是过了一段时间他从古玩市场了解到那只瓷碗是古董，价值好几百万。本案中的民事行为就属于显失公平的民事行为，王某可以撤消瓷碗的赠与行为。

二、代　　理

（一）代理的概念与特征

1. 代理的概念

代理是指代理人以被代理人的名义，在代理权限范围内与第三人实施民事法律行为，而后果由被代理人来承担。在代理关系中，被代理人也称本人，第三人也称相对人。

2. 代理的特征

代理的特征有：

（1）代理人须以被代理人的名义来进行民事行为。

（2）代理必须是具有法律意义的行为，即能够在被代理人与第三人之间产生、变更和终止某种法律关系。

（3）代理人在被代理人授权的范围内独立作出意思表示。

（4）代理产生的法律后果直接由被代理人承受。

代理是被代理人经由代理人进行的民事法律行为，是为了设定本人自己的民事权利并负 担民事义务。所以，代理人与第三人进行的一切民事法律行为所生的法律效果均由被代理人负责。

（二）代理的类型

依据代理权产生的原因不同，可将代理分为委托代理、法定代理、指定代理。

1. 委托代理

委托代理是代理人根据被代理人的授权而进行的代理。民事法律行为的委托代理，可以用书面形式，也可以用口头形式。法律规定用书面形式的，应当用书面形式。书面委托代理的授权委托书应当载明代理人的姓名或者名称、代理事项、权限和期间，并由委托人签名或者盖章。委托书授权不明的，被代理人应当向第三人承担民事责任，代理人负连带责任。

2. 法定代理

法定代理主要是为民事法律行为能力欠缺者设计的，它是法律根据自然人之间的亲属关系而直接规定产生的代理权。

3. 指定代理

指定代理是指基于法院或有关机关的指定行为发生的代理。“有关机关”是指依法对被代理人的合法权益负有保护义务的组织，如未成年人所在地的居民委员会或村民委员会等。

（三）无权代理与滥用代理权

1. 无权代理

无权代理是指没有代理权的人以他人的名义实施的代理。无权代理行为虽具备一般代理行为的表面特征，但却不具备代理行为的实质特征。根据无权代理的具体情况，一般将其分为狭义无权代理和表见代理两种类型。

《民法通则》第 66 条规定：“没有代理权、超越代理权或者代理权终止后的行为，只有经过被代理人的追认，被代理人才承担民事责任。未经追认的行为，由行为人承担民事责任。本人知道他人以本人名义实施民事行为而不作否认表示的，视为同意。”这是狭义的无权代理。

表见代理为无权代理的一种，属于广义的无权代理，是指行为人虽无权代理，但由于被代理人的行为，造成善意的第三人确信其有代理权并与之实施民事行为，因而法律规定被代理人必须承担法律后果的代理。法律为了保护第三人的利益，维护交易安全，并以此维持人们对代理制度的信赖，而特别规定了表见代理制度。《中华人民共和国合同法》（简称《合同法》）第 49 条规定：“行为人没有代理权、超越代理权或者代理权终止后以被代理人名义订立合同，相对人有理由相信行为人有代理权的，该代理行为有效。”

表见代理的构成要件主要有：

（1）代理人没有代理权。

（2）无权代理人客观上存在使相对人相信其有代理权的理由。如果代理人以书面形式或口头形式直接或间接向第三人表示授予他人代理权，但实际上并未授权，导致第三人基于信赖而与他人实施交易；又如被代理人将可以证明代理权的文件或印鉴交给他人，或者允许他人作为自己的分支机构，使他人能以被代理人的名义实施代理行为。

（3）相对人须为善意且无过失。

（4）相对人与无权代理人实施的民事行为，形式上符合法律行为的要件和代理的外部特征。

表见代理一旦构成，就产生与有权代理相同的法律效力，即代理的法律效果直接由被代理人承受。对第三人而言，他既可以主张成立表见代理，也可以主张成立狭义无权代理。

2. 滥用代理权

滥用代理权是指代理人利用代理权的便利进行损害被代理人利益或者损害社会公共利益等违反法律规定的行为。滥用代理权主要包括以下四种情形：（1）代理人以被代理人的名义与自己实施民事行为；（2）代理人代理双方或者多方当事人进行民事活动；（3）代理人和第三人恶意串通，损害被代理人利益；（4）代理人在民事活动中，进行违法活动或损害社会公共利益的行为。

根据《民法通则》的规定，滥用代理权的上述几种情形，均应确认为无效民事行为。

【案例分析】

A为一机械厂的采购员，经常在全国各地出差。Y是其邻居，平时以采撷山药为生。1988年10月，Y在山中挖到一名贵草药，正好A要到上海出差，于是Y就委托A将草药带去卖掉，据说上海这种草药的价钱较高。A却将草药带到邻村的一朋友家中，朋友的父亲B是一名老中医，他看了之后请A将草药卖于他，并表示愿给A好处费200元。结果A以低于上海市场价将近500元的价格把草药卖给了B。双方还约定，如果事后Y来此处打听这种草药的市场价格，B就说此草药现在已经大跌价，在上海也不值钱了。不想此事被正要到B家来看病的Y的一个远房亲戚听见，不久就告诉了Y。Y遂要求A和B赔偿自己的损失。**问：**1. A的代理行为是一种什么性质的行为？2. Y是否有权要求A和B两人赔偿？为什么？

分析：1. A的行为是一种与第三人串通，损害被代理人利益的行为。Y委托A将草药带到上海去卖，而A却将草药卖于B，这本身就违背了被代理人的意思；而且A还以低于市场价的价格出让草药，更是直接损害了Y的利益；A在出让草药的过程中，私下收受了B给予的好处费，将草药以低价卖给B，并相约共同欺骗Y，这就是相互串通，共同损害被代理人Y的利益。

2. 我国《民法通则》第66条第3款规定："代理人和第三人串通，损害被代理人的利益的，由代理人和第三人负连带责任。"因此，本案中A与第三人B应对Y的损失承担连带赔偿责任。

（四）代理权的终止

我国《民法通则》第69条规定："有下列情形之一的，委托代理终止：（一）代理期间届满或者代理事务完成；（二）被代理人取消委托或者代理人辞去委托；（三）代理人死亡；（四）代理人丧失民事行为能力；（五）作为被代理人或者代理人的法人终止。"

我国《民法通则》第70条规定："有下列情形之一的，法定代理或者指定代理终止：（一）被代理人取得或者恢复民事行为能力；（二）被代理人或代理人死亡；（三）代理人丧失民事行为能力；（四）指定代理的人民法院或者指定单位取消指定；（五）由其他原因引起的被代理人和代理人之间的监护关系消灭。"

第四节　民事权利

一、民事权利的概念

民事权利，是指民事主体依法享有并受法律保护的利益范围或实施某一行为（作为或者不作为）以实现某种利益的资格。简而言之，就是民事权利主体对实施或者不实施一定行为的选择权。

其主要特征表现为：（1）民事权利是民事主体依法享有的利益范围或为某行为的资格；（2）民事权利是民事主体要求他人实施某种行为或不实施某种行为，以实现其利益的资格；（3）当民事权利受到侵害时，权利主体得请求国家机关予以救济。

二、民事权利的分类

（一）财产权和人身权

这是根据民事权利是否以财产利益为内容来分类的。财产权是指以财产利益为内容、直接体现财产利益的民事权利，如物权、债权、继承权等。人身权是指不直接具有财产内容、与主体人身不可分离的权利，如人格权、身份权等。人格权有包括生命权、健康权、身体权、肖像权、姓名权、名誉权、隐私权等；身份权又包括亲权、亲属权等。

（二）绝对权与相对权

这是以义务主体是否特定以及权利的特点所作的分类。绝对权是指无须通过义务人实施一定的行为即可实现并可对抗不特定人的权利，如人身权、物权、知识产权等。由于绝对权的义务主体不特定，故又称对世权。相对权是必须通过义务人实施一定行为才能实现并只能对抗特定人的权利，最典型者为债权。由于相对权的义务主体是特定的，故又称对人权。

（三）既得权与期待权

这是以是否已经取得为标准所作的分类。既得权是指权利人已经取得且可以实现的权利，期待权是指将来有取得与实现的可能性的权利。一般的民事权利都是既得权。

（四）主权利与从权利

这是以关联权利之间的关系所作的分类。主权利是从权利的基础与前提，从权利依附于主权利而存在。所以，从权利随主权利成立而成立、生效而生效、变更而变更、转让而转让、消灭而消灭。权利人不能在转让主权利的情况下而单独保留从权利，也不能在抛弃主权利的情况下而单独享有从权利。

（五）专属权与非专属权

这是根据权利有无转移性所作的分类。专属权是指无转移性，权利人一般不能转让，也不能依继承程序转移的权利，如人身权。非专属权是指具有转移性，权利人可以转让，也可依继承程序转移的权利，如财产权。

（六）原权利与救济权

这是根据相互间是否有派生关系所作的分类。原权利为基础权利，是符合或者不违反法律而形成的权利，如所有权、人身权、继承权等。救济权是因原权利受到侵害或有受侵害的现实危险而发生的权利，如请求支付违约金、恢复名誉等权利。

（七）支配权、请求权、抗辩权与形成权

这是根据权利的作用所作的分类。支配权是指权利人可以直接支配权利客体（物、人身利益与智力成果）并实现其利益的权利，是典型的绝对权。如物权、知识产权、人身权。请求权是指权利人要求他人为特定行为（作为或不作为）的权利，是典型的相对权。如债权。抗辩权又称异议权，是指对抗对方的请求权的权利。如同时履行抗辩权、先履行抗辩权、先诉抗辩权等。形成权是指权利人依单方意思表示使民事法律关系发生、变更、消灭的权利。如追认权、撤销权、解除权等。

三、民事权利的内容

（一）物权

1. 物权的概念与特征

《中华人民共和国物权法》由中华人民共和国第十届全国人民代表大会第五次会议于 2007 年 3 月 16 日通过，自 2007 年 10 月 1 日起施行。所谓物权，是指权利人依法对特定的物享有直接支配和排他的权利，包括所有权、用益物权和担保物权。

物权具有以下特征：（1）物权是绝对权。物权的权利主体是特定的，物权人有权在法律规定的范围内对物进行支配，包括对物进行占有、使用、收益和处分。（2）物权是支配权。物权的内容是权利人直接支配一定的物。权利人对物的直接支配的权利，他人不得干涉。（3）物权具有追及效力和优先效力。物权的追及效力是指不论标的物辗转于何人之手物权人均可追及到物之所在行使其权利。物权的优先效力表现在两个方面：一是当物权与债权同时存在时，物权的效力优先于债权；二是同一物上有数个物权同时存在时，先成立的物权一般优于后成立的物权。（4）物权以物为客体。作为物权客体的物必须是特定物、有体物。

2. 物权的种类

根据不同的划分标准，物权可以分为以下几类。

（1）自物权与他物权。自物权就是权利人对于自己所有的物所排他享有的占有、使用、收益、处分的权利。而他物权则是指，权利人对于不属于自己所有的物，而依据合同的约定或法律的规定所享有的占有、使用、收益的权利。他物权一般不包括处分的权利。因为只有享有所有权的人，才能合法行使处分权。他物权往往不能排他享有。

（2）用益物权和担保物权。用益物权，是物权的一种，是指非所有人对他人之物所享有的占有、使用、收益的排他性的权利。比如土地承包经营权、建设用地使用权、宅基地使用权、地役权、自然资源使用权（海域使用权、探矿权、采矿权、取水权和使用水域、滩涂从事养殖、捕捞的权利）。担保物权，是与用益物权相对应的他物权，指的是为确保债权的实现而设定的，以直接取得或者支配特定财产的交换价值为内容的权利。

（3）动产物权与不动产物权。这是根据物权的客体是动产还是不动产所做的分类。不动产所有权、地上权、永佃权、典权、不动产抵押权等是不动产物权，而动产所有权、动产质权、留置权则是动产物权。

（4）主物权和从物权。这是以物权是否具有独立性进行的分类。主物权是指能够独立存在的物权，如所有权、地上权、永佃权。从物权则是指必须依附于其他权利而存在的物权。如抵押权、质权、留置权，是为担保的债权而设定的。地役权在与需役地的所有权或使用权的关系上，也是从物权。

3. 所有权

（1）所有权的概念

所有权是指所有权人依法对自己的财产享有占有、使用、收益、处分的权利。

① 占有。占有是指所有人对所有财产的实际控制。占有可以分为有权占有与无权占有。

② 使用。使用是指民事主体按照财产的性能对其加以利用，以满足生产或生活。法律上有所有权的人一定有使用权，但有使用权的人不一定有所有权。

③ 收益。收益是指民事主体收取的所有物的利益，包括孳息和利润。

④ 处分。处分是指所有人对财产进行处置的权利。处分权是财产所有人最基本的权利，也是财产所有权的核心内容。

一般情况下，所有人对其财产享有所有权就是对此四项权能全部享有，但日常生活中常会出现四项权能分离或其中几项共存的情况。

【案例分析】

1992年3月，农民某甲与某肉联厂约定：由肉联厂将其所有的两头黄牛宰杀后，净得的牛肉按每千克7元的价格进行结算。牛头、牛皮、牛下水归肉联厂，再由某甲付宰杀费40元。在宰杀过程中，肉联厂屠宰工人在其中一头牛的下水中发现牛黄70克。肉联厂将这些牛黄出售，每克40元，共得2 800元，某甲得知此事后，认为牛黄应当归其所有，遂向肉联厂索取卖牛黄所得的2 800元价款。肉联厂认为牛黄在牛下水中，而牛下水按约定是归肉联厂的，因此拒绝给某甲该款。双方发生纠纷。问：（1）两头牛的所有权是否已经转移给了肉联厂？（2）牛黄应归谁所有？（3）某甲能否要回此2 800元，法律上的依据是什么？

分析：（1）两头牛的所有权没有转移。由于某甲与肉联厂之间只存在牛肉加工承揽合同，并将牛头、牛皮、牛下水及屠宰费40元作为肉联厂将牛宰杀并加工成牛肉这一行为的报酬，并无约定牛整体转让的意思表示，因此两头牛的所有权不发生转移。（2）牛黄归某甲所有。《物权法》第116条规定，天然孳息，由所有权人取得。牛黄是牛的孳息，而不是牛下水的孳息，根据孳息归属的原则，孳息的归属应当与其主物相一致，自然牛黄应当归牛的所有人某甲所有。（3）某甲有权要回2 800元。因为牛黄是归某甲所有，肉联厂所得的2 800元属不当得利，应当返还。

（2）所有权的取得

所有权的取得是指民事主体获得财产所有权的合法方式和根据。我国《民法通则》第72条第1款规定："财产所有权的取得，不得违反法律规定。"财产所有权的合法取得方式可分为原始取得和继受取得两种。另外，还有善意取得制度。

① 原始取得

原始取得是指根据法律规定，最初取得财产的所有权或不依赖于原所有人的意志而取得财产的所有权。原始取得主要通过以下途径：劳动生产、收益、添附、没收，以及所有人不明的埋藏物、隐藏物、漂流物和遗失物等。

② 继受取得

继受取得是指通过某种法律行为从原所有人处取得对某项财产的所有权。这里所说的法律行为包括：买卖或互易、赠与、继承或接受遗赠，以及其他合法行为。

（3）所有权的种类

按照《物权法》的规定，我国的所有权主要包括以下三类。

一是国家所有权。国家所有的财产包括：矿藏、水流、海域；城市的土地；法律规定属于国家所有的农村和城市郊区的土地；森林、山岭、草原、荒地、滩涂等自然资源，但法律规定属于集体所有的除外；法律规定属于国家所有的野生动植物资源；无线电频谱资源；法律规定属于国家所有的文物；国防资产；依照法律规定为国家所有的铁路、公路、电力设施、电信设施和油气管道等基础设施。

二是集体所有。集体所有的动产和不动产包括：法律规定属于集体所有的土地和森林、山岭、草原、荒地、滩涂；集体所有的建筑物、生产设施、农田水利设施；集体所有的教育、科学、文化、卫生、体育等设施；集体所有的其他不动产和动产。

三是私人所有。私人对其合法的收入、房屋、生活用品、生产工具、原材料等不动产和动产享有所有权。私人合法的储蓄、投资及其收益受法律保护。国家依照法律规定保护私人的继承权及其他合法权益。私人的合法财产受法律保护，禁止任何单位和个人侵占、哄抢、破坏。

（4）建筑物区分所有权

业主对建筑物内的住宅、经营性用房等专有部分享有所有权，对专有部分以外的共有部分享有共有和共同管理的权利。业主对其建筑物专有部分享有占有、使用、收益和处分的权利。业主行使权利不得危及建筑物的安全，不得损害其他业主的合法权益。业主对建筑物专有部分以外的共有部分，享有权利，承担义务；不得以放弃权利不履行义务。业主转让建筑物内的住宅、经营性用房，其对共有部分享有的共有和共同管理的权利一并转让。

建筑区划内的道路，属于业主共有，但属于城镇公共道路的除外。建筑区划内的绿地，属于业主共有，但属于城镇公共绿地或者明示属于个人的除外。建筑区划内的其他公共场所、公用设施和物业服务用房，属于业主共有。建筑区划内，规划用于停放汽车的车位、车库应当首先满足业主的需要。

建筑物及其附属设施的维修资金，属于业主共有。经业主共同决定，可以用于电梯、水箱等共有部分的维修。维修资金的筹集、使用情况应当公布。建筑物及其附属设施的费用分摊、收益分配等事项，有约定的，按照约定；没有约定或者约定不明确的，按照业主专有部分占建筑物总面积的比例确定。业主可以自行管理建筑物及其附属设施，也可以委托物业服务企业或者其他管理人管理。对建设单位聘请的物业服务企业或者其他管理人，业主有权依法更换。

业主大会和业主委员会，对任意弃置垃圾、排放污染物或者噪声、违反规定饲养动物、违章搭建、侵占通道、拒付物业费等损害他人合法权益的行为，有权依照法律、法规以及管理规约，要求行为人停止侵害、消除危险、排除妨害、赔偿损失。业主对侵害自己合法权益的行为，可以依法向人民法院提起诉讼。

（5）相邻权

相邻权，是指在相互毗邻的不动产所有人或使用人之间，任何一方为了合理行使其所有权或使用权，享有要求其他相邻方提供便利或是接受一定限制的权利。不动产的相邻权人应按照有利生产、方便生活、团结互助、公平合理的原则，正确处理相邻关系。

不动产权利人应在如下方面为相邻人提供便利：一是相邻权利人用水、排水需要的。二是相邻权利人因通行等必须利用其土地的。三是因建造、修缮建筑物以及铺设电线、电缆、水管、暖气和燃气管线等必须利用相邻土地、建筑物的，该土地、建筑物的。

相邻权人的权利限制：一是建造建筑物，不得违反国家有关工程建设标准，妨碍相邻建筑物的通风、采光和日照。二是不动产权利人不得违反国家规定弃置固体废物，排放大气污染物、水污染物、噪声、光、电磁波辐射等有害物质。三是不动产权利人挖掘土地、建造建筑物、铺设管线以及安装设备等，不得危及相邻不动产的安全。四是不动产权利人因用水、排水、通行、铺设管线等利用相邻不动产的，应当尽量避免对相邻的不动产权利人造成损害；造成损害的，应当给予赔偿。

（6）共有

共有，是指同一不动产或者动产可以由两个以上单位、个人所有。共有包括按份共有和共同共有。

① 按份共有

按份共有，是指两个以上的民事主体对共有财产按照份额享有权利和承担义务的共有。按份共有的各共有人分别享有确定的份额，并对确定的份额享有所有权。按份共有人在将自己的份额分出或转让时，不得损害其他共有人的利益。其他共有人在同等条件下，有优先受让的权利；只有在共有人不愿意受让时，方可转让与他人。

② 共同共有

共同共有，是指两个以上的民事主体不分份额、共同对共，有财产享有所有权的共有。共有人平等地享有权利和承担义务。如夫妻财产共有、家庭财产共有等。

共有人按照约定管理共有财产；未约定或约定不明确的，各共有人都有管理的权利和义务。处分共有财产以及对其作重大修缮的，应经占份额 3/2 以上的按份共有人或全体共有人同意，但共有人之间另有约定的除外。对共有物的管理费用以及其他负担，有约定的，按照约定；没有约定或者约定不明确的，按份共有人按照其份额负担，共同共有人共同负担。共有物的分割方式主要有实物分割、变价分割和作价分割三种。

4. 用益物权

用益物权他人所有的不动产或动产，依法占有、使用和收益的权利。根据《物权法》的规定，用益物权主要有以下四类。

（1）土地承包经营权

农民集体所有和国家所有由农民集体使用的耕地、林地、草地以及其他用于农业的土地，依法实行土地承包经营制度。土地承包经营权人依法对其承包经营的耕地、林地、草地等享有占有、使用和收益的权利，有权从事种植业、林业、畜牧业等农业生产。耕地的承包期为三十年；草地的承包期为三十年至五十年；林地的承包期为三十年至七十年，特殊林木的林地承包期，经国务院林业行政主管部门批准可以延长。

土地承包经营权人依照农村土地承包法的规定，有权将土地承包经营权采取转包、互换、转让等方式流转。流转的期限不得超过承包期的剩余期限。未经依法批准，不得将承包地用于非农建设。土地承包经营权人将土地承包经营权互换、转让，当事人要求登记的，应当向县级以上地方人民政府申请土地承包经营权变更登记；未经登记，不得对抗善意第三人。

承包期内发包人不得调整承包地。承包期内发包人不得收回承包地，但农村土地承包法等法律另有规定的除外。承包地被征收的，土地承包经营权人有权依照《物权法》相关规定获得相应补偿。

（2）建设用地使用权

建设用地使用权，是指依法对国家所有的土地享有占有、使用和收益的权利。

权利人有权利用该土地建造建筑物、构筑物及其附属设施。建设用地使用权可以在土地的地表、地上或者地下分别设立。新设立的建设用地使用权，不得损害已设立的用益物权。设立建设用地使用权，可以采取出让或者划拨等方式。设立建设用地使用权的，应当向登记机构申请建设用地使用权登记。建设用地使用权自登记时设立。登记机构应当向建设用地使用权人发放建设用地使用权证书。建设用地使用权人应当合理利用土地，不得改变土地用途；需要改变土地用途的，应当依法经有关行政主管部门批准。

建设用地使用权人有权将建设用地使用权转让、互换、出资、赠与或者抵押，但法律另有规定的除外。建设用地使用权转让、互换、出资或者赠与的，附着于该土地上的建筑物、构筑物及其附属设施一并处分。建筑物、构筑物及其附属设施转让、互换、出资或者赠与的，该建筑物、构筑物及其附属设施占用范围内的建设用地使用权一并处分。

（3）宅基地使用权

宅基地使用权，是指依法对集体所有的土地享有占有和使用的权利。权利人有权依法利用该土地建造住宅及其附属设施。宅基地使用权的取得、行使和转让，适用土地管理法等法律和国家有关规定。宅基地因自然灾害等原因灭失的，宅基地使用权消灭。对失去宅基地的村民，应当重新分配宅基地。已经登记的宅基地使用权转让或者消灭的，应当及时办理变更登记或者注销登记。

（4）地役权

地役权，是指按照合同约定，利用他人的不动产，以提高自己的不动产的效益的权利。其中，他人的不动产为供役地，自己的不动产为需役地。

设立地役权，当事人应当采取书面形式订立地役权合同。地役权的期限由当事人约定，但不得超过土地承包经营权、建设用地使用权等用益物权的剩余期限。土地上已设立土地承包经营权、建设用地使用权、宅基地使用权等权利的，未经用益物权人同意，土地所有权人不得设立地役权。地役权不得单独转让。土地承包经营权、建设用地使用权等转让的，地役权一并转让，但合同另有约定的除外。地役权不得单独抵押。土地承包经营权、建设用地使用权等抵押的，在实现抵押权时，地役权一并转让。

5. 担保物权

担保物权是以确保特定债权实现为目的，在债务人或第三人的特定财产或权力上所设定的物权，包括抵押权、质权和留置权。

（1）抵押权

抵押权，是指债权人对债务人或者第三人不转移占有的担保财产，在债务人届期不履行债务或者发生当事人约定的实现抵押权的情形时，依法享有的就该抵押财产的变价处分权和优先受偿权。债务人或者第三人为抵押人，债权人为抵押权人，提供担保的财产为抵押财产。如某人向银行申请贷款，并以自己的住房作抵押，这时银行即为抵押权人。

债务人或第三人有权处分的下列财产可抵押：① 建筑物和其他土地附着物；② 建设用地使用权；③ 以招标、拍卖、公开协商等方式取得的荒地等土地承包经营权；④ 生产设备、原材料、半成品、产品；⑤ 正在建造的建筑物、船舶、航空器；⑥ 交通运输工具；⑦ 法律、行政法规未禁止抵押的其他财产。

下列财产不得抵押：① 土地所有权；② 耕地、宅基地、自留地、自留山等集体所有的土地使用权，但法律规定可以抵押的除外；③ 学校、幼儿园、医院等以公益为目的的事业单位、社会团体的教育设施、医疗卫生设施和其他社会公益设施；④ 所有权、使用权不明或者有争议的财产；⑤ 依法被查封、扣押、监管的财产；⑥ 法律、行政法规规定不得抵押的其他财产。

（2）质权

质权，又称质押权，是指为担保债务的履行，债务人或者第三人将其动产出质给债权人占有的，债务人不履行到期债务或者发生当事人约定的实现质权的情形，债权人有权就该动产优先受偿的权利。债务人或者第三人为出质人，债权人为质权人，交付的动产为质押财产。质权分为动产质权和权利质权。

① 动产质权的标的物是动产。质权人有权收取质押财产的孳息，但合同另有约定的除外。质权人在质权存续期间，未经出质人同意，擅自使用、处分质押财产，给出质人造成损害的，应当承担赔偿责任。质权人负有妥善保管质押财产的义务；因保管不善致使质押财产毁损、灭失的，应当承担赔偿责任。债务人履行债务或者出质人提前清偿所担保的债权的，质权人应当返还质押财产。

② 权利质权的标的物是权利。可出让的权利主要有：汇票、支票、本票；债券、存款单；仓单、提单；可转让的基金份额、股权；可转让的注册商标专用权、专利权、著作权等知识产权中的财产权；应收账款以及依法出质的其他财产权利。权利质权一般应办理权利状况登记手续。

（3）留置权

留置权，是指债权人按照合同约定占有债务人的动产，于债务人未按合同约定的期限履行债务时，对其占有的债务人的动产予以留置并就其变价优先受偿的权利。债权人为留置权人，占有的动产为留置财产。

债权人留置的动产，应当与债权属于同一法律关系，但企业之间留置的除外。法律规定或者当事人约定不得留置的动产，不得留置。留置权人负有妥善保管留置财产的义务；因保管不善致使留置财产毁损、灭失的，应当承担赔偿责任。留置权人有权收取留置财产的孳息。同一动产上已设立抵押权或者质权，该动产又被留置的，留置权人优先受偿。留置权人对留置财产丧失占有或者留置权人接受债务人另行提供担保的，留置权消灭。

（二）债权

1. 债的概念与法律特征

我国《民法通则》第 84 条第 1 款规定：“债是按照合同的约定或者依照法律的规定，

在当事人之间产生的特定的权利和义务关系，享有权利的人是债权人，负有义务的人是债务人。”债的内容包括债权和债务。

债的法律特征表现为：

（1）债反应财产流转关系。财产关系依其形态分为财产的归属利用关系和财产的流转关系。物权和知识产权反映的是静态的财产归属利用关系，而债却是反映动态的财产流转关系。

（2）债的主体双方都是特定的。债的主体双方是特定的，债权人只能向特定的债务人主张权利，债务人也必须向特定的债权人履行义务。债权是一种相对权。

（3）债以债务人履行债务这一特定的行为为客体。债权的实现必须依靠义务人履行义务的行为，义务人不履行义务，债权人的权利就不能实现。

（4）债发生的原因具有多样性、任意性。债可以是因合法行为产生，也可以是因违法行为产生，而且当事人可以依法任意设定债，但物权和知识产权就不具有此特征。

2. 债的发生原因

债的发生原因是指引起债的法律关系产生的法律事实。可发生债的法律事实主要有合同、侵权行为、不当得利、无因管理。在某些情况下，当事人自己的意思即可构成债的关系，如遗嘱。

3. 债的履行

债的履行是指债务人按照合同的约定或法律的规定履行其义务。债的履行以全面履行为原则，可分为完全正确履行、不适当履行和不履行三种。一般情况下，债务人均应完全正确履行其义务，但在双务合同中如符合法定条件，当事人一方亦可对抗对方当事人的履行请求权即行使抗辩权。

4. 债的移转与消灭

（1）债的移转

债的移转是指在债的内容不发生改变的情况下，债的主体发生变更的一种法律事实。债的移转包括债权的让与和债务的承担。债权的让与须通知债务人，且须以有效的债权存在为前提。同时依《合同法》第79条的规定，有个别债权是不得让与的，主要包括：① 根据合同性质不得转让的；② 按照当事人约定不得转让的；③ 依照法律规定不得转让的。债务承担有债务全部或部分移转给第三人承担的两种情况，但都必须征得债权人的同意且性质上不可移转的债务、当事人特别约定不能移转的债务均不能构成债的承担。

【案例分析】

2008年3月24日，单某因做生意资金周转不开向于某借款20 000元，约定借款期限为六个月，并出具了借条给于某。2008年5月15日，于某从程某处进了一批货物，货款为50 000元。于某因暂时没有钱付给程某，程某便对于某说：“既然单某欠你款20 000元，此款干脆先从此货款中抵扣，等单某的借款到期后我再向他要，至于另外30 000元你再另外想办法。”于某同意。随即，于某打电话给单某告知此事，单某表示不同意此债权债务的转移，此谈话有电话录音予以佐证。

问：本案的债权债务转让是否成立？

分析：成立。根据合同法的规定，债权人既可以将债权全部转移，也可以将债权部分转移。同理，债务人既可以将债务全部转移，也可以将债务部分转移。但是债权人转移债权与债务人转移债务的条件是不一样的。在债权转移的情况下，只需债权人通知债务人既可。而在债务转移的情况下，则需债务人、债权人和第三人达成转让协议，债务转移时必须经债权人同意，否则不发生法律效力。本案中，单某向于某借款 20 000 元，此款于某和程某之间达成协议决定从于某欠程某的货款 50 000 元中予以抵扣。笔者认为此系于某对单某的 20 000 元债权向程某进行转移，并未违反有关法律规定或者当事人约定，且于某已经电话通知了单某，虽然单某表示不同意此债权的转移，但此异议并不能成立，从于某的转移通知到达单某时转移即发生法律效力。此转移生效后，该债权即由原债权人（让与人）于某移转于受让人程某，让与人于某脱离原来的债权债务关系，受让人程某取代让与人于某而成为债权债务关系的新债权人。即此时，程某对于某享有债权 30 000 元，对单某享有债权 20 000 元。

（2）债的消灭

债的消灭是指债的双方当事人间的权利义务终止的情况。债的消灭的主要原因有：① 清偿。清偿即履行，是指债务人按照法律规定或者合同的约定向债权人履行义务。② 抵销。抵销是指当事人双方相互负有同种类的债务，将两项相互冲抵，使其冲抵部分消灭的情况。③ 提存。提存是指因债权人的原因或其他原因致使债务人无法向债权人履行到期债务，不得已将标的物提交有关部门保存的行为。④ 免除。免除是指债权人放弃其债权，从而全部或部分终止债的关系的单方行为。⑤ 混同。混同是指债权和债务同归于一人，致使债的关系消灭的事实。

5. 不当得利之债

不当得利是指没有合法根据，使他人受到损失而自己获得利益。由于不当得利人就其所得利益应负返还利益所有人的义务，因而发生债权债务关系。不当得利是债发生的原因。对于不当得利获得的利益，得利人应当返还受损人。返还不当利益的范围包括原物和原物所生孳息。受益人利用不当得利获得的其他利益，扣除劳务管理费用后，应予收缴。

6. 无因管理之债

无因管理是指没有法定的或约定的义务，为避免他人利益受损失而进行管理或者服务行为。管理人可向受益人要求以下权利：（1）因管理支出必要费用的偿还请求权；（2）因管理所负债务的清偿请求权；（3）因管理而受损害的赔偿请求权。同时，由于管理人基于故意、重大过失而致被管理人损害的，应负赔偿责任；但基于一般过失的，应免除、减轻责任。

【案例分析】

张某以放牧为生，某日突然发现自己的牛群里多了一头大黄公牛，周围的人也无人询问牛。张某遂将此牛放在自己的牛群里一起放养。几天后该牛失足掉到山谷里摔死了。张某卖牛得款 1 200 元。张某卖完牛肉就与邻居王某说，其暂时代为保管卖牛肉款。但回家后张某改变主张，用买牛所得钱款为自己的妻子购买了一条项链。但失主李某终于找到了张某，要求张某返还卖牛肉款。张某先分辩牛是自己的，后又认为牛又不是他偷的，也不是捡的，是牛自己跑来的，合理合法，拒不返还。李某只好诉到法院，要求张某返还卖牛肉款 1 200 元。

问：张某卖牛肉的行为是什么性质的行为？张某拒不返还卖牛肉款的行为是什么性质的行为？李某的诉讼请求是否应当支持？

分析：(1) 张某卖牛肉的行为属于无因管理。本案中，张某见自己牛群里多出一头牛后，替为放养，在牛摔死之后又将牛肉卖掉，并对自己的邻居说其将暂时代为保管卖牛肉款，意即在牛的主人到来之时，他将返还所得利益，是为替牛主人代管事务的无因管理行为。

(2) 张某拒不返还卖牛肉款的行为是侵权行为。侵权行为是不法侵害他人合法权益的行为。本案中，张某拒绝返还卖牛肉款，侵害了牛的主人的财产权益，构成侵权，应承担相应的法律责任。

(3) 李某的诉讼请求应当予以支持。因为根据《民法通则》的规定，侵占他人财产的，应当返还财产。本案中，张某应将卖牛肉款 1 200 元返还给财产被侵占的牛的主人。

（三）知识产权

1. 知识产权的概念与特征

知识产权是指民事主体对智力劳动成果依法享有的专有权利。知识产权的内容较多，主要包括著作权、专利权、商标权。

知识产权具有如下特征：(1) 知识产权的客体是智力成果，其不具有物质形态；(2) 专有性，即知识产权的权利主体依法享有独占使用智力成果的权利，他人不得侵犯；(3) 地域性，即知识产权是一种受地域限制的权利；(4) 时间性，即知识产权只在法定的时间内有效。

2. 著作权

著作权又称版权，是指民事主体依法对其创作的作品所享有的权利。著作权包括人身权和财产权两方面。《中华人民共和国著作权法》（简称《著作权法》）是我国规范著作权的基本法律文件。

(1) 著作权的客体

著作权的客体是指著作权所保护的对象即作品。其种类繁多，包括文字作品、口述作品、音乐、戏剧、曲艺、舞蹈、杂技艺术作品、美术、建筑作品、摄影作品、电影作品、图形作品、模型作品、计算机软件及法律、行政法规规定的其他作品。

(2) 著作权的主体

依照我国《著作权法》第 9 条的规定，著作权的主体即著作权人包括作者及其他依法享有著作权的公民、法人或其他组织。如无相反证明，在作品上署名的公民、法人或者其他组织为作者。

(3) 著作权的内容

著作权包括人身权利和财产权利：① 根据《著作权法》第 10 条第 1 款第 1~4 项规定，著作权人的人身权包括发表权、署名权、修改权、保护作品完整权；② 著作权的财产权包括使用权、许可使用权、转让权及获得报酬权等。

(4) 著作权的保护期

作者的署名权、修改权、保护作品完整权的保护期不受时间限制，即从作品创作完成后即由作者享有。

关于自然人作品的发表权和财产权的保护期，《著作权法》第21条第1款规定，公民的作品，其发表权、使用权和获得报酬权的保护期为作者终生及其死亡后50年，截止于作者死亡后第50年的12月31日；如果是合作作品，截止于最后死亡的作者死亡后第50年的12月31日。

法人或者其他组织的作品的发表权和财产权的保护期为50年，截止于作品发表后第50年的12月31日，但作品自创作完成后50年内未发表的，著作权不再保护。

（5）著作权侵权行为的法律责任

任何不经著作权人同意，发表、歪曲、篡改、剽窃、展览、摄制、使用其作品的均构成侵权行为。依据我国《著作权法》第46、47条的规定，对著作权的侵权行为应当根据情况，承担停止侵害、消除影响、赔礼道歉、赔偿损失等民事责任，对于同时损害公共利益的，可以由著作权行政管理部门责令停止侵权行为，没收违法所得，没收、销毁侵权复制品，并可处以罚款；情节严重的，著作权行政管理部门还可以没收主要用于制作侵权复制品的材料、工具、设备等；构成犯罪的，依法追究刑事责任。

3. 专利权

专利权是指自然人、法人或者其他组织依法对其发明、实用新型、外观设计享有的在一定期限内的独占实施权。2000年8月25日第九届全国人大常委会二次会议修正的《中华人民共和国专利法》（简称《专利法》）是我国规范专利权的基本法律文件。

（1）专利权的客体

依据我国《专利法》第2条规定，我国专利权的客体包括发明、实用新型、外观设计三种。所谓发明，是指对产品、方法或者其改进所提出的新的技术方案。所谓实用新型，是指对产品的形状、构造或者其结合所提出的适于实用的新的技术方案。所谓外观设计，是指对产品的形状、图案或者其结合以及色彩与形状、图案相结合所作出的富有美感并适于工业应用的新设计。

授予专利权的发明和实用新型，应当具备新颖性、创造性和实用性。而外观设计只须具备新颖性即可。

（2）专利权的主体

专利权的主体包括：① 发明人或设计人；② 发明人或设计人的单位；③ 受让人；④ 其他依法取得专利权的人。

（3）专利权的内容

专利权人的权利包括独占实施权、实施许可权、转让权、标示权等。专利权人的义务包括缴纳年费的义务；职务发明创造专利的单位，在授予专利权后，应当按照规定对发明人或设计人进行奖励；专利实施后，根据其推广应用所取得的经济效益，应按规定对发明人或者设计人给予合理的报酬。

（4）专利权的申请和审批

专利权的申请采用：① 形式法定原则，是指申请专利的手续应严格按照法律规定的形式办理；② 单一性原则，是指一件专利申请只能限于一项发明创造；③ 先申请原则，是指两个或两个以上的申请人分别就同样的发明创造申请专利的，专利权授予最先申请的人。

专利的审批，对发明专利而言要经过初步审查、早期公开、实质审查几个阶段，最后由专利局作出授予发明专利权的决定，发给发明专利证书，同时予以登记和公告。而对于实用新型和外观设计，只需经初步审查即可授予实用新型或外观设计专利。

（5）专利权的期限

我国《专利法》第 42 条规定："发明专利权的期限为二十年，实用新型专利权和外观设计专利权的期限为十年，均自申请日起计算。"

（6）专利权的保护

未经专利权人许可，使用其专利的即侵犯其专利权，当事人之间协商不成的，可向人民法院起诉，也可请求管理专利工作的部门处理。假冒他人专利的，除依法承担民事责任外，由管理专利工作的部门责令改正并予公告，没收违法所得，可以并处违法所得 3 倍以下的罚款，没有违法所得的，可以处 5 万元以下的罚款；构成犯罪的，依法追究刑事责任。侵犯专利权的赔偿数额，按照权利人因被侵权所受到的损失或者侵权人因侵权所获得的利益确定；被侵权人的损失或者侵权人获得的利益难以确定的，参照该专利许可使用费的倍数合理确定。

（四）人身权

1. 人身权的概念与特征

人身权是人格权和身份权的合称，又称人身非财产权，是指民事主体依法享有的，与其自身不可分离亦不可转让的没有直接财产内容的法定民事权利。

与其他民事权利相比较，人身权具有以下特征：（1）非财产性。人身权不直接具有财产内容，但其与财产权又存在一定的联系。（2）不可转让性。人身权因与人身不可分离而具有不可转让性，除非法律、法规特别规定，否则人身权不得以任何形式转让。（3）不可放弃性。个人利益隐含了社会利益，人身权作为民事主体的一项最基本权利不允许其放弃，是对我国社会公共利益和道德的保护。（4）法定性。任何民事主体不能通过约定或者单方行为创设人身权。（5）绝对性和支配性。人身权的不可分离性决定了权利人可以向任何人主张权利并排斥任何人的非法干涉，因此其具有绝对性。民事主体可以基于人身权直接支配其人格利益或者身份，而无须对方当事人为特定的行为，由此决定了人身权具有支配性。

2. 人身权的分类

人身权包括人格权和身份权。

（1）人格权

人格权是指民事主体依法固有为维护自身独立人格所必备的，以人格利益为客体的权利。

人格权包括以下三方面含义：① 人格权是民事主体依法固有的权利；② 人格权是民事主体维护人格独立所必需的；③ 人格权以人格利益为客体。

具体人格权有：

① 身体权。身体权是指自然人保持其身体组织完整并支配其肢体、器官和其他身体组织的权利。

② 生命权。生命权是指自然人维持生命和维护生命安全利益的权利。

③ 健康权。健康权是指自然人保持身体机能正常和维护健康利益的权利。

④ 隐私权。隐私权是指自然人享有的私人生活安宁与私人生活信息依法受到保护，不受他人侵扰、知悉、使用、披露和公开的权利。

⑤ 姓名权和名称权。姓名权是指自然人享有的决定、变更和使用其姓名并排除他人侵害的权利。姓名包括登记于户口簿上的正式姓名和艺名、笔名等非正式姓名。我国《民法通则》第99条第1款规定，公民享有姓名权，有权决定、使用和依照规定改变自己的姓名，禁止他人干涉、盗用、假冒。名称权是指法人、个体工商户、个人合伙等社会组织享有的决定、变更、使用、转让名称并排除他人侵害的权利。我国《民法通则》第99条第2款规定，法人、个体工商户、个人合伙享有名称权，企业法人、个体工商户、个人合伙有权使用、依法转让自己的名称。

⑥ 肖像权。肖像权是指自然人对自己的肖像享有再现、使用并排斥他人侵害的权利。我国《民法通则》明确规定公民（自然人）享有肖像权。侵害肖像权的行为包括：未经许可再现他人肖像；未经许可使用他人肖像；歪、丑化他人肖像。我国《民法通则》第100条规定："公民享有肖像权，未经本人同意，不得以营利为目的使用公民的肖像。"而合理使用肖像是对肖像权进行合理的限制，符合国家利益原则、社会公共利益原则和肖像权人自身利益原则。

⑦ 名誉权。名誉权是指民事主体就自己获得的社会评价、人格尊严享有的不可侵犯的权利。公民、法人享有名誉权，禁止用侮辱、诽谤等方式损害公民、法人的名誉。

（2）身份权

身份是指民事主体在特定的家庭和亲属团体中所享有的地位或者资格。身份权是民事主体基于某种特定的身份享有的民事权利，包括亲权、配偶权、亲属权、荣誉权等。亲权是指父母对其未成年子女所行使的权利。配偶权是指婚姻关系存续期间，夫与妻作为配偶间的一种身份权。亲属权是指民事主体因血缘、收养等关系产生的特定身份而享有的民事权利。荣誉权是指民事主体对自己的荣誉享有利益并排除他人侵害的权利。

民事主体的身份权包括亲权、亲属权、配偶权等。

第五节　民事责任与诉讼时效

一、民事责任的种类

（一）民事责任的概念与特征

民事责任是指民事主体因违反合同或者不履行其他民事义务，依法所应承担的民事法律后果。

民事责任具有如下特征：（1）强制性。强制性是民事责任区别于其他责任的特征。它的强制性体现在民事责任是法定的责任，同时在民事主体不主动承担民事责任时，由国家有关权力机构强制其承担责任。（2）财产性。民事责任是具有一定财产内容的法律责任，以财产责任为主，非财产责任为辅。（3）补偿性。民事责任是具有补偿性质的，其补偿的限度以民事主体所受损失为限。

（二）民事责任的分类

依据不同的标准，可以对民事责任进行不同的分类，常见的是以产生民事责任的法律依据不同而划分为缔约过失责任、违约责任和侵权责任。

1. 缔约过失责任

缔约过失责任是指在合同订立的过程中，一方因其违反诚实信用原则所产生的义务，给对方造成损失所应承担的损害赔偿责任。

缔约过失发生在合同订立的过程中，在合同尚未成立，或者虽然已经成立但被认定为无效或被撤销时，对此，一方因过失致使另一方损失的才承担缔约过失责任。

2. 违约责任

违约责任是指当事人违反合同约定不履行或不适当履行合同义务所承担的民事法律后果。

违约责任的构成要件如下：（1）违约行为。即有合同当事人不履行或不适当履行的客观行为。（2）损害事实。即有合同当事人不履行或不适当履行造成的损害事实，二者必须具备因果关系。（3）主观过错。违约责任一般情况下就主观过错采用推定的方式，即只要当事人实施了违约行为，就推定其主观上存在过错。（4）无法定的免责事由或约定的免责事由。《民法通则》第 107 条规定："因不可抗力不能履行合同或者造成他人损害的，不承担民事责任，法律另有规定的除外。"不可抗力即为法定的免责事由。所谓约定的免责事由，是指合同当事人在合同内约定的可以免除民事责任的事由。应强调的是，约定的免责事由不能免除合同当事人的基本义务，也不能排除故意或重大过失的责任。

《合同法》第 107 条规定："当事人一方不履行合同义务或者履行合同义务不符合约定的，应当承担继续履行、采取补救措施或者赔偿损失等违约责任。"

3. 侵权责任

侵权行为是指民事主体侵害国家、集体和他人合法权利的行为。侵权行为主要包括侵犯财产权的行为、侵犯公民人身权的行为、侵害知识产权的行为和侵害继承权的行为。民事主体因侵权行为而承担的法定责任即为侵权责任。我国《民法通则》第 106 条第 2、3 款规定："公民、法人由于过错侵害国家的、集体的财产，侵害他人财产、人身的，应当承担民事责任。没有过错，但法律规定应当承担民事责任的，应当承担民事责任。"为此，可将侵权行为分为一般的侵权行为和特殊的侵权行为。

一般侵权行为的构成要件如下：（1）行为人主观有过错；（2）客观上行为人必须有违反法律或法规规定侵犯国家、集体财产权、侵犯他人财产权及人身权的行为；（3）客观上确实造成了国家、集体财产或他人财产、人身受到损失或伤害的事实；（4）因果关系，即违法行为与损害结果有必然的、客观的关系；（5）无免责事由。这里所说的免责事由包括不可抗力、意外事件、紧急避险及受害人同意等情况。

特殊侵权行为是指法律规定的虽不具备一般侵权行为的构成要件，但如造成国家、集体财产损失或他人财产、人身损失或伤害的仍需承担民事责任的行为。由此产生的民事责任为特殊侵权民事责任。我国《民法通则》规定的特殊侵权行为主要包括以下几种：

（1）国家机关或者国家机关工作人员执行职务的侵权行为。《民法通则》第 121 条规定："国家机关或者国家机关工作人员在执行职务中，侵犯公民、法人的合法权益造成损害的，应当承担民事责任。”

（2）因产品不合格造成损害的侵权行为。《民法通则》第 122 条规定：“因产品质量不合格造成他人财产、人身损害的，产品制造者、销售者应当依法承担民事责任。运输者、仓储者对此负有责任的，产品制造者有权要求赔偿损失。”

（3）从事高度危险作业造成他人损害的侵权行为。《民法通则》第 123 条规定：“从事高空、高压、易燃、易爆、剧毒、放射性、高速运输工具等对周围环境有高度危险的作业造成他人损害的，应当承担民事责任；如果能够证明损害是由受害人故意造成的，不承担民事责任。”

（4）污染环境造成他人损害的侵权行为。《民法通则》第 124 条规定：“违反国家保护环境防止污染的规定，污染环境造成他人损害的，应当依法承担民事责任。”

（5）地面施工造成他人损害的侵权行为。《民法通则》第 125 条规定：“在公共场所、道旁或者通道上挖坑、修缮安装地下设施等，没有设置明显标志和采取安全措施造成他人损害的，施工人应当承担民事责任。”

（6）搁置物、悬挂物造成他人损害的侵权行为。《民法通则》第 126 条规定：“建筑物或者其他设施以及建筑物上的搁置物、悬挂物发生倒塌、脱落、坠落造成他人损害的，它的所有人或者管理人应当承担民事责任，但能够证明自己没有过错的除外。”

（7）饲养动物造成他人损害的侵权行为。《民法通则》第 127 条规定：“饲养的动物造成他人损害的，动物饲养人或者管理人应当承担民事责任；由于受害人的过错造成损害的，动物饲养人或者管理人不承担民事责任；由于第三人的过错造成损害的，第三人应当承担民事责任。”

（8）无民事行为能力人或限制民事行为能力人造成他人损害的侵权行为。《民法通则》第 133 条第 1 款规定：“无民事行为能力人、限制民事行为能力人造成他人损害的，由监护人承担民事责任。监护人尽了监护责任的，可以适当减轻他的民事责任。”

一般情况下侵权行为出现，侵权行为的实施者就必须承担侵权责任，但有法律规定的情况下，加害人可以免除或减轻其赔偿责任。法律规定可以免除或减轻加害人侵权责任的事由包括：① 不可抗力；② 正当防卫；③ 紧急避险；④ 其他有正当理由的侵权行为。

（三）违约责任与侵权责任的区别

《合同法》第 122 条规定：“因当事人一方的违约行为，侵害对方人身、财产权益的，受损害方有权选择依照本法要求其承担违约责任或者依照其他法律要求其承担侵权责任。”因此，如果一个行为同时符合违约责任与侵权责任的构成要件，当事人只能从中选择一种责任提出请求。二者的区别如下：

1. 归责原则与法律依据不同

（1）归责原则：依照我国法律规定，违约责任适用严格责任原则；侵权责任采用过错责任原则、严格责任原则或公平责任原则，实际上是采用多重归责原则。（2）法律依据：构成违约责任的依据是合同法和当事人在合同中的约定；构成侵权责任，除了合同法之外，还有民法通则以及其他相关法律规定。

2. 责任的构成要件与对第三人的责任不同

（1）构成要件：在违约责任中，行为人只要具有违约行为，而不具有有效的抗辩事由，就应承担违约责任；在侵权责任中，损害事实是侵权损害赔偿责任成立的前提条件，无损害事实，便无侵权责任。（2）对第三人的责任：在合同责任中，即使由于第三人的责任造成不能履行，未履行合同的一方也应首先向合同相对人承担违约责任，而后再向第三人追偿；在侵权责任中，损害后果只能由行为人本人负责。

3. 诉讼管辖与当事人不同

（1）诉讼管辖：合同纠纷提起的诉讼，由被告住所地或合同履行地法院管辖；侵权行为提起的诉讼，依法只能由侵权行为地或被告住所地法院管辖。（2）当事人：违约责任发生在合同当事人之间，其他人不能成为违约责任的当事人；侵权损害赔偿的当事人要广泛得多，即使因合同引起的侵权损害赔偿，请求人也不限于合同当事人，承担责任的人也不限于合同当事人。

4. 举证责任与承担责任的方式不同

（1）举证责任：在违约责任中，受害人请求违约方承担违约责任，只要证明其有违约行为即可，不需要举证证明违约方对造成违约有过错；在侵权之诉中，受害人必须对行为人的过错负责举证。（2）承担责任的方式：违约责任主要是财产责任，承担责任的方式有支付违约金、赔偿损失、强制实际履行、定金制裁、价格制裁等；而侵权责任除了财产责任外，还有非财产责任，财产责任主要是赔偿损失，非财产责任有消除影响、恢复名誉、赔礼道歉等。

5. 赔偿范围不同

合同损害赔偿责任主要是财产损失的赔偿，赔偿数额或者损失赔偿的计算方法可以由当事人在订立合同时约定；侵权损害责任既包括财产损失也包括人身的精神损害，不仅包括直接损失，而且还包括间接损失。

【案例分析】

游客刘先生称：4月20日，他们一行三人参加了某旅行社组织的“郑、汴、洛”二日游活动，其晚上在入住的星级饭店洗澡滑倒后造成左手桡骨骨折。事件发生后，旅行社负责人和星级饭店工作人员陪同其到附近的医院进行了治疗，并先期支付了治疗费980元。随后，刘先生提出了旅行社和星级饭店共同赔偿其后续治疗费、误工费、护理费、精神损失费等共计5万元。旅行社辩称：他们为游客刘先生安排的星级饭店为四星级星级饭店，该饭店内的各种安全提示齐全、安全防护措施到位。游客造成的伤害是由于游客自己的原因造成的，游客要求旅行社和饭店赔偿5万元的要求不能接受的。

问：游客刘先生应如何主张自己的权利？

分析：本案涉及违约责任与侵权责任的竞合问题。所谓责任竞合，即一个违反义务的行为产生两个以上的法律责任。《合同法》第122条规定，当事人一方的违约行为，侵害对方人身、财产权益的，受损害方有权选择依照本法要求其承担违约责任或者依照其他法律要求其承担侵权责任。同时，《最高人民法院关于审理旅游纠纷案件适用法律若干问题的规定》第14规定，因旅游辅助服务者的原因造成旅游者人身损害、财产损失，旅游者选择请求旅游辅助服务者承担侵权责任的，人民法院应予支持。因此，法律明确规定了受害方的选择权，充分尊重受害方的意思自治，使得受害方能够根据自身具体情况作出灵活选择，以最大限度地保护自己的合法权益。当事人选择不同的诉由，将会直接影响处理结果。

二、承担民事责任的方式

（一）承担民事责任的主要方式

《民法通则》第134条第1、2款规定，承担民事责任的方式主要有：（1）停止侵害；（2）排除妨碍；（3）消除危险；（4）返还财产；（5）恢复原状；（6）修理、重作、更换；（7）赔偿损失；（8）支付违约金；（9）消除影响、恢复名誉；（10）赔礼道歉。以上承担民事责任的方式，可以单独适用，也可以合并适用。

（二）精神损害赔偿问题

精神损害赔偿一般是因自然人的人格权利及人格利益遭受非法侵害，且造成严重后果的，人民法院予以支持的一种承担民事责任的方式。精神损害的赔偿数额根据侵权人的过错程度、侵害手段、场合、行为方式等具体情节及侵权行为所造成的后果、侵权人的获利情况、侵权人承担责任的经济能力、受诉法院所在地平均生活水平来确定。受害人对损害事实和损害后果的发生有过错的，可以根据其过错程度减轻或者免除侵权人的精神损害责任。

三、民事诉讼时效

（一）诉讼时效的概念

诉讼时效又称消灭时效，是指权利人在法律规定的时间内怠于行使其权利，而法律规定消灭其胜诉权的制度。权利人行使权利的时间超出了诉讼时效，向人民法院主张权利的，人民法院将不予支持。但诉讼时效只是消灭权利人的胜诉权，对于权利人的主体权利并没有消灭，故义务人自愿履行义务的不受诉讼时效的限制。义务人不得在超出诉讼时效期间后履行完毕时以权利人的权利已经超出诉讼时效为由，主张权利人返还债务。

（二）诉讼时效的种类

根据我国《民法通则》的规定，我国民法将诉讼时效分为以下几类：

1. 普通诉讼时效

（1）一般诉讼时效。我国《民法通则》第135条规定：“向人民法院请求保护民事权利的 诉讼时效期间为二年，法律另有规定的除外。”

（2）短期诉讼时效。我国《民法通则》第136条规定：“下列的诉讼时效期间为一年：（一）身体受到伤害要求赔偿的；（二）出售质量不合格的商品未声明的；（三）延付或者拒付租金的；（四）寄存财物被丢失或者损毁的。”

（3）最长诉讼时效。我国《民法通则》第137条规定，权利从被侵害之日起超过20年的，人民法院不予保护。有特殊情况的，人民法院可以延长诉讼时效。由此可见，我国规定的诉讼时效最长为从权利被侵害开始计算20年。

2. 特殊诉讼时效

特殊诉讼时效是指特别法规定的诉讼时效期间。如《合同法》第129条规定，因国际货物买卖合同和技术进出口合同争议提起诉讼或者申请仲裁的期限为4年，自当事人知道或者应当知道其权利受到侵害之日起计算。诉讼时效期间从知道或者应当知道权利被侵害时起计算。

（三）诉讼时效的中止、中断、延长

诉讼时效中止是指在诉讼时效期间的最后6个月内，因不可抗力或者其他障碍不能行使请求权的，诉讼时效暂时停止的制度。《民法通则》第139条规定："在诉讼时效期间的最后六个月内，因不可抗力或者其他障碍不能行使请求权的，诉讼时效中止。从中止时效的原因消除之日起，诉讼时效期间继续计算。"

诉讼时效的中断是指诉讼时效因法定事由重新开始计算，以前经过的时效期限归于无效的制度。《民法通则》第140条规定："诉讼时效因提起诉讼、当事人一方提出要求或者同意履行义务而中断。从中断时起，诉讼时效期间重新计算。"

诉讼时效的延长是指法律规定有特殊情况的，权利人无法行使诉讼请求权，人民法院可以延长诉讼时效的法律制度。

第六节　合　同　法

一、合同概述

（一）合同的概念与特征

1. 合同的概念

合同是指平等主体的自然人、法人、其他组织之间设立、变更、终止民事权利义务关系的协议。其中，享有权利的人为债权人，承担义务的人为债务人。

2. 合同的特征

合同具有以下特征：

（1）合同是平等民事主体之间所实施的一种民事法律行为。任何一方不得将自己的意愿强加给另一方。合同是一种民事法律行为，据此合同的签订必须符合法律、法规，否则不能产生合同的效力。

（2）合同是以设立、变更、终止民事权利义务关系为目的。合同除涉及债权债务关系外，还涉及民事关系的其他方面，如物权方面。合同的目的除了设立民事权利义务关系外，还包括变更、终止民事权利义务关系。

（3）合同是当事人意思表示一致的体现。合同是双方的民事法律行为，合同的成立必须要有两个以上的当事人，各方当事人必须互相作出意思表示，并且是当事人在平等、自愿基础上协商一致达成的意思表示。

（二）合同的分类

依据不同的标准，合同主要有如下几种分类：

1. 双务合同与单务合同

以合同双方当事人是否互负给付义务为标准，将合同分为双务合同与单务合同。双务合同是指合同当事人任何一方均向对方承担给付义务的合同。单务合同是指合同双方只有一方负有给付义务而另一方只享有权利的合同。

2. 有偿合同与无偿合同

以合同当事人之间取得合同利益是否支付对价为标准，将合同分为有偿合同与无偿合同。有偿合同是指当事人双方要取得合同利益需支付对方相应对价的合同。无偿合同则是指当事人一方取得利益无需支付对价的合同。

3. 诺成性合同与实践性合同

以合同成立是否一定要交付标的物为标准，将合同分为诺成性合同与实践性合同。诺成性合同只需合同当事人意思表示一致，合同即告成立。而实践性合同除合同当事人意思表示一致外，必须交付标的物，合同才告成立。

4. 要式合同与不要式合同

以合同成立是否采取一定形式为标准，将合同分为要式合同与不要式合同。要式合同是法律规定必须采用某种形式，合同才告成立的合同。不要式合同的成立，法律对其形式没有严格的要求。

5. 主合同与从合同

以合同相互间的主从关系为标准，将合同分为主合同与从合同。在两个相关联的合同中，可以独立存在的合同为主合同，而须依赖其他合同的存在而存在的合同为从合同。

二、合同法的概念与基本原则

合同法是调整合同关系的法律规范的总称。现今我国通过《合同法》对合同关系进行规范调整，1999 年 3 月 15 日第九届全国人民代表大会第二次会议通过，同年 10 月 1 日开始施行的《中华人民共和国合同法》相对过去的三大合同法有了明显的改进，从而更有利于保护民事主体的合法权益，维护社会经济秩序。

我国《合同法》的基本原则是：（1）当事人法律地位平等原则。任何一方不得将自己的意愿强加给另一方；（2）自愿原则。当事人订立合同，任何单位和个人不得非法干预；（3）公平原则。当事人应当遵循公平原则确定各方的权利和义务；（4）诚实信用原则。合同当事人应当诚实信用，不得以欺诈方式订立合同；（5）遵守法律法规、尊重社会公德的原则。当事人订立、履行合同，应当遵守法律、行政法规，尊重社会公德，不得扰乱社会经济秩序，损害社会公共利益；（6）依约履行原则。依法成立的合同，对当事人具有法律约束力，当事人应当按照约定履行自己的义务，不得擅自变更或者解除合同。

【案例分析】

原告罗某与被告周某因合伙经营蚊香厂散伙，双方就有关散伙问题，于 2002 年 6 月 7 日在某律师的主持下达成了一份协议：（1）乙方（指原告，下同）同意在两天内聘请有关专业人员对烘干房重新作价；（2）乙方同意承担逾期给付的 3.013 万元材料款的违约金；（3）如乙方两天内不能妥善解决此事，乙方必须给甲方（被告）8 000 元，以示全部了结双方的散伙一事。2002 年 6 月 9 日，原告以该协议损害了其利益为由向永新县人民法院起诉，要求解除该协议。经法院开庭审理，认为该协议第 3 条不符合法律规定的公平原则，其协议内容应属无效，判决撤销该协议的第 3 条。

三、合同的订立与内容

（一）合同的订立

合同是合同当事人意思表示一致的协议。双方若达成意思一致必须经过两个阶段，即要约和承诺。《合同法》第 13 条规定：“当事人订立合同，采取要约、承诺方式。”

1. 要约

要约是希望和他人订立合同的意思表示。

要约应当符合下列条件：（1）要约是由具有订约能力的特定人作出的意思表示；（2）要约的内容要具体确定。所谓具体确定，是指要约的内容必须是合同的主要条款且语言明确，不能使人难以理解；（3）要约必须具有订立合同的意图，表明经受要约人承诺，要约人即受该意思表示约束。

要约自到达受要约人时即告生效。要约也可以撤回，但撤回要约的通知须在要约到达受要约人之前或者与要约同时到达受要约人时要约方可撤回。要约也可以撤销，但撤销要约的通知应当在受要约人发出承诺通知之前到达受要约人。但对于要约人确定了承诺期限或者以其他形式明示要约不可撤销、或受要约人有理由认为要约是不可撤销的，且已经为履行合同做了准备工作的，要约人不得撤销要约。

在下列情况下，要约失效：（1）拒绝要约的通知到达要约人；（2）要约人依法撤销要约；（3）承诺期限届满，受要约人未作出承诺；（4）受要约人对要约的内容作出实质性变更。

2. 承诺

承诺是受要约人同意要约的意思表示。承诺应当以通知的方式作出，但根据交易习惯或者要约表明可以通过行为作出承诺的除外。承诺应当在要约确定的期限内到达要约人。承诺通知到达要约人时生效。承诺不需要通知的，根据交易习惯或者要约的要求作出承诺的行为时生效。承诺生效时合同成立。承诺可以撤回，但撤回承诺的通知应当在承诺通知之前到达要约人，或者与承诺通知同时到达要约人。

合同当事人订立合同可以采用书面形式，也可以采用口头形式，但法律规定或当事人约定采用书面形式的应采用书面形式。

（二）合同的内容

《合同法》第 12 条规定：“合同的内容由当事人约定，一般包括以下条款：（一）当事人的名称或者姓名和住所；（二）标的；（三）数量；（四）质量；（五）价款或者报酬；（六）履行期限、地点和方式；（七）违约责任；（八）解决争议的方法。当事人可以参照各类合同的示范文本订立合同。”

四、合同的效力

（一）合同的生效

依法成立的合同，自成立时生效。法律、行政法规规定应当办理批准、登记等手续生效的，依照其规定。当事人对合同的效力可以约定附条件或附期限。

（二）不完全合同的类型

1. 无效合同

《合同法》第52条规定：“有下列情形之一的，合同无效：（一）一方以欺诈、胁迫的手段订立合同，损害国家利益；（二）恶意串通，损害国家、集体或者第三人利益；（三）以合法形式掩盖非法目的；（四）损害社会公共利益；（五）违反法律、行政法规的强制性规定。”

无效合同从合同订立之时自始无效。

【案例分析】

1998年9月26日，某区街道办事处委托下属的某企业管理服务站与聂某签订了一份企业承包经营合同。合同约定：发包方某企业管理服务站将下属的某建筑工程公司（含厂房、设备及资质证书、营业执照等有关证件）交给承包方聂某承包经营。承包期自1998年10月12日至2003年9月26日。聂某向发包方上交承包费年均15 880元，如不能按照合同规定的时间上交承包费，发包方有权解除合同。聂某承包建筑公司后，利用建筑公司的资质证书、营业执照等向外多次承揽建筑工程，且只向原告上交了承包费5 000元。街道办事处多次要求聂某给付拖欠1998年承包费10 880元未果，故诉至法院。

分析：本案中，街道办事处擅自将下属的建筑工程公司的建筑企业资质证书、营业执照等有关证件出借给聂某，并允许他以建筑施工企业的名义对外承接工程，双方在此基础上虽签订了合同，但该合同显然违背了《建筑法》第26条第2款“建筑施工企业转让、出租资质证书或者以其他方式允许他人以本企业的名义承揽工程的，责令改正、没收违法所得”。和第66条的“禁止建筑施工企业以任何形式允许其他单位或个人使用本企业的资质证书、营业执照，以本企业名义承揽工程”等有关规定，属无效合同，应予解除。至于聂某已向原告交了承包费5 000元，则按民法通则的规定，认定双方实施的该民事行为，已损害了国家、集体利益，因此原告取得的5 000元承包费不能得到保护，应当予以追缴。

2. 可撤销合同

《合同法》第54条规定：“下列合同，当事人一方有权请求人民法院或者仲裁机构变更或者撤销：（一）因重大误解订立的；（二）在订立合同时显失公平的。一方以欺诈、胁迫的手段或者乘人之危，使对方在违背真实意思的情况下订立的合同，受损害方有权请求人民法院或者仲裁机构变更或者撤销。当事人请求变更的，人民法院或者仲裁机构不得撤销。”

3. 效力待定合同

限制民事行为能力人订立的合同，在未经法定代理人追认时，该合同效力为待定状态。行为人没有代理权、超越代理权或者代理权终止后以被代理人名义订立的合同，在未经被代理人追认时其效力待定。相对人对效力待定的合同可以催告法定代理人或被代理人在 1 个月内予以追认。法定代理人或被代理人未作表示的，视为拒绝追认。合同被追认之前，善意相对人有撤销的权利。撤销应当以通知的方式作出。

（三）合同无效、被撤销的法律后果

无效的合同或者被撤销的合同自始没有法律约束力。合同部分无效，不影响其他部分效力的，其他部分仍然有效。

合同无效、被撤销或者终止的，不影响合同中独立存在的有关解决争议方法条款的效力。合同无效或者被撤销后，因该合同取得的财产，应当予以返还；不能返还或者没有必要返还的，应当折价补偿。有过错的一方应当赔偿对方因此所受到的损失，双方都有过错的应当各自承担相应的责任。当事人恶意串通，损害国家、集体或者第三人利益的，因此取得的财产收归国家所有或者返还集体、第三人。

五、合同的履行

合同当事人应当按照约定全面履行自己的义务。当事人应当遵循诚实信用原则，根据合同的性质、目的和交易习惯履行通知、协助、保密等义务。

合同生效后，当事人就质量、价款或者报酬、履行地点等内容没有约定或者约定不明的，可以协议补充；不能达成补充协议的，按照合同有关条款或者交易习惯确定。

（一）抗辩权

在双务合同中，如符合法定条件，当事人一方亦可对抗对方当事人的履行请求权即行使抗辩权。我国《合同法》第 66 条规定：“当事人互负债务，没有先后履行顺序的，应当同时履行。一方在对方履行之前有权拒绝其履行要求。一方在对方履行债务不符合约定时，有权拒绝其相应的履行要求。”我国《合同法》第 67 条规定：“当事人互负债务，有先后履行顺序，先履行一方未履行的，后履行一方有权拒绝其履行要求。先履行一方履行债务不符合约定的，后履行一方有权拒绝其相应的履行要求。”我国《合同法》第 68 条规定：“应当先履行债务的当事人，有确切证据证明对方有下列情形之一的，可以中止履行：（一）经营状况严重恶化；（二）转移财产、抽逃资金，以逃避债务；（三）丧失商业信誉；（四）有丧失或者可能丧失履行债务能力的其他情形。当事人没有确切证据中止履行的，应当承担违约责任。”一方中止履行的应当及时通知对方。

（二）代位求偿权

因债务人怠于行使其到期债权，对债权人造成损害的，债权人可以行使其代位求偿权。债权人可以向人民法院请求以自己的名义代位行使债务人的债权，但该债权专属于债务人自身的除外。代位求偿权的范围仅以债权人的债权为限。债权人行使代位求偿权的必要费用，

由债务人负担。

（三）撤销权

因债务人放弃其到期债权或者无偿转让财产，给债权人利益造成损害的；或以明显低价转让财产且受让人知道该转让损害债权人利益的，债权人均可以请求人民法院撤销债务人的行为。该撤销权的范围以债权人的债权为限，债权人行使撤销权的必要费用，由债务人负担。撤销权自债权人知道或者应当知道撤销事由之日起1年内行使。自债务人的行为发生之日起5年内没有行使撤销权的，该撤销权消灭。

【思考与练习】

一、单选题

1. 公民的民事权利能力从（　　）时开始取得。

A. 成年　　B. 出生

C. 其母亲受孕　　D. 其母亲分娩

2. 有民事行为能力的公民在被宣告死亡期间实施的民事法律行为（　　）。

A. 无效　　B. 有效

C. 部分无效　　D. 在撤销死亡宣告后才有效

3. 王某向某建材厂订购二万块砖，并预先付款，约定于一周后取砖。谁知一周后，建材厂分为砖厂和水泥厂。王某遂到砖厂取砖，但遭拒绝，而水泥厂又无砖可供，于是涉讼。此案应判（　　）。

A. 砖厂独自承担责任

B. 水泥厂独自承担责任

C. 砖厂和水泥厂共同承担责任

D. 砖厂和水泥厂共同的上级主管机关责任

4. 因紧急避险造成损害的，如果险情是由人引起的，（　　）。

A. 由紧急避险人和引起险情发生的人承担民事责任

B. 由紧急避险人承担民事责任

C. 由引起险情发生的人承担民事责任

D. 由受害人自己承担民事责任

5. 甲与乙订立房屋买卖合同，甲向乙交付约定的价款，乙向甲实际支付了房屋，但未到有关部门进行登记。后来，甲将该房屋抵押于丙．该抵押（　　）。

A. 无效　　B. 有效

C. 部分有效、部分无效　　D. 是否有效，由有关部门加以确定

二、简述题

1. 民事法律行为的有效条件有哪些？

2. 我国民事权利的内容有哪些？

3. 合同的主要内容有哪些？

4. 无效合同的情形有哪些？

三、案例分析题

甲公司与乙工厂订立一份服装买卖合同，双方约定：甲公司在5月份支付乙工厂100万元预付货款，乙工厂于8月份交付甲公司西服2 000套。合同订立后，甲公司因为资金周转困难，未支付预付款。到了8月份，甲 公司要求乙工厂提供服装，被乙工厂拒绝，双方发生纠纷，甲公司诉至法院，请求乙工厂交货。

问：法院应否支持甲公司的诉讼请求？为什么？

第四章

婚姻法与继承法

课前准备

【案例导读】

刘家店镇前吉山村的李老先生中年丧子，后独自抚养孙子小李上学，照顾其生活。李老先生除小李父亲外，还有两个女儿，均已结婚，生活稳定。小李的两位姑姑定期回来看望他和爷爷，适当照顾二人生活。2010 年 7 月份，年迈的李老先生因突发心脏病去世，留下老房 5 间。小李要求以孙子的身份继承房屋，两个姑姑却说小李是第二顺序继承人，在存在第一顺序继承人的情况下，无权继承李老先生遗产。

问：本案中，遗产该如何继承？

分析：根据《继承法》规定，在祖父母、外祖父母的子女都还存在的情况下，孙子女、外孙子女是没有资格继承他们的遗产的。但如果祖父母、外祖父母的子女先于他们死亡的，则该份遗产可以由该子女的晚辈直系血亲，即祖父母、外祖父母的孙子女、外孙子女来继承。这在法律上被称作代位继承。代位继承人不受辈数的限制，但其只能存在于法定继承的情况下，如果被继承人立有遗嘱或者遗赠扶养协议，则不适用代位继承。本案中，小李的父亲先于李老先生死亡，那么小李有权代其父继承李老先生的遗产，但以其父有权继承的遗产份额为限。

【重点难点】

1. 掌握婚姻法的基本原则
2. 掌握结婚的条件和程序
3. 掌握协议离婚和诉讼离婚，以及离婚的法律后果
4. 掌握继承法律关系的构成要素
5. 掌握法定继承和遗嘱继承制度

学习内容

第一节 婚 姻 法

一、婚姻法概述

（一）婚姻法的概念和特征

婚姻法是调整婚姻家庭关系的法律规范的总称。婚姻家庭关系包括人身关系及因人身关系产生的财产关系。我国现行《中华人民共和国婚姻法》（简称《婚姻法》）是 1980 年 9 月 10 日第五届全国人民代表大会第三次会议通过，2001 年 4 月 28 日第九届全国人民代表大会常委会第 21 次会议修正的。

婚姻法具有以下特征：

1. 普遍性。婚姻法是适用于一切公民的普遍法，而不是只适用个别公民的特别法。

2. 伦理性。婚姻法调整的婚姻关系是男女两性关系，家庭关系是血亲关系，这些关系不仅由社会的经济基础所决定，而且还受政治、道德、文化、风俗习惯等因素影响。

3. 强制性。婚姻法中大部分规范都是强制性的。如结婚年龄，男不得早于 22 周岁，女不得早于 20 周岁；要求结婚的男女双方必须亲自到婚姻登记机关进行结婚登记等规定。

（二）婚姻法的调整对象

《婚姻法》第 1 条规定："本法是婚姻家庭关系的基本准则。"这一规定明确了我国婚姻法的调整对象是婚姻关系和家庭关系。

所谓婚姻关系，是指婚姻成立、婚姻效力和婚姻终止关系。其包括婚姻成立的条件、程序、婚姻的无效与可撤销、婚姻成立后夫妻双方的权利和义务；离婚的原则、程序、法律效力以及夫妻一方死亡后所产生的法律后果。

所谓的家庭关系，是指家庭成员之间的权利义务关系。我国婚姻法确认相互之间享有权利、义务的家庭有夫妻、父母与子女、祖父母与孙子女、外祖父母与外孙子女和兄弟姐妹。这些成员在家庭中的地位，相互之间的身份的产生和消灭、权利与义务的内容及条件都属于婚姻法的调整对象。

（三）婚姻法的基本原则

第一，婚姻自由。婚姻自由既包括结婚自由也包括离婚自由。婚姻必须出自男女双方完全自愿，不许任何一方对他方加以强迫或任何第三者加以干涉。同时法律禁止包办、买卖婚姻和其他干涉婚姻自由的行为，禁止借婚姻索取财物。

第二，一夫一妻制。任何人只能有一个配偶。我国《婚姻法》第 2 条明确规定了一夫一妻制这一基本原则，同时《婚姻法》第 3~4 条也明确规定，夫妻应当互相忠实，互相尊重。禁止重婚。禁止有配偶者与他人同居。

第三，男女平等。男女双方拥有平等的人身权如姓名权及其他权利，平等地履行义务。

第四，保护妇女、儿童和老人的合法权益。法律注重保护在家庭关系中作为弱体的妇女、儿童、老人的合法权益。

第五，计划生育。国家提倡晚婚、晚育、优生、优育。计划生育有利于提高人口质量，有利于社会的持续健康发展。

第六，敬老爱幼、和睦团结。家庭成员之间有互相扶助的义务，不得有虐待、遗弃的行为。

二、结　婚

结婚是指男女双方依照法律规定的条件和程序，自愿建立夫妻关系的法律行为。结婚的男女双方必须符合法定条件且无法定的禁止条件，并履行相关手续后，方可形成婚姻关系。

（一）结婚的实质要件

1. 法定条件

（1）结婚男女双方必须出于完全自愿。

【案例分析】

在W县一个偏远的小乡村，由于经济、交通等方面原因，何某与吴某两家都为自己儿子的婚姻大事犯愁，早该成家的儿子一直未能相上亲，父母之急胜于子女之急。2003年10月，经媒人撮合，何某与吴某打起了相互换亲的如意算盘，使两桩婚事一朝成。即何某的女儿小兰嫁给吴某的儿子小天，吴某的女儿小英嫁给何某的儿子小明。两家的儿子不反对，可两家的女儿都不同意父亲的做法，表示坚决不换亲。双方父亲压劝相加，两对“恋人”分别于2004年3月10日、12日到民政部门办理了结婚登记手续。新婚儿女的两个父亲似乎了却了两双儿女大事。婚后，小明与小英仅共同生活了4天，就因产生矛盾而分居生活；小兰与小天俩因受小明、小英分居的影响，婚后一直未共同生活，更莫说同居。2006年春节刚过，何家的“两兄妹”同时向法院起诉，要求与吴家的“两兄妹”离婚。通过法庭调解，两对以换亲而同时成亲的夫妻同时解除了换亲之痛。

问：本案中，经撮合的两对儿女的婚姻是否符合结婚的条件。

分析：不符合。《婚姻法》明确规定：“禁止包办、买卖婚姻和其他干涉婚姻自由的行为”，“结婚必须男女双方完全自愿，不允许任何一方对他方加以强迫或任何第三者加以干涉。”本案例当事人双方父亲的行为，是典型的包办、干涉、强迫子女婚姻自由的行为。两对儿女结婚，更不是“双方完全自愿”的行为，不符合“结婚男女双方必须出于完全自愿”的法定结婚条件。象这类以换亲联姻，男女双方又无感情基础，只是屈于“家长”压力而被迫成婚的，只要一方提出离婚诉讼的请求，一般都能依法得到支持。包办换亲是破坏社会主义婚姻制度、恣意干涉子女婚姻自由、损害男女青年切身权益的违法行为。换亲难以换心，换亲难以使青年男女建立和睦幸福的家庭，且这种婚姻关系也难长久维系。

（2）结婚男女双方必须达到法定年龄。《婚姻法》第 6 条规定：“结婚年龄，男不得早于二十二周岁，女不得早于二十周岁……”

（3）结婚必须符合一夫一妻制原则。

2. 禁止条件

（1）禁止一定范围内的血亲结婚。《婚姻法》第 7 条规定，直系血亲和三代以内的旁系血亲禁止结婚。

（2）禁止患一定疾病的人结婚。

（二）结婚的程序要件

我国法律规定结婚登记是结婚的必经法律程序。登记结婚即结婚双方当事人需到有关部门申请，经审查符合我国《婚姻法》结婚条件且无法律规定禁止结婚的情况后，登记并取得结婚证，夫妻关系才得以确立。结婚登记不得代理。未办理结婚登记的，应当补办登记，婚姻关系的效力从双方均符合结婚的实质要件时起算。对于未经登记而以夫妻名义共同生活的，自 1994 年 2 月 1 日《婚姻登记管理条例》颁行后，一律视为非法同居关系，不受法律保护。

2003 年 10 月 1 日起施行的《婚姻登记条件》规定，我国婚姻登记机关，内地居民是县级人民政府民政部门或者乡（镇）人民政府，省、自治区、直辖市人民政府可以按照便民原则确定农民办理婚姻登记的具体机关。

结婚登记的程序大致分为申请、审查和登记三个步骤。

1. 申请

结婚的男女双方必须持本人居民身份证、户籍证明、照片、所在单位或村民委员会（居民委员会）出具的婚姻状况（未婚、离婚、丧偶）的证明，共同到一方户口所在地的结婚登记机关，申请结婚登记。离过婚的申请再婚时，还应持离婚证件。

2. 审查

婚姻登记机关对当事人身份证明、户籍证明和单位证明都必须严格审查，对当事人进行询问，还可以作必要的调查或指定项目进行医学上的坚定，以便查明当事人是否符合结婚登记的条件。

3. 登记

婚姻登记机关经过全面审查了解，对符合结婚条件的，应准予登记，发给结婚证；对不符合条件的，不予登记，并向当事人说明理由。结婚登记后，根据男女双方的约定，女方可以成为男方家庭的成员，男方也可以成为女方家庭的成员。

（三）无效或可撤销婚姻

1. 无效婚姻

《婚姻法》第 10 条规定：“有下列情形之一的，婚姻无效：（一）重婚的；（二）有禁止结婚的亲属关系的；（三）婚前患有医学上认为不应当结婚的疾病，婚后尚未治愈的；（四）未到法定婚龄的。”

2. 可撤销婚姻

因胁迫结婚的，受胁迫的一方可以向婚姻登记机关或人民法院请求撤销该婚姻。受胁迫的一方撤销婚姻的请求应当自结婚登记之日起1年内提出。被非法限制人身自由的当事人请求撤销婚姻的，应当自恢复人身自由之日起1年内提出。

无效或被撤销的婚姻，自始无效。当事人不具有夫妻的权利和义务。同居期间所得的财产，由当事人协议处理；协议不成时，由人民法院根据照顾无过错方的原则判决。对重婚导致的婚姻无效的财产处理，不得侵害合法婚姻当事人的财产权益。当事人所生的子女，具有婚生子女同等的权利。

【案例分析】

原告韩某与被告易某于2003年在广东打工时相识，随后同居，因为被告没有到法定结婚年龄，原告韩某以自己的名字、被告易某以其姐易某甲的名字登记结婚。原、被告“婚后”共同生活初期，双方感情尚好，后因性格不合，导致感情破裂而诉请“离婚”。

问：本案中，韩某和易某是婚姻关系还是同居关系？本案该如何处理？

分析：韩某和易某的关系为同居关系。《婚姻法》第8条规定，要求结婚的男女双方须亲自到婚姻登记机关进行结婚登记。本案原、被告先通过冒名顶替方式骗取结婚登记，企图规避法律，因登记主体与实际不符，故当事人之关系自始为无效婚姻关系，双方关系属于同居关系。本案结婚证上男方并没有到现场登记，因此，只能确定为婚姻登记瑕疵，因而只能根据《婚姻法解释（三）》第1条第2款规定，当事人以结婚登记程序存在瑕疵为由提起民事诉讼，主张撤销结婚登记的，告知其可以依法申请行政复议或者提起行政诉讼，提起行政诉讼，要求撤销结婚登记。

三、家庭关系

（一）夫妻关系

1. 夫妻人身关系

夫妻在家庭中地位平等。双方都有各用自己姓名的权利。夫妻双方都有参加生产、工作、学习和社会活动的自由，任何一方不得对他方加以限制或干涉。夫妻双方都有实行计划生育的义务。夫妻之间有互相扶养的义务。

2. 夫妻财产关系

我国《婚姻法》规定夫妻双方就财产的所有权问题可以采用约定的形式，如无约定，夫妻财产即按法律规定共有。

（1）法定夫妻共有财产。在婚姻关系存续期间任何一方所得的财产，原则上均属夫妻共同共有财产。依照我国《婚姻法》第17条的规定，应为夫妻共同所有财产的主要有：工资；生产、经营的收益；知识产权的收益；继承、赠与所得的非属一方所有的财产；其他应当归夫妻共同所有的财产。夫妻对共有财产享有平等的处分权。

（2）法定夫妻个人财产。依照《婚姻法》第18条的规定，应为夫或妻一方个人财产的主要有：一方的婚前财产；一方因身体受伤害所得的医疗费、残疾人生活补助费等费用；遗嘱或赠与合同中确定只归夫或妻一方的财产；一方专用的生活用品；其他应当归一方的财产。对于法定的夫妻个人财产除非夫妻双方另有约定，否则不随着婚姻关系持续的时间长短而发生所有权的变化。

（3）约定财产。夫妻可以约定婚姻关系存续期间所得的财产及婚前财产归各自所有、共同所有或部分各自所有、部分共同所有。约定应当采用书面形式。没有约定或约定不明确的，按照前述规则确定财产性质。

（4）夫妻债务。依《婚姻法》的规定，原则上夫或妻一方在婚前成立的债务为个人债务，以个人财产为限来偿还。婚姻存续期间成立的债务为夫妻共同债务，由夫妻共有财产偿还。

（5）夫妻一方不履行扶养义务时，需要扶养的一方，有要求对方付给扶养费的权利。

（6）夫妻有相互继承遗产的权利。

（二）父母子女之间的关系

父母子女关系既包括自然血亲的父母子女关系，也包括拟制血亲的父母子女关系。拟制血亲的父母子女关系包括继父母与继子女的关系、养父母与养子女的关系。父母对子女有抚养的义务；子女对父母有赡养扶助的义务。父母不履行抚养义务的，未成年的或不能独立生活的子女，有要求父母付给抚养费的权利；子女不履行赡养义务时，无劳动能力的或生活困难的父母，有要求子女付给赡养费的权利。父母有保护和教育未成年子女的权利和义务；在未成年子女对国家、集体或他人造成损害时，父母有承担民事责任的义务；父母子女之间有相互继承遗产的权利。子女应当尊重父母的婚姻权利，不得干涉父母再婚及婚后的生活。

非婚子女享有与婚生子女同等的权利，任何人不得加以危害和歧视。国家保护合法的收养关系。养子女和生父母间的权利和义务，因收养关系的成立而消除。

（三）其他家庭成员间的关系

有负担能力的祖父母、外祖父母，对于父母已经死亡或父母无力抚养的未成年的孙子女、外孙子女，有抚养的义务。有负担能力的孙子女、外孙子女，对于子女已经死亡或子女无力赡养的祖父母、外祖父母，有赡养的义务。有负担能力的兄、姐，对于父母已经死亡或父母无力抚养的未成年的弟、妹，有扶养的义务。由兄、姐扶养长大的有负担能力的弟、妹，对于缺乏劳动能力又缺乏生活来源的兄、姐，有扶养的义务。

四、离　　婚

离婚是指配偶双方依照法定条件和程序解除婚姻关系的法律行为。离婚制度是婚姻家庭制度的重要组成部分。

（一）协议离婚

协议离婚也叫自愿离婚，是指双方当事人达成离婚合意并通过婚姻登记程序解除婚姻关系的法律制度。

协议离婚须符合以下几个条件：

（1）协议离婚的当事人双方应当具有合法夫妻身份。

（2）协议离婚的当事人双方均应当具有完全民事行为能力。

（3）双方自愿，是真实的意思表示。

（4）当事人双方在离婚以及子女和财产问题上达成一致。

按婚姻登记条例办理离婚登记，取得离婚证，即婚姻关系解除。

（二）诉讼离婚

诉讼离婚是指夫妻双方就是否离婚或财产分割、债务分担、子女抚养等问题上无法达成一致的意见，而向人民法院起诉，人民法院经过审理后，通过调节或判决解除婚姻关系的一种离婚制度。

男女一方要求离婚的，可由有关部门进行调解或直接向人民法院提出离婚诉讼。

1. 准许离婚的情况

我国《婚姻法》第32条的规定："男女一方要求离婚的，可由有关部门进行调解或直接向人民法院提出离婚诉讼。人民法院审理离婚案件，应当进行调解；如感情确已破裂，调解无效，应准予离婚。"

有下列情形之一的，调解无效的，应准予离婚：（1）重婚或有配偶者与他人同居的；（2）实施家庭暴力或虐待、遗弃家庭成员的；（3）有赌博、吸毒等恶习而屡教不改的；（4）因感情不和分居满两年的；（5）一方被宣告失踪；（6）其他导致夫妻感情破裂的情形。

2. 诉讼离婚中的特殊保护

（1）对现役军人的特殊保护：军人的配偶要求离婚，须征得军人同意；但军人一方有重大过错者除外。

（2）对女方的特殊保护：女方在怀孕期间、分娩后1年内或中止妊娠6个月内，男方不得提出离婚。女方提出离婚的，或人民法院认为确有必要受理男方离婚请求的，不在此限。

（三）离婚后的法律效果

1. 人身关系

离婚后夫妻间的身份关系解除，但父母与子女之间的关系不因父母离婚而消除，子女无论由父或母抚养，仍是父母双方的子女。父母对于子女仍有抚养和教育的权利和义务。离婚后一方抚养子女的，另一方应负担必要的生活费和教育费的一部分或全部。不直接抚养子女的父或母有探望子女的权利，另一方有协助的义务。父或母探望子女，不利于子女身心健康的，由人民法院依法中止探望权利；中止的事由消失后，应当恢复其权利。

2. 财产关系

离婚时，夫妻的共同财产由双方协议处理；协议不成时，由人民法院根据财产的具体情况照顾子女和女方权益的原则判决。夫或妻在家庭土地承包经营中享有的权益等，应当依法予以保护。离婚时，原为夫妻共同生活所负的债务，应当共同偿还。共同财产不足清偿的，或财产归各自所有的，由双方协议清偿；协议不成时，由人民法院判决。离婚时，如一方生活困难，另一方应从其住房等个人财产中给予适当帮助。具体办法由双方协议；协议不成时，由人民法院判决。

【案例分析】

章于1991年到海南打工，1993年底，章所打工的企业因一起经济纠纷，一年多没给工人发工资，章便辞工回家。1994年2月，章与丽结婚，1995年，章又跑到海南与他人合资办了一个公司，因流动资金吃紧，章见挣钱无望，便把公司交给合伙人，回到家分文没给妻子带回来，1997年7月两人经法院调解离婚。后来，丽得知章有两笔款，一是1994年6月企业给章补发的2万元工资；二是1997年10月合伙人把海南公司卖掉，章分得10万元，她认为，自己有权分割这两笔钱，便起诉到法院，而章坚决不让分割。经法院审理认定，第一笔钱虽是婚后所得，但是婚前挣来的，应属章个人财产，不能分割；第二笔钱虽是离婚后所得，但却是他们婚姻存续期间应该享受和得到的财产权利，因此，法院把第二笔款进行分割，两人各得5万元。

五、救助措施与法律责任

法律为保护家庭成员的各方面利益，特制定了对于侵犯家庭成员利益情况下的救助措施与法律责任，具体如下：

对于家庭中有实施家庭暴力或虐待家庭成员情况的，受害人有权提出请求，居民委员会、村民委员会及所在单位应当予以劝阻、调解。特殊情况下，受害人请求的，公安机关应当予以制止或依照治安管理处罚的法律规定予以行政处罚。

对于遗弃家庭成员的，受害人有权提出请求，居民委员会、村民委员会及所在单位应当予以劝阻、调解。对于受害人请求的，人民法院应当依法作出支付扶养费、抚养费、赡养费的判决。

对于重婚的，对于实施家庭暴力或虐待、遗弃家庭成员构成犯罪的，依法追究刑事责任。

对于因重婚、有配偶者与他人同居、实施家庭暴力、虐待、遗弃家庭成员导致离婚的，无过错方有权请求损害赔偿。

离婚时在对共同财产进行分割时，如有一方隐藏、转移、变卖、毁损夫妻共同财产或伪造债务企图侵占另一方财产的，分割夫妻共同财产时，可对故意侵害的一方少分或不分。财产分割完毕后，一方发现有上述行为的，可以向人民法院提起诉讼，请求再次分割夫妻共同财产。

对拒不执行有关扶养费、抚养费、赡养费、财产分割、遗产继承、探望子女等判决或裁定的，由人民法院依法强制执行。有关个人和单位应负有协助执行的责任。

第二节　继　承　法

一、继承法概述

（一）继承的概念与特征

继承是指自然人死亡后，由法律规定的一定范围内的人或遗嘱指定的人依法取得死者遗留的个人合法财产的法律制度。其中，死者是被继承人。被继承人死亡时遗留的财产是遗产，依法承受遗产的人是继承人。

继承权具有如下特征：

（1）继承以自然人的死亡和留有个人合法财产为前提，这是继承发生的法定原因。

（2）死者有继承人且继承人未丧失继承权。

（3）继承是继承人无偿取得被继承人的遗产。

（4）继承作为一种法律制度，决定于经济基础，受上层建筑的影响。

（二）继承法的概念与基本原则

继承法是调整财产继承关系的法律规范的总称。现行继承法是 1985 年 4 月 10 日六届人大第三次会议通过的《中华人民共和国继承法》（以下简称《继承法》），这是国家保护公民私有财产继承权的一项基本法律。

继承法基本原则如下：

1. 保护公民私有财产继承权原则

我国《宪法》规定，法律保护公民的私有财产继承权。这是我国即成立的立法依据，也同时决定了我国继承法的立法宗旨和首要任务就是保护自然人的私有财产继承权。

2. 继承权男女平等原则

自然人无论男女都是平等的民事主体。《继承法》第 9 条明确规定：继承权男女平等，这是宪法中人人平等原则在继承法中的体现。

3. 权利义务相一致原则

继承的多少应以继承人在被继承人生前所尽义务的多少为标准。《继承法》第 13 条第 3、4 款规定："对被继承人尽了主要扶养义务或者与被继承人共同生活的继承人，分配遗产时，可以多分。有扶养能力和有扶养条件的继承人，不尽扶养义务的，分配遗产时，应当不分或者少分。"如丧偶儿媳对公婆、丧偶女婿对岳父母本无继承权，但《继承法》根据权利与义务相一致的原则规定，丧偶儿媳对公婆、丧偶女婿对岳父母尽了主要赡养义务的，应当享有继承权，并列为第一顺序继承人。

4. 养老育幼原则

《继承法》第 13 条第 2 款规定，对生活有特殊困难的缺乏劳动能力的继承人分配遗产时，应予以照顾。第 14 条规定，对继承人以外的依靠被继承人扶养的缺乏劳动能力又没有生活来源的人也可以分给适当遗产。第 28 条规定，遗产分割时，应当保留胎儿的继承份额。这些皆是养老育幼原则的体现。

5. 互谅互让、协商处理遗产的原则

《继承法》第 15 条规定，继承人应当本着互谅互让、和睦团结的精神，协商处理继承问题。遗产分割的时间、办法和份额，由继承人协商确定。协商不成的，可以由人民调解委员会调解或者向人民法院提起诉讼。

二、继承法律关系

（一）继承法律关系的概念和特征

继承法律关系就是财产继承法律关系，是指由继承法律规范所调整的与继承有关的社会关系。由于财产所有人死亡或宣告死亡这一法律事实的出现，而在继承人、受遗赠人、继承参与人以及其他公民或组织之间所发生的权利义务关系。

继承法律关系的特征包括：（1）继承法律关系只要是一种绝对财产法律关系；（2）继承人的权利义务是继承法律关系的核心内容；（3）继承法律关系的权利主体只能是与死者生前有婚姻、血缘或家庭关系的自然人，不包括法人和国家；（4）继承法律关系和婚姻家庭法律关系是密切相连的。

（二）继承法律关系的构成要素

继承法律关系同其他法律关系一样是由三个要素构成：即主体、客体、内容。

1. 继承法律关系的主体

继承法律关系的主体，是指依照法律规定或遗嘱指定而对被继承人的遗产享有权利和承担义务的民事主体。继承法律关系的主体是由两部分组成的，即权利主体和义务主体。权利主体是继承人，义务主体是继承人以外的自然人、法人、其他组织、国家等。其中权利主体是特定的，义务主体是不特定的。

2. 继承法律关系的客体

继承法律关系的客体，是指财产继承法律关系主体的权利和义务所共同指向的对象。继承法律关系主体的权利和义务所共同指向的对象就是遗产，继承法律关系正是有了特定的遗产作为客体，权利主体的权利和义务主体的义务才能针对具体的目标而得以落实。如果被继承人死亡时，未留下任何遗产，那么继承法律关系就无法发生。

遗产是指公民死亡时遗留的个人合法财产。遗产的范围包括：（1）公民的收入；（2）公民的房屋、储蓄和生活用品；（3）公民的林木、牲畜和家禽；（4）公民的文物、图书资料；（5）法律允许公民所有的生产资料；（6）公民的著作权、专利权中的财产权利；（7）公民的其他合法财产。另外，个人承包应得的收益，依照法律规定继承。

3. 继承法律关系的内容

继承法律关系的内容，是指财产继承法律关系的主体所享有的权利和应承担的义务。继承法律关系的权利主体是继承人，义务主体是除继承人以外的人，包括自然人、法人、集体组织、国家。继承人所享有的继承权的发生有赖于被继承人死亡这一法律事实，一般不需要义务人以积极的作为予以协助便可自己实现。义务主体除很少地负有协助继承人实现其权利的义务外，一般只承担不作为，即对权利人行使法定权利不予干涉、妨害的义务。

三、继承权的接受、放弃与丧失

（一）继承权的接受和放弃

继承人接受继承权采用默示方式，只要未明确表示放弃继承权，即视为接受继承。继承人放弃继承权应当采用明示方式，可用书面或口头形式进行。

（二）继承权的丧失

继承权的丧失是指在发生法定事由时，继承人被人民法院依法剥夺继承资格的情况。我国《继承法》第7条规定："继承人有下列行为之一的，丧失继承权：（一）故意杀害被继承人的；（二）为争夺遗产而杀害其他继承人的；（三）遗弃被继承人的，或者虐待被继承人情节严重的；（四）伪造、篡改或者销毁遗嘱，情节严重的。"

四、法定继承

（一）法定继承的概念

法定继承是指在无遗赠扶养协议和遗嘱的情况下，继承人依照法律规定取得遗产的继承方式。

（二）法定继承人的范围和顺序

法定继承人是与被继承人有一定身份关系的自然人。依据我国《继承法》第10条的规定，法定继承人的范围和顺序如下：

第一顺序的法定继承人为：配偶、子女、父母；第二顺序的法定继承人为：兄弟姐妹、祖父母、外祖父母；丧偶儿媳对公、婆，丧偶女婿对岳父、岳母，尽了主要赡养义务的，作为第一顺序继承人。

这里所说的子女，包括婚生子女、非婚生子女、养子女和有扶养关系的继子女。所说父母，包括生父母、养父母和有扶养关系的继父母。所说的兄弟姐妹，包括同父母的兄弟姐妹、同父异母或同母异父的兄弟姐妹、养兄弟姐妹、有扶养关系的继兄弟姐妹。

（三）代位继承和转继承

1. 代为继承

代位继承是指在法定继承中被继承人的子女先于被继承人死亡，继承开始后由被继承人的子女的晚辈直系血亲代位继承的法律制度。其中，被继承人死亡的子女为被代位继承人，而其晚辈直系血亲为代位继承人。代位继承应满足的条件是：（1）只能适用于法定继承；（2）被代位继承人只能是被继承人的子女；（3）被代位继承人死亡，包括自然死亡和宣告死亡；（4）代位继承人必须是被继承人的子女的晚辈直系血亲；（5）被代位继承人必须具有继承权。

2. 转继承

转继承是指被继承人死亡后遗产分割前，继承人死亡的，其应继承的部分由其继承人承受的一项制度。转继承的条件是：（1）继承人须是在继承开始后，遗产分割前死亡；（2）继承人有合法的继承权；（3）转继承的承受人是被转继承人的合法继承人。

（四）法定继承中的遗产分配

《继承法》第13条规定："同一顺序继承遗产的份额，一般应当均等。对生活有特殊困难的缺乏劳动能力的继承人，分配遗产时，应当予以照顾。对被继承人尽了主要抚养义务或者与被继承人共同生活的继承人，分配遗产时，可以多分。有扶养能力和扶养条件的继承人，不尽扶养义务的，分配遗产时，应当不分或者少分。继承人协商同意的，也可不均等。”第14条规定：“对继承人以外的依靠被继承人扶养的缺乏劳动能力又没有生活来源的人，或者继承人以外的对被继承人扶养较多的人，可以分配给他们适当的遗产。”

【案例分析】

张某系一农户，娶妻刘某，生了两个儿子和一个女儿，张某以务农为生计，用自己的收入盖了十六间砖房并依法办理了相关房产手续，该十六间房产都在张某的名下。后来儿女都长大，大儿子结婚后两年生了一个儿子，小儿子没有结婚，两个儿子和张某夫妇住在一起。女儿结婚后生了一儿一女，女儿住在其丈夫家中。1990年春天，为了进城购买春耕的种子和化肥，张某向同村的李某家借了一辆客货车和大儿子小儿子一起进城，在途中因为张某驾车不慎并且山路湿滑导致该客货车不幸翻落，被人发现时，张某和两个儿子都已经死亡。

事故发生后，张某一家都非常的悲痛，在办理完张某和两个儿子的后事之后，刘某决定将家产予以分配，刘某认为，该十六间房产是其丈夫的，因此都应该归她所有，她同意将其中的一间房产借给大儿媳妇和孙子住，但是她提出如果大儿媳妇再嫁就要把这间房子腾出来，而对于女儿，她认为女儿已经嫁人了是“泼出去的水”没有资格再回娘家分财产。女儿对此很不满意，向刘某提出要求继承张某的房产，双方协商未果，女儿向刘某所在地人民法院提出诉讼，请求人民法院确定她的继承权和继承份额。

问：张某死亡之后，哪些财产是张某的遗产？哪些人有继承权？各继承人的继承份额是多少？

分析：（1）根据《继承法》的规定：“夫妻在婚姻关系存续期间所得的共同所有的财产，除有约定的以外，如果分割遗产，应当先将共同所有的财产的一半分出为配偶所有，其余的为被继承人的遗产。”因此，本案十六间房产中有八间房产因张某和刘某的夫妻关系应属于刘某所有，其他的八间房产应当作为张某的遗产由合法继承人予以继承。

（2）根据《继承法》的规定，第一顺序的继承人为被继承人的配偶、子女、父母；第二顺序的继承人为被继承人的兄弟姐妹、祖父母、外祖父母；丧偶的儿媳对公、婆，丧偶的女婿对岳父、岳母尽了主要赡养义务的作为第一顺序继承人继承遗产，而且只有在没有第一顺序继承人的情况下第二顺序继承人才有继承权。同时《继承法》明确规定继承权男女平等。因此，刘某和张某的女儿肯定应当有继承权。但是，由于张某的两个儿子和张某一同死亡而且无法确定死亡的先后顺序，那么他们之间的遗产继承关系如何确定呢？根据《最高人民法院关于执行〈中华人民共和国继承法〉若干问题的意见》的规定：“相互有继承关系的几个人在同一事件中死亡，如不能确定死亡先后时间的，推定没有继承人的人先死亡。死亡人各自都有继承人的，如几个死亡人辈份不同，推定长辈先死亡；几个死亡人辈份相同，推定同时死亡，彼此不发生继承，由他们各自的继承人分别继承。”本案中因为无法确认张某和两个儿子的死亡顺序，根据上述规定应当推定张某先死亡。因此，本案中张某的财产应当有如下继承人：刘某、张某的两个儿子和张某的女儿。

（3）在确定了张某遗产范围和有权继承人之后应当确定该遗产如何分配。张某的遗产为八间房产，由刘某、张某的两个儿子和张某的女儿平均分配，各得二间。由于张某的两个儿子也已经死亡，张某大儿子的遗产应当首先分出一半即一间房产作为夫妻财产归张某大儿子的妻子所有（理由如前所述），另一间房产由张某大儿子的妻子、张某大儿子的儿子和刘某平均继承。根据《继承法》第30条的规定：“夫妻一方死亡后另一方再婚的，有权处分所继承的财产，任何人不得干涉。”因此刘某告诉大儿媳妇如果再婚就腾出房产的要求显属违法。张某二儿子的遗产，根据继承法的规定应当由刘某继承。因此，仅就遗产继承考虑，张某的遗产继承完毕后，刘某应当取得十二间房产的所有权；张某的大儿媳妇应当取得一间房产的所有权；张某的孙子应当与其母和刘某共同所有一间房产；张某的女儿分得两间房产。

五、遗嘱继承

遗嘱继承又称制定继承，是指被继承人死亡后，按其生前所立的合法有效遗嘱将遗产分割给相应法定继承人的法律制度。

遗嘱继承的特点包括：（1）遗嘱继承人只能是法定继承人范围内的一人或数人；（2）遗嘱继承人继承遗产时，不受法定继承顺序的限制；（3）遗嘱继承人按遗嘱得到遗产后，仍有权按照法定继承顺序取得遗嘱未处分或遗嘱无效部分所涉及的遗产；（4）遗嘱继承人的法律地位不能代替，即在遗嘱继承中不适用代位继承。

遗嘱继承优先于法定继承。被继承人生前立有合法的遗嘱，应当首先按遗嘱的内容进行继承。在没有遗嘱或者遗嘱被人民法院判决无效时，才按照法定继承方式办理。

遗嘱必须是具有民事行为能力的自然人的真实意思表示，且遗嘱内容不得违反法律和社会公共利益，不得取消法律规定的对无劳动能力又无生活来源的人的继承份额。如遗嘱人未保留缺乏劳动能力又没有生活来源的继承人的遗产份额，遗产处理时，应当为该继承人留下必要的遗产，所剩余的部分，才可参照遗嘱确定的分配原则处理。

遗嘱的法定形式有五种，即公证遗嘱、自书遗嘱、代书遗嘱、录音遗嘱、口头遗嘱。为保证遗嘱真实性，我国《继承法》第 17 条规定，代书遗嘱、录音遗嘱、口头遗嘱必须有两个以上见证人在场见证。该见证人必须是符合我国法律规定有行为能力且与继承人无利害关系的人。对于各种遗嘱形式的效力问题，最高人民法院《关于贯彻执行〈中华人民共和国继承法〉若干问题的意见》第 42 条明确规定：“遗嘱人以不同形式立有数份内容相抵触的遗嘱，其中有公证遗嘱的，以最后所立公证遗嘱为准；没有公证遗嘱的，以最后所立的遗嘱为准。”对于口头遗嘱只适用危急情况下，如危急情况解除后，遗嘱人能够用书面或者录音形式立遗嘱的，所立的口头遗嘱无效。

六、遗赠

遗赠是自然人通过设立遗嘱把其财产赠与国家、集体或法定继承人以外的人的一种民事法律行为。其中，设立遗嘱的自然人称为遗嘱人，遗嘱人指定接受遗产的人称为受遗赠人。遗赠的执行范围仅限于遗产中的指定部分。遗赠人生前负有缴纳税款的义务或负有债务的，则以遗产对税款、债务清偿后的余额作为执行的范围。遗赠的标的为特定物时，遗嘱执行人须交付该特定物，该特定物灭失的，则遗赠效力归于消灭。

七、遗赠扶养协议

遗赠扶养协议是遗赠人与扶养人之间订立的，由扶养人负责遗赠人的“生养死葬”，遗赠人死亡后他的财产全部或部分移转给扶养人的协议。扶养人既可以是自然人，也可以是一些集体组织。扶养人只有尽到协议中所规定的义务方可取得遗赠的权利，由此可见，遗赠扶养协议实质就是附条件的遗赠。

被继承人如生前既立有遗赠扶养协议，又立有遗嘱的，应按遗赠扶养协议分配遗产；两者皆无设立的，则依法定继承分配遗产。

【案例分析】

胡某有两层楼房一幢，二层于 1993 年租给其内侄李某夫妇居住。1995 年胡某考虑到自己年老多病，身边又没有其他亲人，遂与李某签合同约定，以李某对其生前悉心照料，死后料理好后事为条件，胡某将在房产证书上把李某列为共有人。1995 年底，胡某到房产部门更改登记，将李某列在了共有人一栏，房产部门据此重新更换了房产证。但是，自李某夫妇被列为共有人之后，他们对胡某的态度越来越差，开始经常与胡某争吵，1997 年 10 月的一天，李某甚至将胡某赶出家门。胡某为此极度痛苦，后悔万分。后在当地法律援助中心的帮助下，胡某向法院提起诉讼，要求取消李某的楼房共有人的资格。

问：(1) 胡某与李某之间的协议属于什么合同，这种法律行为是什么性质的法律行为？(2) 法院应该怎样判决？

分析：(1) 胡某与李某间所签的合同是遗赠扶养协议。所谓遗赠扶养协议是指遗赠人与扶养人所签订的，由扶养人承担遗赠人的生养死葬的义务，受扶养人在死后将财产转移给扶养人的协议。遗赠扶养协议是一种附条件的民事法律行为，它以扶养人先履行对遗赠人的生养死葬义务为条件，然后遗赠人的转移财产的法律行为才生效。

(2) 法院应判决取消李某的楼房共有人的资格，房屋的所有权完全归胡某所有。因为本案中双方签订遗赠扶养协议，胡某将李某列为楼房共有人的目的是为了让李某对其生前悉心照料，死后料理后事，只有李某履行了这一义务，胡某才愿意将李某列为共有人。而李某却没有依约对胡某悉心照料，已经违反协议，胡某当然有解除合同的权利，即不再将李某列为共有人。

八、遗产的处理

继承从被继承人死亡时开始。遗产作为继承法律关系的客体，是指被继承人死亡时遗留下来的个人合法财产。

在继承开始后应按下列原则对遗产进行分割：(1) 有遗赠扶养协议、遗嘱的，先执行遗赠扶养协议，有剩余遗产的再执行遗嘱，最后还有遗产的，则按法定继承处理；无遗嘱的按法定继承处理；(2) 保留胎儿及缺乏劳动能力且无生活来源的继承人的继承份额；(3) 不得损害遗产的效用和价值，不宜分割的遗产可以采取折价、适当补偿或共有等方法处理；(4) 互助互让，协商分割。

继承遗产应当清偿被继承人依法应当缴纳的税款和债务，继承人接受继承是负担清偿债务的前提，若放弃继承则不负清偿责任，且清偿以实际继承遗产的价值为限，超过部分继承人自愿偿还的不在此限。

【思考与练习】

一、单选题

1. 下列情形不属于无效婚姻的有（ ）。

A. 甲男和乙女未到法定婚龄而结婚的

B. 甲男婚前患有医学上认为不应当结婚的疾病，婚后未治愈

C. 甲男乙女是表兄妹而结婚

D. 乙女因受家庭强迫与甲男结婚

2. 某甲与某乙已登记结婚，但未同居，也未举行婚礼。之后某甲后悔与某乙结婚，进行下列哪种行为后，婚姻关系才能解除？（ ）。

A. 调解　　B. 宣布婚姻无效

C. 离婚　　D. 撤销结婚登记

3. 下列各项财产中，哪项财产在夫妻共同生活较长时间后仍是个人财产？（ ）。

A. 复员军人在复员时所得的医疗费

B. 婚前财产与婚后财产无法查清

C. 复员军人所的复员费

D. 婚前的个人财产，由双方长期共同经营的

4. 村民甲与妻子感情较好，但因其妻接连生了两个女孩而欲离婚，对此法院应如何处理？（ ）。

A. 法院不能判决离婚　　B. 法院必须判决离婚

C. 法院调解无效，则判决离婚　　D. 法院调解无效，可判决不准离婚

5. 王家有三兄弟甲、乙、丙，丙幼年时送给胡某作养子，丙结婚时，胡某为其盖了新房，后因失火致使该房屋被烧毁。丙的生母就将自己的住房腾出 1 间来，让丙夫妇及胡某居住，不久丙的生母病故。甲与乙要收回房子，丙认为自己有权继承母亲遗产，拒不搬出，依照法律规定，死者的遗产由谁继承？（ ）。

A. 甲和乙　　B. 甲、乙和丙

C. 甲、乙、丙和胡某　　D. 甲、乙丙及胡某

二、简述题

1. 简述我国婚姻法规定的结婚条件。

2. 简述我国判决离婚的法定条件。

3. 简述代位继承应满足的基本条件。

三、案例分析题

张某和李某是夫妻，他们有一个女儿和两个儿子。夫妻俩有一套房产。三人都已成家，各有一个孩子。三人都有自己的住宅，独立生活，共同供养老人。2000 年张某因病去世，因母亲健在，全家谁也没提出“遗产分割”问题。2003 年，长女因车祸去世，此后女婿王某没有再婚，自己抚养孩子，而且经常带着孩子看望李某，并支付抚养费用。大女儿的所有遗产由女婿王某继承，没人提出异议。2006 年，李某因病去世。张某和李某的两个儿子认为姐姐已经去世，遗产应有兄弟二人继承。女婿王某认为自己对李某尽了抚养义务，也应参与遗产分配。而且张某去世时，长女尚在，至少应分得张某 1/3 的财产。

问：本案中，遗产该如何分配？

第五章

经 济 法

课前准备

【案例导读】

销售商被工商部门没收违法所得并处以罚款，随后销售商将食品公司、包装装潢公司和包装制品公司告上法庭，要求三方共同赔偿损失35万元。2009年9月，某食品公司将一批月饼转售给销售商销售，因月饼包装盒擅自印有奥运标志（包装上使用了奥运“祥云”图案和“五环”标志），但未经第29届奥委会和国际奥委会许可，图案侵犯了奥林匹克标志专有权，故被工商行政部门查处，没收违法所得并处罚款，同时扣留未销售的货物，共计损失35万元。

销售商缴纳上述罚款后，与食品公司、包装装潢公司和包装制品公司协商，要求三方赔偿其相关损失。因协商未果，销售商遂将三家公司告上法庭。庭审中，包装装潢公司辩称，自己接受某食品公司委托向包装制品公司订做包装盒，约定包装盒由包装制品公司设计、加工、生产完成后直接将货发给食品公司。故侵权的月饼包装盒图案是包装制品公司设计和加工的，由此造成的损失理应由图案的设计和制作者最终承担。食品公司同样认为月饼包装盒是包装制品公司生产，侵权责任应当由包装制品公司承担。包装制品公司未作答辩。

法院认为，作为销售方，应当对食品公司的月饼及包装盒尽到检验义务，以避免出现问题。然而，销售方未能尽到检验义务且在收到工商部门的行政处罚决定书后，也未能穷尽法律手段提出行政复议或行政诉讼进行救济以尽量避免损失的发生，因此，销售方应对行政处罚后果承担一半责任。包装制品公司理应尽到审慎注意的义务，确保加工的产品不存在瑕疵，包装制品公司承担一定的责任。包装装潢公司和食品公司作为委托方，应当对包装制品公司加工的产品尽到检验、审查义务，确保其加工的产品不存在瑕疵，包装装潢公司和食品公司也应承担相应的责任。

【重点难点】

1. 掌握经济法的基本原则
2. 掌握企业的特征
3. 掌握有限责任公司的概念及特征

4. 掌握股份有限公司的概念及特征
5. 掌握不正当竞争行为的种类及法律责任
6. 掌握消费者的权利及经营者的义务

学习内容

第一节　经济法概述

一、经济法的概念与调整对象

（一）经济法的概念

经济法是调整国家对经济实行宏观调控和对经济活动进行协调的过程中所发生的经济关系的法律规范的总称。经济法是国家为促进和保障市场经济的健康发展，维护经济秩序而制定的，经济法的本质是国家对经济的干预和协调。

（二）经济法的调整对象

经济法调整的是特定的经济关系，是国家在宏观调控和协调社会经济运行的过程中发生的经济关系，具体有以下几种经济关系：

1. 市场主体的组织管理关系

市场主体的组织管理关系是指市场主体的设立、变更、终止和市场主体内部组织机构在管理过程中发生的经济关系。调整这一关系的主要有国有企业法、集体企业法、私营企业法、合伙企业法、个人独资企业法、“三资”企业法和公司法等。

2. 市场管理关系

市场管理关系是指国家为了建立社会主义市场经济秩序，维护国家、生产经营者和消费者的合法权益而干预市场所发生的经济关系。调整这些关系的主要有产品质量法、反不正当竞争法、广告法、消费者权益保护法、证券法等。

3. 政府宏观调控关系

政府宏观调控关系是指政府代表国家从长远利益和公共利益出发，在对国民经济全局所进行的组织、监督和协调过程中所发生的经济关系。调整这些关系的主要有计划法、金融法、税法、价格法、外汇管理法等。

4. 社会保障关系

社会保障是国家赋予社会成员的一项基本权利。社会保障关系是国家在从事社会保障各项事业的过程中，与劳动者及全体社会成员所形成的物质利益关系。调整这部分关系的主要有劳动法、社会保险法、妇女权益保障法、残疾人权益保障法、老年人权益保障法等。

二、经济法的基本原则与作用

（一）经济法的基本原则

经济法的基本原则是贯穿于经济法始终的、经济主体在经济活动中应当遵循的基本行为准则。我国经济法的基本原则包括：

1. 保障和促进以公有制经济为主体、多种所有制经济共同发展的原则

建立社会主义市场经济体制，就是要使市场在国家宏观调控下对资源配置起基础性作用。为此，在经济法中必须反映以公有制经济为主体、多种所有制经济共同发展的基本经济制度。在积极促进公有制经济发展的同时，还要大力鼓励、促进非公有制经济的发展。经济法保护一切合法的财产所有权。

2. 国家适度干预原则

现代市场经济是以市场主体的自主自治为前提的，但仍需要国家的干预以避免或预防市场失灵的缺欠。国家干预既要防止干预过多，也要防止干预过少。因此，要将国家适度干预作为经济法的原则，强调干预范围和干预手段的法律化，避免干预的随意性。

3. 鼓励自由竞争与反不正当竞争相结合原则

市场经济的生机和活力来源于自由竞争。因此，经济法赋予各种市场竞争主体竞争的自由，鼓励市场主体之间相互竞争。但竞争自由必须是在法律允许范围内的自由，不能为所欲为，不择手段。经济法维护在公平、公正、公开基础上的竞争，制止一切可能妨碍竞争、限制竞争的不正当竞争行为。

4. 经济效率与经济公平相统一原则

经济公平是指任何一个法律关系的主体，在以一定的物质利益为目标的活动中，都能够在同等的法律条件下，实现建立在价值规律基础之上的利益平衡。经济效率是指经济产出和经济投入的比例，包括社会经济效益和企业经济效益。经济活动的目标是追求经济利益的最大化，但是为了维护社会的稳定，在注重效率的同时，必须维护公平。因此，经济法坚持促进效率与维护公平相统一的原则，既不能一味追求效率而忽视公平，也不能片面强调公平而影响效率，力争借助法律手段使整个社会活动在公平与效益方面最大限度地统一起来。

（二）经济法的作用

经济法在建立和完善社会主义市场经济体制中具有重要作用，是国家领导、组织和管理社会主义市场经济的重要手段。具体来说，在经济建设中，经济法主要有以下几方面作用：

第一，确立各类市场经济主体的法律地位，巩固和发展社会主义公有制和其他非公有制经济形式，促进生产力的发展。

第二，促进和保障社会主义市场经济体制的建立、完善和运行，维护社会主义市场经济秩序。

第三，对国民经济实行全面、系统的宏观调控，保证国民经济持续、稳定、协调、有序地发展。

第四，促进现代企业制度的建立，完善企业的法律行为机制，把企业搞活，加强企业的

自我约束，促进企业管理现代化。

第五，维护科学技术的发展进步，保证科技成果的广泛应用。

第六，促进和推动对外开放和涉外经济的发展，加强我国的对外经济技术合作。

三、经济法律关系

（一）经济法律关系的概念

经济法律关系是指经济关系被经济法律规范确认和调整后所形成的权利义务关系。经济法律关系具有以下特征：

1. 经济法律关系是由经济法律规范确认和调整形成的社会关系；
2. 经济法律关系是以具体的经济权利和经济义务为内容的一种社会关系；
3. 经济法律关系是由国家强制力保证实施的社会关系。

（二）经济法关系的构成要素

经济法律关系的构成要素是指经济法主体之间经济权利和经济义务关系必要组成部分。其包括经济法律关系的主体、客体和内容三个部分。

1. 经济法律关系的主体

经济法律关系的主体，是指在经济管理和协调过程中依法独立享受经济权利和承担经济义务的当事人。享有经济权利的当事人称为权利主体，承担经济义务的当事人称为义务主体，它们是经济法律关系的第一要素。在我国，经济法律关系主体主要包括国家机关、企业、事业单位、社会团体、个体工商户、农村承包经营户、公民、国家。

2. 经济法律关系的客体

经济法律关系的客体，是指经济法主体的权利和义务所指向的对象。经济法律关系的客体的种类主要有物、经济行为、智力成果。

3. 经济法律关系的内容

经济法律关系的内容就是经济法律关系的主体在经济法律关系中所享有的经济权利和承担的经济义务。

经济权利是指经济法主体根据经济法律、法规的规定或约定而享有为或不为一定行为，或者要求他们为或者不为一定的行为的权利。经济权利的种类主要有经济职权、财产所有权、经营管理权、知识产权、请求权等。

经济义务是指经济法主体为满足权利主体或权利主体的要求，依法为或不为一定行为的责任。就企业等经济组织而言，经济义务主要有对国家的义务、对消费者的义务、对内部组织和职工的义务以及对其他经济法主体的义务等。

（三）经济法律关系的发生、变更和终止

经济法律关系的发生，是指在特定的经济法主体之间形成一定的经济权利和经济义务关系。经济法律关系的变更，是指已经形成的经济法律关系通过一定的经济法律事实而引起的变化，包括主体、客体和内容的变化。经济法律关系的终止是指经济法主体之间的权利和义

务的消灭。

经济法律关系的发生、变更和终止都要基于一定的经济法律事实的出现。经济法律事实，是指能够引起经济法律关系发生、变更和终止的客观情况。经济法律事实按照是否与经济法主体的主观意志有联系可以分为法律事实和法律行为两种。

第二节 企业法与公司法

一、企 业 法

（一）企业与企业法

1. 企业的概念与特征

企业是以营利为目的从事生产、流通或服务等经济活动，依法自主经营、自负盈亏的经济组织。

企业与国家机关、事业单位、社会团体等组织不同，具有以下特征：（1）企业是从事生产、流通、服务等经济活动的经济组织，是现代社会人们进行生产经营活动的基本单位。（2）企业是营利性的经济组织。企业通过自己的活动，以尽可能少的投入获取尽可能多的收益。赢利是企业存在和发展的直接动力。（3）企业是独立核算的经济实体。企业无论以什么形式存在，都必须拥有自己的财产，自主经营，独立核算，自负盈亏。

2. 企业法的概念

企业法是调整国家在组织管理企业及企业在生产、经营活动中所发生的各种经济关系的法律规范的总称。我国现行的企业法律制度除公司法外，主要有全民所有制企业法、集体所有制企业法、合伙企业法、私营企业法、个人独资企业法和外商投资企业法。

（二）全民所有制企业法

全民所有制企业，也称国有企业，是指以生产资料的全民所有为基础从事商品生产和经济活动的企业。国有企业是我国国民经济的主导力量，搞好国有企业是经济体制改革的重要任务。按照法律规定，国有企业的性质和法律地位具有以下内容：（1）企业财产为全民所有，它是全民所有制经济组织；（2）经济上自主经营、自负盈亏、独立核算，是社会主义商品生产和经营单位；（3）法律上具有法人主体资格，对国家授予其经营管理的财产享有经营权，并独立承担民事责任。

全民所有制企业法主要有 1988 年 4 月 13 日第七届全国人民代表大会第一次会议通过的《中华人民共和国全民所有制工业企业法》，以及国务院于 1992 年 7 月 23 日发布的《全民所有制工业企业转换经营机制条例》。

1. 国有企业的设立、变更和终止

企业设立必须具备一定条件。根据《企业法人登记管理条例》的规定，设立企业的条件有：（1）有企业名称、组织机构和章程；（2）有固定的生产经营场所和必要的设施；（3）有符合国家规定的资金和人员；（4）能够独立承担民事责任；（5）有符合国家法律、法规和政策规定的经营范围。除具备上述条件外，国有企业的设立还必须报请政府主管部门审核批准，经工商行政管理部门核准登记，领取营业执照。

企业的变更是指企业组织机构及其他重要事项的变更。企业的变更主要有合并、分立两种。企业的合并、分立应报请政府主管部门批准，在工商登记机关办理变更登记手续。

企业的终止是企业法律主体资格的消失。企业终止的原因有：（1）出现章程或协议规定的解散事由；（2）企业歇业；（3）企业因违法被撤销；（4）政府主管部门依法决定解散企业；（5）企业依法被宣告破产；（6）其他原因。企业终止时应依法对企业财产进行清算，清理资产，收回债权，偿还债务，向企业登记主管机关办理注销登记。

2. 国有企业的权利和义务

国有企业的权利有：生产经营决策权；物资选购权；产品销售权；进出口权；产品、劳务定价权；人事管理及劳动用工权；投资决策权；留用资金支配权；固定资产处置权；联营、兼并权；内部机构设置权；拒绝摊派权等。

国有企业的义务有：遵守法律、法规；完成指令性计划；有效利用企业资产，实现资产增值；依法纳税；保护国家财产；保证产品质量和服务质量；履行依法订立的合同；保护环境；做好安全生产和劳动保护工作；搞好职工教育和培训；支持和奖励职工进行发明创造和技术革新等。

3. 国有企业的内部领导制度

国有企业实行厂长（经理）负责制。厂长是企业的法定代表人，全面负责企业的生产经营管理工作。厂长的产生方式有：主管机关委任或聘任；职工代表大会选举或推荐。国有企业实行民主管理，职工代表大会是企业实行民主管理的基本形式，是职工行使民主管理权力的机构。企业党组织在企业中起政治核心的作用，其任务是加强政治领导，发挥党组织的战斗堡垒作用和党员的先锋模范作用，做好思想政治工作和群众工作，支持厂长按企业法充分行使职权，并对企业重大问题提出意见和建议。

4. 企业和政府的关系

国有企业的财产属于国家所有，包括国家以各种形式对企业的投资和投资收益形成的财产，以及其他依据法律、法规属于全民所有，由企业经营管理的财产。国务院代表国家行使企业财产所有权。按照政企职责分开的原则，政府不得干预企业的生产经营活动，但应加强宏观调控和行业管理，培育完善市场体系，建立和完善社会保障体系，为企业提供服务。

（三）集体所有制企业法

1. 集体所有制企业与集体所有制企业法

集体所有制企业是指以生产资料的劳动群众集体所有制为基础的企业。集体所有制企业按设置区域主要分为城镇集体企业和乡镇集体企业。

集体所有制企业法是调整国家在协调经济运行中发生的关于集体企业经济关系的法律规范的总称。目前，我国调整集体企业经济关系的法律规范主要有：1991 年 9 月国务院颁布的《中华人民共和国城镇集体所有制企业条例》，1996 年 10 月第八届全国人民代表大会常务委员会通过的《中华人民共和国乡镇企业法》等。

2. 城镇集体企业

城镇集体企业是指在城镇区域内设立的，企业财产由城镇劳动群众集体所有的企业。城镇集体企业经有关部门批准，依法在工商行政管理机关核准登记后，就可以从事生产经营活动。其主要权利有：依法对其全部财产享有占有、使用、收益和处分的权利；自主安排生产、经营、服务活动等。城镇集体企业的其他权利和义务与国有企业的权利和义务基本相同。城镇集体企业实行民主管理。企业必须建立、健全职工代表大会制度。与全民所有制企业的职代会不同，城镇集体企业的职工代表大会是企业的权力机构，有权决定企业经营管理的重大问题，有权依法选举、罢免或聘用、解聘厂长、副厂长等。企业实行厂长负责制，厂长对职工大会负责，定期报告工作。

3. 乡镇集体企业（乡镇企业）

乡镇企业是指以农村集体经济组织或者农民投资为主，在乡镇（包括所辖村）开办的承担支援农业义务的各类企业。乡镇企业是农村经济的重要支柱和国民经济的重要组成部分。农村集体经济组织投资设立的乡镇企业，其企业财产权属于设立该企业的全体农民集体所有。农村集体经济组织与其他企业、组织或者个人共同投资设立的乡镇企业，其财产权按照出资份额属于投资者所有。至于农民合伙或者单独投资设立的乡镇企业，其企业财产权属于投资者所有。乡镇企业在城市设立的分支机构，或者农村集体经济组织在城市开办的并承担支援农业义务的企业，按照乡镇企业对待。

乡镇企业依法设立。具备法人条件的，核准登记后取得法人资格，领取“企业法人营业执照”；不具备法人条件的，经核准登记领取“营业执照”。乡镇企业依法独立核算，自主经营，自负盈亏。乡镇集体所有制企业所享受的权利和承担的义务与城镇集体所有制企业的权利和义务基本相同。

乡镇企业实行民主管理，企业的重大经营决策和决定职工工资、生活福利、劳动保护、劳动安全等重大问题时，应当听取本企业工会或职工的意见，实施情况应定期向职工公布，接受职工监督。

（四）合伙企业法

1. 合伙企业与合伙企业法

合伙企业是依照《中华人民共和国合伙企业法》在中国境内设立的，由各合伙人订立合伙协议，共同出资、合伙经营、共享收益、共担风险，并对合伙债务承担无限连带责任的营利性组织。

合伙企业法是调整国家管理合伙企业和合伙企业在组织与活动中所发生的经济关系的法律规范的总称。1997 年 2 月第八届全国人民代表大会常务委员会通过了《中华人民共和国合伙企业法》。

2. 合伙企业的设立

设立合伙企业应具备下列条件：（1）有两个以上具有完全民事行为能力的合伙人，并且都是依法承担无限责任者；（2）有书面合伙协议；（3）有各合伙人实际缴付的出资；（4）有合伙企业的名称；（5）有经营场所和从事合伙经营的必要条件。合伙企业经过注册登记，并由登记机关签发合伙企业营业执照，方为合伙企业的成立。

3. 合伙企业的财产

合伙企业存续期间，合伙人的出资和所有以合伙企业名义取得的收益均为合伙企业的财产。合伙企业的财产由全体合伙人共同管理和使用。合伙企业存续期间，合伙人向合伙人以外的人转让其在合伙企业中的全部或部分财产份额时，须经其他合伙人一致同意。合伙人之间转让在合伙企业中的全部财产份额时，应通知其他合伙人。合伙人依法转让其财产份额的，在同等条件下，其他合伙人有优先受让的权利。

【案例分析】

2009 年 1 月 8 日，柳某因资金周转困难，决定向陈某借款 20 万元用于经营。由于数额较大，陈某提出，必须提供有履行能力的公司担保。于是，柳某找到了时任一家合伙企业负责人的华某，华某碍于情面，未经另外 5 名合伙人的同意，遂在借条“担保人”一栏加盖了公章。

问：华某的担保行为是否有效？

分析：有效。《合伙企业法》规定“除合伙协议另有约定外，合伙企业的下列事项应当经全体合伙人一致同意：……（五）以合伙企业名义为他人提供担保；……”。但又规定：“合伙企业对合伙人执行合伙企业事务以及对外代表合伙企业权利的限制，不得对抗不知情的善意第三人。”

本案中，一方面，陈某属于“善意第三人”。陈某在出借资金时要求提供担保是正常的，事先也没有表态非合伙企业担保不可，其主观上没有损害合伙企业利益的恶意，且合伙企业出具的担保手续并无瑕疵，完全符合善意的要件；另一方面，陈某有理由相信华某具有代理权。《合同法》第四十九条规定：“行为人没有代理权、超越代理权或者代理权终止后以被代理人名义订立合同，相对人有理由相信行为人有代理权的，该代理行为有效。”陈某基于华某作为合伙企业负责人的特殊身份，并持有公章，根据一般的交易习惯，其完全可以相信华某的行为代表着合伙企业。

合伙人以其在合伙企业中的财产份额出质的，须经全体合伙人一致同意，否则，其出质行为无效，或作为退伙处理。由此给其他合伙人造成损失的，依法承担赔偿责任。

4. 合伙企业的债务

合伙企业对其债务应先以其全部财产进行清偿。合伙企业财产不足清偿到期债务的，各合伙人应当承担无限连带清偿责任。合伙人由于承担连带责任，所清偿数额超过其应当承担的数额时，有权向其他合伙人追偿。

（五）个人独资企业法

1. 个人独资企业的概念及特征

个人独资企业是依照《中华人民共和国个人独资企业法》在中国境内设立，由一个自然人投资，财产为投资人个人所有，投资者以其个人财产对企业债务承担无限责任的经营主体。个人独资企业法是国家调整个人独资企业经济活动的法律规范的总称。1999 年 8 月 30 日第九届全国人民代表大会常务委员会第十一次会议通过了《中华人民共和国个人独资企业法》，为个人独资企业的存在和发展提供了法律依据和保障。

2. 个人独资企业的设立

个人独资企业的设立须具备下列条件：（1）投资人为一个有完全民事行为能力的自然人；（2）有合法的企业名称；（3）有投资人申报的出资；（4）有固定的生产经营场所和必

要的生产经营条件；（5）有必要的从业人员。个人独资企业经过注册登记，取得营业执照，方为成立。

3. 个人独资企业的财产

个人独资企业的财产由投资人依法享有所有权，其有关权利可以依法进行转让或继承。个人独资企业的财产不足清偿债务的，投资人应以其个人的其他财产予以清偿。如果个人独资企业投资人在申请企业设立登记时明确以其家庭共有财产作为个人出资，应依法以家庭共有财产对企业债务承担无限责任。

【案例分析】

被告徐州水泵厂系个人独资企业，在2000年至2002年间多次向原告购买配件。2002年6月，双方结欠货款57 259元。在支付2万元后，被告投资人李传营以水泵厂名义和原告于2002年8月达成还款计划，约定余款于2003年5月前还清。

2002年11月8日，李传营（甲方）与王某（乙方）达成转让协议，甲方决定将徐州水泵厂转让给乙方。协议约定：（1）至转让之后所发生的债权债务由乙方承担。（2）乙方自签字之日方能有自由经营权。（3）本协议自签字之日起生效。协议签订的当日，徐州水泵厂即在工商部门办理了企业投资人变更登记。

后原告依还款计划要求被告徐州水泵厂偿还到期债务，但被告以投资人变更为由拒绝偿还。原告诉至沛县人民法院，要求徐州水泵厂承担到期债务的清偿责任，在审理期间，又依原告申请追加李某为被告。被告徐州水泵厂辩称，徐州水泵厂为个人独资企业，原厂负责人是李传营，2002年11月6日变更为王传沛，并办理了工商变更登记，依据协议的约定，转让前的债务应由李传营承担，请求驳回原告对徐州水泵厂的诉讼请求。被告李传营辩称徐州水泵厂负责人的变更不能影响债务的承担方式，故应由企业承担清偿责任。

分析：经人民法院审理认为：原告东光公司与被告徐州宏达水泵厂买卖合同成立并合法有效，本案的争议焦点为二被告应由谁履行还款义务。徐州宏达水泵厂工商登记为个人独资企业。而个人独资企业因其有自己的名称，且必须以企业的名义活动的特性，使个人独资企业在法律人格上具有相对独立性，因此对企业债务的承担亦应具有相对独立性。即应先以其独立的自身财产承担责任，而不是既可由企业承担，亦可由投资人承担，本案中徐州宏达水泵厂所负债务应首先以企业财产偿还，在其财产不足偿还的情况下原告有权请求现在的投资人以个人所有的其他财产偿还，若由此而致现投资人利益受损，现投资人可依其与李传营签订的企业转让协议向李传营追偿。原告不能依投资人应对个人独资企业的债务承担无限责任的特性向徐州宏达水泵厂的原投资人李传营追偿。

4. 个人独资企业的事务管理

个人独资企业投资人可以自行管理事务，也可以委托或聘用其他具有民事行为能力的人管理企业。

投资人委托或聘用他人管理个人独资企业，应与受托人或被聘用的人签订书面合同，明确委托的具体内容和授予的权利范围。

个人独资企业招用职工的，应当依法与职工签订劳动合同，按照国家规定参加社会保险，为职工缴纳社会保险费。

（六）外商投资企业法

外商投资企业法是调整外商投资企业在组织与生产经营活动中发生的各种经济关系的法律规范的总称。我国现行的外商投资企业法律、法规主要有：1979 年 7 月 1 日第五届全国人民代表大会第二次会议通过（1990 年 4 月 4 日第七届全国人民代表大会第三次会议第一次修正，2001 年 3 月 15 日第九届全国人民代表大会第四次会议第二次修正）的《中华人民共和国中外合资经营企业法》，1988 年 4 月 13 日第七届全国人民代表大会第一次会议通过（2000 年 10 月 31 日第九届全国人民代表大会常务委员会第十八次会议修正）的《中华人民共和国中外合作经营企业法》，1986 年 4 月 12 日第六届全国人民代表大会第四次会议通过（2000 年 10 月 31 日第九届全国人民代表大会常务委员会第十八次会议修正）的《中华人民共和国外资企业法》，2001 年 7 月 22 日国务院发布的《中华人民共和国中外合资经营企业法实施条例》，以及对外经济贸易部于 1990 年 12 月 12 日发布实施（2001 年 4 月 12 日修正）的《中华人民共和国外资企业法实施细则》等。

1. 中外合资经营企业法律制度

中外合资经营企业是指中国的公司、企业或其他经济组织（简称中国合营者），与外国公司、企业和其他经济组织或个人（简称外国合营者）依照中华人民共和国法律的规定，在中国境内共同投资、共同经营，并按照投资比例分享利润、分担风险及亏损的企业，简称合营企业。

设立合营企业应注重经济效益，符合下列一项或数项要求：（1）采用先进技术设备和科学管理方法，能增加产品品种，提高产品质量和产量，节约能源和材料；（2）有利于企业技术改造，能做到投资少、见效快、收益大；（3）能扩大出口，增加外汇收入；（4）能培训技术人员和经营管理人员。

凡有下列情况之一的，不予批准设立合营企业：（1）有损我国主权的；（2）违反我国法律的；（3）不符合我国国民经济发展要求的；（4）造成环境污染的；（5）签订的协议、合同、章程显属不公平，损害一方权益的。

中国政府依法保护外国合营者按照经中国政府批准的协议、合同、章程在合营企业的投资、应分得的利润和其他合法权益。国家对合营企业不实行国有化和征收；在特殊情况下，根据社会公共利益的需要，对合营企业可以依照法律程序实行征收，并给予相应的补偿。合营各方签订的合营协议、合同、章程，应报国家对外经济贸易主管部门审查批准。合营企业经批准后，向国家工商行政管理主管部门登记，领取营业执照，开始营业。

2. 中外合作经营企业法律制度

中外合作经营企业是指中国合作者与外国合作者依照中华人民共和国法律的规定，在中国境内共同举办的，按照合作企业合同的约定分配利润或产品、分担风险和亏损的企业，简称合作企业。

申请设立合作企业，应当将中外合作者签订的协议、合同、章程等文件报对外贸易主管部门或国务院授权的部门和地方政府审查批准。

合作企业符合中国法律关于法人条件的规定的，依法取得中国法人资格。合作企业是契约式的，双方的出资不折算成股份，双方的权利、义务按合同的约定行使和履行。

3. 外资企业法律制度

外资企业是指依照中国法律，在中国境内设立的，全部资本由外国的企业、其他经济组织或者个人（简称外国投资者）投资的企业，不包括外国的企业和其他经济组织在中国境内的分支机构。外国投资者可以用可自由兑换的外币出资，也可用机器设备、工业产权、专有技术等作价出资。

二、公 司 法

（一）公司的概念与特征

我国公司法意义上的公司是指依法在中国境内设立的有限责任公司和股份有限公司。公司是企业法人，有独立的财产，享有法人财产权，公司以其全部财产对公司的债务承担责任。

按照不同的标准，可将公司作不同的划分：依据股东对公司承担的责任不同，可将公司分为无限责任公司、两合公司、股份有限公司、股份两合公司和有限责任公司；从公司间的组织关系角度，可将公司分为总公司和分公司（分公司是总公司的内部机构，不具备法人资格）；从公司间的控股关系角度，可将公司分为母公司和子公司（母公司是子公司的股东，二者之间是投资关系，子公司是独立的法人）。

（二）公司法的概念与调整的社会关系

1. 公司法的概念

公司法是调整公司组织管理关系和资本运营关系的法律规范的总和。

2. 公司法调整的社会关系

公司法调整的社会关系包括以下四类：

（1）公司内部的财产关系。例如，公司发起人之间、发起人与其他股东之间、股东相互之间、股东与公司之间在公司设立、变更、破产、解散和清算过程中形成的社会关系。

（2）公司外部财产关系。这主要是指公司在经营的过程中与其他公司、企业或个人之间发生的财产关系，如公司发行债券。

（3）公司内部组织管理与协作关系。这主要是指公司内部组织机构如股东会、董事会、监事会相互之间，公司与职员之间发生的管理协作关系。

（4）公司外部的组织管理关系。这主要是指公司在设立、变更、经营活动和解散过程中与有关国家经济管理机关之间形成的纵向经济关系，如公司设立的审批、登记，股份及公司债券的发行审批、交易管理，公司财物会计的检查监督等。

我国调整公司关系的法律规范是《中华人民共和国公司法》，这是我国的公司基本法。该法于 1993 年 12 月 29 日第八届全国人民代表大会常务委员会第五次会议通过，于 1994 年 7 月 1 日开始实施，并于 1999 年、2004 年进行了修正，2005 年进行了修订。

（三）有限责任公司

1. 有限责任公司的概念与特征

有限责任公司是指股东以其出资额为限对公司承担责任，公司以其全部资产对公司债务承担责任的公司形式。

与其他公司相比，有限责任公司有以下特点：

（1）股东人数有最高数额限制，从而有利于股东之间的有效合作。

（2）股东以出资额为限对公司承担责任。在有限责任公司里，证明股东资格的是出资证明，股东以此享受权益、承担风险。

（3）封闭型的公司。有限责任公司的出资转让受到限制，不能公开募集股份，无须公开其财务会计报告。

（4）设立方便，机构简单。有限责任公司的设立不涉及向社会筹集资金，因而设立的程序比较简单。同时，由于公司股东人数较少，因而规模较小的有限责任公司可以将机构简化。例如，不设董事会而只设一名执行董事，可以不设监事会而只设立一名执行监事。

2. 有限责任公司的设立

根据我国《公司法》的规定，有限责任公司的设立必须符合以下条件：

（1）股东符合法定人数。我国公司法规定，有限责任公司由50个以下的股东共同出资设立。

（2）股东出资达到法定的注册资本最低限额。有限责任公司的注册资本为在公司登记机关登记的全体股东认缴的出资额。有限责任公司注册资本的最低限额为人民币3万元。公司全体股东的首次出资额不得低于资本的20%，也不得低于法定的注册资本最低限额，其余部分由股东自公司成立之日起两年内缴足；其中，投资公司可以在5年内缴足。

股东可以用货币出资，也可以用实物、知识产权、土地使用权等可用货币估价并可依法转让的非货币财产作价出资。但是，法律、行政法规规定不得作为出资的财产除外。对作为出资的非货币财产应当评估作价，核实财产，不得高估或者低估作价。全体股东的货币出资金额不得低于有限责任公司注册资本的30%。

（3）股东共同制定公司章程。

（4）有公司名称，建立符合有限责任公司要求的组织机构。

（5）有固定的生产经营场所和必要的生产经营条件。

有限责任公司设立的程序相当于股份有限公司的发起设立方式。

【案例分析】

广州A公司、B公司与海南C公司准备成立一个有限责任公司，从事建筑工程的生产经营。其共建方案的要点为：该公司注册资本为4 000万人民币，其中A公司以土地使用权（以出让方式取得）作价出资1 000万元；B公司以知识产权作价出资900万元，另外以机器出资1 100万元；C公司以人民币出资1 000万元。由于C公司地处海南，比较偏远，三公司协商决定C公司不参与公司的经营管理，其按照比例分红，但不承担经营风险。设立董事会作为公司的最高机构，对外代表公司。

问：（1）这家公司的股东人数是否符合公司法的要求？为什么？

（2）A公司以土地使用权出资是否可行？

（3）根据A公司、B公司或C公司的出资方式，该准备成立的有限公司能否注册成立？为什么？

分析：（1）符合。《公司法》第24条规定：有限责任公司由五十个以下股东出资设立。

故此公司由股东三人组成符合规定。

(2) 可以。《公司法》第 27 条股东可以用货币出资，也可以用实物、知识产权、土地使用权等可以用货币估价并可以依法转让的非货币财产作价出资。但是，法律、行政法规规定不得作为出资的财产除外。

(3) 不能。《公司法》第 27 条全体股东的货币出资金额不得低于有限责任公司注册资本的百分之三十。该公司注册资本 4 000 万元×30% 大于全体股东的货币出资额 1 000 万元所以不符合公司法规定，不能注册成立。

(四) 股份有限公司

1. 股份有限公司的概念与特征

股份有限公司是指其全部资产分为等额股份，股东以其所持股份为限对公司承担责任，公司以其全部资产对公司的债务承担责任的公司形式。

与有限责任公司相比，股份有限公司具有以下特征：

(1) 发起人人数有最低限制。

(2) 公司的全部资本划分为等额股份。股份有限公司的股份是确定股东权益的基本单位，股东按所持股份享受权益、承担风险。

(3) 开放型的公司。股份有限公司可以向社会公开募集股份，同时必须定期向社会公布其财务状况，而且其股份可以自由转让，因而是典型的开放型公司。

(4) 设立的条件和程序比较严格。由于股份有限公司投资额较大，而且往往涉及社会公众的利益，所以公司法对其设立条件和程序的规定要比有限责任公司严格得多。

2. 股份有限公司的设立条件

根据公司法的规定，设立股份有限公司应具备以下条件：

(1) 发起人符合法定人数。发起人是公司的创始人，也是公司成立之后的当然股东，其任务是完成公司组建中的各项工作并承担公司设立过程中的有关责任和后果。股份有限公司的设立，应有 2 人以上 200 人以下的发起人，其中须有过半数的人在中国境内有住所。

(2) 发起人认缴和向社会公开募集的股份达到法定的注册资本最低限额。股份有限公司采取发起设立方式设立的，注册资本为在公司登记机关登记的全体发起人认购的股本总额。公司全体发起人的首次出资额不得低于注册资本的 20%，其余部分由发起人自公司成立之日起两年内缴足，其中，投资公司可以在 5 年内缴足。在缴足前，不得向他人募集股份。

股份有限公司采取募集方式设立的，注册资本为在公司登记机关登记的实收股本总额。股份有限公司注册资本的最低限额为人民币 500 万元。法律、行政法规对股份有限公司注册资本的最低限额有较高规定的，从其规定。

(3) 股份的发行、筹办事项合法。

(4) 发起人制定公司章程，并经创立大会通过。

(5) 有公司名称，建立符合股份有限公司要求的组织机构。

(6) 有固定的生产经营场所和必要的生产经营条件。

3. 股份有限公司的设立方式

股份有限公司的设立可以采取发起设立和募集设立两种方式。

（1）发起设立

发起设立是指由发起人认购公司应发行的全部股份而设立公司。以发起设立方式设立股份有限公司的，发起人应当书面认足公司章程规定其认购的股份；一次缴纳的，应当缴纳全部出资；分期缴纳的，应即缴纳首期出资。以非货币财产出资的，应当依法办理其财产权的转移手续。

发起人不依照规定缴纳出资的，应当按照发起人协议承担违约责任。发起人首次缴纳出资后，应当选举董事会和监事会，由董事会向公司登记机关报送公司章程、由依法设定的验资机构出具的验资证明以及法律、行政法规规定的其他文件，申请设立登记。

（2）募集设立

募集设立，是指由发起人认购公司应发行股份的一部分，其余部分向社会公开募集而设立公司。募集设立的程序比较复杂，条件也更加严格。募集设立包括以下环节：

① 以募集设立方式设立股份有限公司的，发起人认购和认缴的股份应不少于公司应发行股份的35%。

② 发起人向社会公开募集股份，必须公告招股说明书，并制作认股书。招股说明书是由发起人在公开募股前制定的邀请公众认股的书面文件。招股说明书应当附有发起人制定的公司章程，并载明下列事项：发起人认购的股份数；每股的票面金额和发行价格；无记名股票的发行总数；认股人的权利、义务；本次募股的起止期限及逾期未募足时认购人可撤回所认股份的说明。

③ 签订股票承销协议。发起人向社会公开募集股份，应当由依法设立的证券经营机构承销，并签订股票承销协议。

④ 与银行签订代收股款协议。

⑤ 公告招股说明书，制作认股书。公告招股说明书的目的是为了邀请公众来认股，而制作认股书的目的是为了供认股人在认股时填写，认股书的内容与招股说明书基本相同。

⑥ 验资。发行股份的股款缴足后，必须经依法设立的验资机构验资并出具证明。发起人应当自股款缴足之日起30日内主持召开公司创立大会。创立大会由发起人、认股人组成。发行的股份超过招股说明书规定的截止期限尚未募足的，或者发行股份的股款缴足后，发起人在30日内未召开创立大会的，认股人可以按照所缴股款并加算银行同期存款利息，要求发起人返还。

创立大会是发起人依法召集的认股人大会。公司法不仅把它作为募集设立的法定程序，而且事实上也把它作为设立中的公司的权力机关。创立大会是股东大会的前身，作用与股东大会相当。《公司法》第90条第1款规定，发起人应当在创立大会召开15日前将会议日期通知各认股人或予以公告；创立大会应有代表股份总数过半数的发起人、认股人出席，方可举行。

⑦ 申请设立登记。

⑧ 股份有限公司成立后，发起人未按照公司章程的规定缴足出资的，应当补缴；其他发起人承担连带责任。股份有限公司成立后，发现作为设立公司出资的非货币财产的实际价额显著低于公司章程所定价额的，应当由交付该出资的发起人补足其差额，其他发起人承担连带责任。

股份有限公司的发起人应当承担下列责任：公司不能成立时，对设立行为所产生的债务和费用负连带责任；公司不能成立时，对认股人已缴纳的股款，负返还股款并加算银行同期存款利息的连带责任；在公司设立过程中，由于发起人的过失致使公司利益受到损害的，应当对公司承担赔偿责任。

4. 公司的股份

（1）股份的概念与特征

股份的概念可以从不同的角度加以概括：从公司资本的角度，股份是指公司资本的基本构成单位，即公司的全部资本是由若干股份为基本单位组合而成的；从股东的角度，股份是股东对公司权利义务的表现，是表示股东在公司中法律地位的计算单位；从股票的角度，股份是股票这一有价证券所依附的物质内容和存在基础，习惯上也把股份和股票视为一体。因此，可以将股份定义为：以股票为表现形式的、体现股东权利义务的、等额划分的公司资本的构成单位。

股份有以下特征：① 股份是等额的，股份有限公司的每一股份额是完全相等的，每一股份所代表的权利义务是相同的。② 股份以股票为表现形式。③ 股份具有不可撤回性。购买股票是一种风险投资行为，股东在公司核准登记后不得要求退股，只能通过收取股息红利和转让股份收回自己的投资。④ 股份具有可转让性，股份有限公司的股东可以自由转让自己所持的股份。

（2）股份的发行和转让

股份发行，也称股票发行，是指股份有限公司为了筹资或者其他目的而出售自己股票的行为。股份的发行，必须遵循公开、公平、公正的原则，必须同股同权、同股同利。股份有限公司发行股票，可以平价发行，也可以溢价发行，但是不能折价发行。

股份的转让是指公司股东将自己持有的股票让与他人的行为。股份有限公司的股票可以在依法设立的证券交易场所自由转让。无记名股票以交付的方式转让，由受让人支付了费用即可发生转让的效力。记名股票以背书方式或法律、行政法规规定的其他方式转让，其手续是将受让人的姓名或名称记载于股票和公司的股东名册上。

为了保护公司及全体股东的利益，公司法在规定股份可以自由转让的同时，又对其进行了必要的限制：① 发起人持有的本公司的原始股份，自公司成立之日起 1 年内不得转让。② 公司董事、监事、高级管理人员应当向公司申报所持有的本公司的股份及其变动情况，在任职期间每年转让的股份不得超过其所持有本公司股份总数的 25%；所持本公司股份自公司股票上市交易之日起 1 年内不得转让。上述人员离职后半年内，不得转让其所持有的本公司股份。③ 公司不得收购本公司的股票（但是，有下列情形之一的除外：减少公司注册资本；与持有本公司股份的其他公司合并；将股份奖励给本公司职工；股东因对股东大会作出的公司合并、分立决议持异议，要求公司收购其股份的）。④ 公司不得接受本公司的股票作为质押权的标的。

（五）公司章程

公司章程是公司必备的法律文件，是指依法制定的规定公司经营范围、组织和活动原则、经营管理方式等重大事项的公司文件。公司章程对公司、股东、董事、监事、经理均具有约束力。

有限责任公司的章程应记载以下事项：公司的名称和住所、公司经营范围；公司注册资本；股东的姓名或者名称；股东的出资方式、出资额和出资时间；公司的机构及其产生办法、职权、议事规则；公司法定代表人；股东会会议认为需要规定的其他事项。

股份有限公司的章程应记载以下事项：公司名称和住所；公司经营范围；公司设立方式；公司股份总数、每股金额和注册资本；发起人的姓名或者名称、认购的股份数、出资方式和出资时间；董事会的组成、职权和议事规则；公司法定代表人；监事会的组成、职权和议事规则；公司利润分配办法；公司的解散事由与清算办法；公司的通知和公告办法；股东大会会议认为需要规定的其他事项。

（六）公司的组织机构

公司的组织机构是依法行使公司决策、执行和监督权能的机构总称。公司法规定，公司应设立股东会（股东大会）、董事会、经理及监事会等组织机构。

1. 股东会或股东大会

股东会，在股份有限公司中也称其为股东大会，是由公司的全体股东组成的公司权力机构。在一些大型的股份有限公司中，由于股东人数众多且极为分散，因此也要求其设立股东代表大会，其行使的职权等同于股东大会。股东会会议一般采取年会和临时会议两种形式。年会一般每年召开一次，临时会议根据公司需要在年会的间隔期内临时召开。

股东会是公司的权力机构，有权对公司的重大事项作出决议，如选举和更换公司组织机构的组成人员，修改公司章程等。股东会由董事会召集，董事长主持。股东出席股东会，所持每一股份有一个表决权。

2. 董事会、经理

董事会是公司的执行机构，它是由股东选举产生的，对内执行公司业务，对外代表公司的常设性机构。我国公司法规定，股东人数较少和规模较小的有限责任公司，可以不设董事会而只设一名执行董事，并兼任公司经理。

有限责任公司的董事会成员为 3~13 人，股份有限公司为 5~19 人。董事的任期由公司章程规定，但每届任期不得超过 3 年，任期届满可以连选连任。公司董事会设董事长 1 人，副董事长 1~2 人，公司董事长为公司的法定代表人。

董事会对股东会负责，行使下列职权：召集股东会会议，并向股东会汇报工作；执行股东会的决议；决定公司的经营计划和投资方案；制订公司的年度财务预算方案、决算方案；制订公司的利润分配方案和弥补亏损方案；制订公司增加或者减少注册资本以及发行公司债券的方案；制订公司合并、分立、解散或者变更公司形式的方案；决定公司内部管理机构的设置；决定聘任或者解聘公司经理及其报酬事项，并根据经理的提名决定聘任或者解聘公司副经理、财务负责人及其报酬事项；制订公司的基本管理制度；公司章程规定的其他职权。

经理是公司董事会聘任的主持公司日常管理工作的高级职员，经理对董事会负责，可以列席董事会会议。经理行使下列职权：主持公司的生产经营管理工作，组织实施董事会决议；组织实施公司年度经营计划和投资方案；拟订公司内部管理机构设置方案；拟订公司的基本管理制度；制定公司的具体规章；提请聘任或者解聘公司副经理、财务负责人；决定聘任或者解聘除应由董事会决定聘任或者解聘以外的负责管理人员；董事会授予的其他职权。

3. 监事会

监事会是公司设立的对公司经营活动、董事和经理执行职务的行为进行监督的常设机构。公司法规定，公司应设监事会，成员不得少于3人，在其中设一名召集人。股东人数较少或者规模较小的有限责任公司，可以不设监事会而只设1~2名监事。公司的监事任期为3年，任期届满可以连选连任。监事会设主席一人，由全体监事过半数选举产生。监事会主席召集和主持监事会会议；监事会主席不能履行职务或者不履行职务的，由半数以上监事共同推举一名监事召集和主持监事会会议。董事、高级管理人员不得兼任监事。

监事会的职权包括：检查公司财务；对董事、高级管理人员执行公司职务的行为进行监督，对违反法律、行政法规、公司章程或者股东会决议的董事、高级管理人员提出罢免的建议；当董事、高级管理人员的行为损害公司的利益时，要求董事、高级管理人员予以纠正；提议召开临时股东会会议，在董事会不履行本法规定的召集和主持股东会会议职责时召集和主持股东会会议；向股东会会议提出提案；依法对董事、高级管理人员提起诉讼；公司章程规定的其他职权。

第三节 反不正当竞争法与消费者权益保护法

一、反不正当竞争法

（一）不正当竞争与反不正当竞争法

经济竞争是商品生产经营者之间为争取有利的产销条件和投资场所而进行的斗争。正当竞争将促进经济主体采用新技术，提高劳动生产率和产品质量，降低成本，提高效益，但是竞争也会带来唯利是图、巧取豪夺、尔虞我诈、重利轻义、不择手段等不正当行为。因此，需要法律鼓励和保护公平竞争，制止不正当竞争行为，保护经营者和消费者的合法权益。

不正当竞争是指经营者违反法律规定，损害其他经营者的合法权益，扰乱社会经济秩序的行为。

反不正当竞争法是指调整在制止不正当竞争行为过程中发生的社会关系的法律规范的总称。1993年9月第八届全国人民代表大会常务委员会第三次会议通过了《中华人民共和国反不正当竞争法》。

（二）不正当竞争行为

经营者在市场交易中，应当遵循自愿、平等、公平、诚实信用的原则，遵守公认的商业道德，不得采用不正当手段从事市场交易，损害竞争对手。

1. 不正当竞争行为的种类

下列行为属于不正当竞争行为：

（1）假冒他人的注册商标；

（2）公用企业或其他依法具有独占地位的经营者，限定他人购买其指定的经营者的商品，以排挤其他经营者的公平竞争；

（3）政府及其所属部门滥用行政权力，限定他人购买其指定的经营者的商品，限制其他经营者正当的经营活动；

（4）经营者采用财物或其他手段进行行贿以销售或者购买商品；

（5）经营者利用广告或者其他方法，对商品的质量、制作成分、性能、用途、生产者、有效期限、产地等作引人误解的虚假宣传；

（6）经营者以盗窃、利诱、胁迫或者其他不正当手段获取权利人的商业秘密；

（7）经营者以排挤竞争对手为目的，以低于成本的价格销售商品；

（8）经营者违背购买者的意愿搭售商品或者附加其他不合理的条件；

（9）经营者采用谎称有奖或者故意让内定人员中奖的欺骗方式进行有奖销售；

（10）经营者捏造、散布虚伪事实，损害竞争对手的商业信誉、商品声誉；

（11）投标者串通投标，抬高标价或者压低标价。

【案例分析】

何某是沈阳某图片社业主。2004年，图片社的员工申请了QQ号，通过QQ号接收客户传送的图片，与客户进行业务联系。被告人商某于2005年8月底搜索到图片社的QQ号码后，通过QQ密码破解软件获得了对方QQ密码。当年9月中旬至9月25日，其在网吧及办公室使用该QQ号码，冒充图片社员工，截获图片、数据并删除。2006年2月，何某将商某和商某工作的沈阳另一家数码影像有限公司起诉到法院，要求赔偿经济损失74万余元。沈阳中院审理认为，两被告以非法手段蓄意毁损原告声誉，扰乱正常的市场经营秩序，构成不正当竞争，为此判决被告赔偿原告经济损失20万元。一审宣判后，被告不服，向辽宁省高院提起上诉。辽宁省高院认为，原判决认定事实清楚、适用法律正确，终审裁定：驳回上诉，维持原判。

2. 不属于不正当竞争行为的情形

根据《反不正当竞争法》第11条第2款的规定，下列行为不属于不正当竞争：（1）降价销售鲜活商品；（2）降价销售有效期即将到期的商品或其他积压商品；（3）季节性降价；（4）因清偿债务、转产、歇业而降价销售商品。

（三）对不正当竞争行为的监督、检查

县级以上人民政府工商行政管理部门对不正当竞争行为进行监督、检查；法律、行政法规规定由其他部门监督、检查的，依照其规定。其他部门是指国家质量技术监督部门，知识产权管理部门，公安、文化等管理部门和县级以上人民政府的有关部门。

（四）法律责任

1. 民事责任

被侵害的经营者的合法权益受到不正当竞争行为损害的，可以向人民法院提起诉讼。经营者违反不正当竞争法的规定，给被侵害的经营者造成损害的，应当承担损害赔偿责任，被侵害的经营者的损失难以计算的，赔偿额为侵权人在侵权期间因侵权所获得的利润，并应当承担被侵害的经营者因调查该经营者侵害其合法权益的不正当竞争行为所支付的合理费用。

2. 行政责任

不正当竞争行为不但侵犯了其他经营者的合法权益，也侵害了社会公共利益，破坏了国

家的行政管理活动，因此应承担行政责任。监督、检查部门对违法经营者可以采取责令停止违法行为、没收违法所得、处以罚款、吊销营业执照等措施追究其行政责任。

3. 刑事责任

对于违反法律规定，情节严重，构成犯罪的经营者，国家依法追究其刑事责任。

二、消费者权益保护法

（一）消费者与消费者权益保护法

消费者是指为生活需要而购买、使用商品或者接受服务的单位和个人。消费者权益是指消费者依法享有的权利及应得利益。

消费者权益保护法是国家调整在保护消费者权益过程中发生的经济关系的法律规范的总称。1993 年 10 月 31 日第八届全国人民代表大会常务委员会第四次会议通过了《中华人民共和国消费者权益保护法》。

（二）消费者的权利与经营者的义务

1. 消费者的权利

根据我国《消费者权益保护法》的规定，我国消费者主要享有以下权利：人身、财产的安全权；知悉权；自主选择权；公平交易权；获得赔偿权；结社权；知识获得权；人格尊严、民族风俗习惯维护权；监督权；批评、建议、检举、控告权等。

2. 经营者应当履行的义务

经营者的义务有：

（1）向消费者提供商品或服务，履行法定或约定的义务。

（2）听取消费者对其提供的商品或者服务的意见，接受消费者的监督。

（3）保证其提供的商品或服务符合保障人身、财产安全的要求。

（4）向消费者提供有关商品或服务的真实信息，明码标价，不作引人误解的虚假宣传。

（5）标明经营者真实名称和标记。

（6）向消费者出具购货凭证或者服务单据。

（7）保证商品或服务的质量。

（8）履行法定或约定的修理、更换、退货服务和损害赔偿责任。

（9）不得以格式合同、通知、声明、店堂告示等方式作出对消费者不公平、不合理的规定，或者减轻、免除其损害消费者合法权益应当承担的民事责任。

（10）不得对消费者进行侮辱、诽谤，不得搜查消费者的身体及携带的物品，不得侵犯消费者的人身自由。

（三）消费者权益的保护

第一，国家对消费者权益的保护。国家通过各种方式和有关机关的活动，保护消费者的权益。

第二，消费者组织的保护。消费者和其他消费者组织是依法成立的对商品和服务进行社会监督的，保护消费者合法权益的社会团体。

第三，社会监督和舆论监督。保护消费者的合法权益是全社会的共同责任。大众传播媒介应做好维护消费者合法权益的宣传，对损害消费者合法权益的行为进行舆论监督。

（四）争议的解决

消费者与经营者之间发生消费者权益争议时，可通过下列途径解决：（1）与经营者协商和解；（2）请求消费者协会调解；（3）向有关行政部门（工商行政管理部门，物价管理部门，标准、计量部门等）提出申诉；（4）根据与经营者达成的仲裁协议提请仲裁机构仲裁；（5）向人民法院提起诉讼。

【案例分析】

2003年2月20日，赵某在本市某商场购买由A厂生产的冰箱一台，同年同月24日又购得一部B公司生产的多功能电源保护器，次日，原告在家中安装好冰箱和电源保护器。半个月后，一日赵下班回家发现，因冰箱电路出现故障，高温下导致冰箱起火，烧毁部分家具及用品，因发现及时，幸未发生重大火灾。为此，赵向法院起诉，状告某商场、A冰箱厂和B公司，要求维护消费者权益，赔偿损失，由三个单位负连带责任。

某商场辩称，该冰箱是本商场销售的商品，赔偿责任应由产品的制造者承担，销售者不应承担责任。A冰箱厂辩称，本厂生产的产品均符合国家标准，以往从未发生过此种情况，无证据证明生产者有过错，无法认定生产者应承担责任。B公司的电源保护器失灵可能是事故的主要原因。B公司辩称，赵某违反有关安装说明的要求，违章安装，无视说明书的警示说明，导致电源器失效酿成事故，冰箱电源线路有问题使冰箱起火是根本原因。

法院在调查过程中，经技术监督局对A厂的冰箱和B公司的电源保护器进行质量鉴定，认定：（1）该品牌和型号的电冰箱线路连接上存在某些缺陷，一般情况下不会出故障，在特定的情况下会适中产生高温；（2）电源保护器已经被烧毁无法鉴定，但对同样商品检测，没有发现质量问题；（3）原先赵在安装电源保护器与冰箱时，未按说明书正确安装，使保护器无法发挥正常作用，导致冰箱等物品被烧毁。

问：本案该如何处理？

分析：（1）依照《消费者权益保护法》的规定，销售者可以先行进行赔偿。但销售者无过错，不承担最后的赔偿责任，如先行赔偿，可向生产者追偿。

（2）消费者赵某的财产损害，主要因生产者A厂的冰箱有缺陷所致，生产者要承担产品责任。何况依《产品质量法》的要求，不论生产者有无过错，都适用“严格责任原则”。

（3）生产电源保护器的B公司所生产的产品不存在缺陷，赵的财产损害与保护器失效无关，因此不承担责任。

（4）消费者赵因安装保护器不当，也有一定的过错。但依照“严格责任原则”，电冰箱电源线路有缺陷是损害发生的根本原因，所以不因赵的过错而免去冰箱生产者的赔偿责任。但可以酌情减轻赔偿的责任。

第四节　产品质量法

一、产品质量法概述

（一）产品质量法的内涵

产品质量法是调整产品质量监督管理关系和产品质量责任关系的法律规范的总称。这是对我国《产品质量法》含义的基本界定。其调整的对象为：第一，产品质量监督管理关系。这一关系是发生在行政机关在履行产品监督管理职能的过程中与生产经营者之间的关系，是管理、监督与被管理、被监督的关系；第二，产品质量责任关系。这一关系是发生在生产经营者与消费者，用户及其相关第三人之间的、因产品质量问题引发的损害赔偿责任关系，是一种在商品交易关系中发生的平等主体间的经济关系。

中华人民共和国产品质量法（1993 年 2 月 22 日第七届全国人民代表大会常务委员会第三十次会议通过、根据 2000 年 7 月 8 日第九届全国人民代表大会常务委员会第十六次会议《关于修改〈中华人民共和国产品质量法〉的决定》修正，2000 年 9 月 1 日起施行）。这部法律的修改幅度比较大，是在发展中根据新的情况、新的要求充实完善产品质量法律制度，当然也包括在许多重要方面确立了新的规范。

（二）产品质量法的适用范围

《中华人民共和国产品质量法》第 2 条第 1 款规定：“在中华人民共和国境内从事产品生产、销售活动，必须遵守本法。”凡在我国境内从事产品的生产、销售活动，包括进口产品在我国国内的销售，都必须遵守本法的规定，既要遵守本法有关对产品质量行政监督的规定，同时对因产品存在缺陷造成他人人身、财产损害的，也要依照本法关于产品责任的规定承担赔偿责任。

1. 产品质量法的适用主体

（1）产品质量监督管理部门。产品质量监督管理部门是负责产品质量监督管理工作的国家机关。它包括国务院产品质量监督管理部门和县级以上地方人民政府产品质量监督管理部门；同时也包括与产品质量监督管理工作有关的各级人民政府职能部门，如工商行政管理部门、食品卫生监督管理部门等。

（2）保护消费者权益的社会组织。保护消费者权益的社会组织是产品质量监督的辅助性机构，包括各级消费者协会、用户委员会等。

（3）用户指将产品用于集团性消费的企业、事业单位和其他社会组织。

（4）消费者指将产品用于生活性消费的社会个体成员。

（5）受害者指因产品存在缺陷而遭致人身、财产损害，从而有权要求获得损害赔偿的人，包括自然人、法人与社会组织。

（6）产品责任主体。产品责任主体是指产品责任的承担者。

2. 产品质量法的客体——产品

（1）产品的含义。我国《产品质量法》第 2 条第 2 款规定："本法所称产品是指经过加工，制作，用于销售的产品。"同时，又规定："建设工程不适用本法规定；但是，建设工程使用的建筑材料、建筑物配件和设备，属于前款规定的产品范围的，适用本法规。"第 73 条同时规定："军工产品质量监督管理办法，由国务院、中央军委另行制定。"

由此可见，下列物品不适用《产品质量法》：① 天然物品，如煤、油、水等；② 农副产品；③ 初级加工品；④ 建筑工程；⑤ 专门用于军事的物品；⑥ 人体的器官及其组织体。

（2）产品质量的含义与分类。产品质量指产品应具有的、符合人们需要的各种特性和特征的总和。根据国际标准化组织颁布的《质量术语》对产品质量的界定，"产品特性"指产品必须具备规定的、或潜在需要的性能，也即产品自身应固有的安全性、适用性的一般性能，以及可替换性、可维修性等个别性能。

在我国，产品质量是指国家有关法律、法规、质量标准以及合同规定的对产品适用性、安全性和其他特性的要求。根据"需要"是否符合法律的规定，是否满足用户、消费者的要求，以及符合、满足的程度，产品质量可分为合格与不合格两大类。

合格又分为符合国家质量标准、符合部级质量标准、符合行业质量标准和符合企业自订质量标准四类。

不合格产品包括：① 瑕疵。瑕疵是指产品质量不符合用户、消费者所需的某些要求，但不存在危及人身、财产安全的不合理危险，或者未丧失原有的使用价值。产品瑕疵可分为表面瑕疵和隐蔽瑕疵两种。② 缺陷。缺陷是指产品存在危及人体健康、人身、财产安全的不合理的危险，包括设计上的缺陷、制造上的缺陷和未预先通知的缺陷。③ 劣质。劣质是指其标明的成份的含量与法律规定的标准不符，或已超过有效使用期限的产品。④ 假冒。假冒是指该产品根本未含法律规定的标准的内容，以及非法生产、已经变质的而根本不能作为某产品使用的产品。

二、产品质量的监管

（一）产品质量监督管理体制

产品质量监督管理体制，是指产品质量监督管理组织机构的设置及其职权划分制度的统称。

我国产品质量监督管理实行统一管理和分工管理、层次管理和地域管理相结合的原则。根据我国《产品质量法》第 8 条的规定，产品质量监督管理机构包括：

（1）国务院产品质量监督部门主管全国产品质量监督工作。

（2）国务院有关部门在各自的职责范围内负责产品质量监督工作。

（3）县级以上地方产品质量监督部门主管本行政区域内的产品质量监督工作。

（4）县级以上地方人民政府有关部门在各自的职责范围内负责产品质量监督工作。

（5）法律对产品质量的监督部门另有规定的，依照有关法律的规定执行。

（二）产品质量监督管理制度

1. 产品质量标准化制度

产品质量标准化管理是工业产品质量标准的制定、实施、监督、检查的各项规定的总和，是产品质量监督管理的依据和基础。我国现行标准化体系分为国家标准、行业标准、地方标准和企业标准。

产品质量标准制度的主要内容包括：产品质量应当检验合格，不得以不合格产品冒充合格产品；可能危及人体健康和人身、财产安全的工业产品，必须符合保障人体健康和人身、财产安全的国家标准、行业标准；未制定国家标准、行业标准的，必须符合保障人体健康和人身、财产安全的要求；禁止生产、销售不符合保障人体健康和人身、财产安全的标准和要求的工业产品。

2. 产品质量体系认证制度

《产品质量法》规定，国家根据国际通用的质量管理标准，推行企业质量体系认证制度。所谓“企业质量体系认证”，是指国家认可的认证机构，根据企业申请，依据认证标准，按规定的程序，对企业的质量保证体系，包括企业的质量管理制度、企业的生产、技术条件等保证产品质量的各种因素进行全面评审。企业根据自愿原则可以向国务院产品质量监督部门认可的或者国务院产品质量监督部门授权的部门认可的认证机构申请企业质量体系认证。经认证合格的，由认证机构颁发企业质量体系认证证书。

3. 产品质量认证制度

《产品质量法》规定，国家参照国际先进的产品标准和技术要求，推行产品质量认证制度。企业根据自愿原则可以向国务院产品质量监督部门认可的或者国务院产品质量监督部门授权的部门认可的认证机构申请产品质量认证。经认证合格的，由认证机构颁发产品质量认证证书，准许企业在产品或者其包装上使用产品质量认证标志。

4. 产品质量抽查制度

国家对产品质量实行以抽查为主要方式的监督检查制度，对可能危及人体健康和人身、财产安全的产品，影响国计民生的重要工业产品以及消费者、有关组织反映有质量问题的产品进行抽查。抽查的样品应当在市场上或者企业成品仓库内的待销产品中随机抽取。监督抽查工作由国务院产品质量监督部门规划和组织。县级以上地方产品质量监督部门在本行政区域内也可以组织监督抽查。法律对产品质量的监督检查另有规定的，依照有关法律的规定执行。

国家监督抽查的产品，地方不得另行重复抽查；上级监督抽查的产品，下级不得另行重复抽查。对依法进行的产品质量监督检查，生产者、销售者不得拒绝。监督抽查的产品质量不合格的，由实施监督抽查的产品质量监督部门责令其生产者、销售者限期改正。逾期不改正的，由省级以上人民政府产品质量监督部门予以公告；公告后经复查仍不合格的，责令停业，限期整顿；整顿期满后经复查产品质量仍不合格的，吊销营业执照。

三、生产者、销售者的产品质量责任和义务

（一）生产者的产品质量责任和义务

1. 生产者应当对其生产的产品质量负责。产品质量应当符合下列要求：

（1）不存在危及人身、财产安全的不合理的危险，有保障人体健康和人身、财产安全的国家标准、行业标准的，应当符合该标准；

（2）具备产品应当具备的使用性能，但是，对产品存在使用性能的瑕疵作出说明的除外；

（3）符合在产品或者其包装上注明采用的产品标准，符合以产品说明、实物样品等方式表明的质量状况。

2. 产品或者其包装上的标识必须真实，并符合下列要求：

（1）有产品质量检验合格证明；

（2）有中文标明的产品名称、生产厂厂名和厂址；

（3）根据产品的特点和使用要求，需要标明产品规格、等级、所含主要成分的名称和含量的，用中文相应予以标明；需要让消费者知晓的，应当在外包装上标明，或者预先向消费者提供有关资料；

（4）限期使用的产品，应当在显著位置清晰地标明生产日期和安全使用期或者失效日期；

（5）使用不当，容易造成产品本身损坏或者可能危及人身、财产安全的产品，应当有警示标志或者中文警示说明；

（6）裸装的食品和其他根据产品的特点难以附加标识的裸装产品，可以不附加产品标识。

3. 不得从事法律禁止实施的行为

（1）生产者不得生产国家明令淘汰的产品。

（2）生产者不得伪造产地，不得伪造或者冒用他人的厂名、厂址。

（3）生产者不得伪造或者冒用认证标志等质量标志。

（4）生产者生产产品，不得掺杂、掺假，不得以假充真、以次充好，不得以不合格产品冒充合格产品。

（二）销售者的产品质量责任和义务

1. 销售者应当建立并执行进货检查验收制度，验明产品合格证明和其他标识。

2. 销售者应当采取措施，保持销售产品的质量。

3. 销售者销售的产品的标识应当符合法律的规定。

4. 不得从事法律禁止实施的行为，具体包括：不得销售国家明令淘汰并停止销售的产品和失效、变质的产品；销售者不得伪造产地，不得伪造或者冒用他人的厂名、厂址；销售者不得伪造或者冒用认证标志等质量标志；销售者销售产品，不得掺杂、掺假，不得以假充真、以次充好，不得以不合格产品冒充合格产品。

四、违反产品质量法的责任

违反产品质量法的责任，是指产品的生产者、销售者以及对产品质量负有直接责任的其他主体违反《产品质量法》的规定而应承担的法律责任。产品质量责任主要是民事责任。

违反产品质量法的民事责任分为两种：一种是产品瑕疵责任；另一种是产品缺陷责任。

（一）产品瑕疵责任

产品瑕疵责任，是指生产、销售的产品存在瑕疵，违反了产品明示或默示的担保义务，生产者或销售者应当承担的法律责任。这种责任实际上是一种合同责任。

我国《产品质量法》第40条规定，售出的产品有下列情形之一的，销售者应当负责修理、更换、退货；给购买产品的消费者造成损失的，销售者应当赔偿损失：（1）不具备产品应当具备的使用性能而事先未作说明的；（2）不符合在产品或者其包装上注明采用的产品标准的；（3）不符合以产品说明、实物样品等方式表明的质量状况的。

销售者依照前款规定负责修理、更换、退货、赔偿损失后，属于生产者的责任或者属于向销售者提供产品的其他销售者（以下简称供货者）的责任的，销售者有权向生产者、供货者追偿。

销售者未按照第一款规定给予修理、更换、退货或者赔偿损失的，由产品质量监督部门或者工商行政管理部门责令改正。

生产者之间，销售者之间，生产者与销售者之间订立的买卖合同、承揽合同有不同约定的，合同当事人按照合同约定执行。

（二）产品缺陷责任

产品缺陷责任，一般也称产品责任，是指产品的生产者、销售者因产品存在缺陷而给消费者造成人身伤害或者缺陷产品以外的其他财产损失时所应承担的赔偿责任，这种责任实际上是一种侵权责任。

产品缺陷责任的构成要件包括：（1）产品存在缺陷；（2）有损害事实存在；（3）产品缺陷和损害事实之间存在因果关系。产品缺陷责任适用无过错责任原则。

生产者能够证明有下列情形之一的，不承担赔偿责任：（1）未将产品投入到流通领域的；（2）产品投入流通时，引起损害的缺陷尚不存在的；（3）将产品投入流通时的科学技术水平尚不能发现缺陷的存在。

销售者在以下两种情况下承担产品缺陷责任：（1）由于销售者的过错是产品存在缺陷，造成人身、他人财产损害的；（2）销售者不能指明缺陷产品的生产者也不能指明缺陷产品的供货者的。

（三）赔偿方式和范围

因产品存在缺陷造成受害人人身伤害的，侵害人应承担医疗费、治疗期间的护理费、因务工减少的收入等费用；造成残疾的，还应支付残疾者生活自助具费、生活补助费、残疾赔偿金以及由其扶养的人所必须的生活费；造成受害人死亡的，并应支付丧葬费、死亡赔偿金以及由死者生前扶养的人所必须的生活费等费用。

因产品存在缺陷造成受害人财产损失的，侵害人应恢复原状或者折价赔偿。受害人因此遭受其他重大损失的，侵害人应赔偿损失。

（四）赔偿程序

因产品存在缺陷造成人身、他人财产损害的，受害人可向产品的生产者要求赔偿，也可以向产品的销售者要求赔偿。属于产品生产者的责任，产品销售者赔偿的，产品的销售者有权向产品生产者追偿。属于产品销售者的责任，产品生产者赔偿的，产品生产者有权向产品销售者追偿。

（五）诉讼时效

因产品存在缺陷造成损害要求赔偿的诉讼时效期间为 2 年，自当事人知道或者应当知道其权益受到损害时计算。因产品存在缺陷造成损害要求赔偿的请求权，在造成损害的产品交付最初用户或消费者满 10 年丧失。但尚未超过明示的安全使用期除外。

第五节　税　　法

一、税收的概念与特征

税收是国家为了实现其职能，凭借国家权力，无偿向纳税人征收货币或实物，参与国民收入分配和再分配的一种形式。税收的特征有：强制性、无偿性和固定性。

税收具有重要作用，它是国家组织财政收入的主要和固定来源，也是调节社会经济活动，均衡分配，正确处理国家、集体、个人三者经济利益关系的重要手段。税收能够在一定程度上调节社会成员的收入差距。税收还是国家调控宏观经济的杠杆。国家通过税种、税目、税率的设置与调整，调整产业结构，达到社会总需求和总供给的基本平衡。国家通过税收征管活动，保护合法经营，促进企业在公平税负的基础上展开竞争，制裁越权减免税、欠税、偷税、抗税等不法行为。

二、税法的概念与构成要素

税法是国家调整税务机关与纳税人之间产生的税收征纳关系的法律规范的总称。我国目前调整税收关系的法律规范主要有：《中华人民共和国个人所得税法》、《中华人民共和国外商投资企业和外国企业所得税法》、《中华人民共和国税收征收管理法》、《中华人民共和国海关法》、《中华人民共和国企业所得税暂行条例》、《中华人民共和国增值税暂行条例》、《中华人民共和国消费税暂行条例》、《中华人民共和国营业税暂行条例》、《中华人民共和国资源税暂行条例》、《中华人民共和国土地增值税暂行条例》、《中华人民共和国城镇土地使用税暂行条例》、《中华人民共和国城市维护建设税条例》等。

税法的构成要素主要有：（1）纳税主体，又称纳税人或纳税义务人；（2）征税对象，又称征税客体或计税依据；（3）税种、税目，税种即税收的种类，税目是指各税种中具体规定的应纳税的项目；（4）税率，是指纳税额占征税对象数额的比例；（5）纳税环节，是指应纳税的产品在其整个流转过程中，税法规定应缴税款的环节；（6）纳税期限，是指税法规定纳税人缴纳税款的具体时限；（7）减税免税，是指税法对同一税中特定的纳税人或征税对象给予减轻或者免除其税负的一种优惠规定；（8）违章处理。

三、我国现行税收种类

（一）流转税

流转税是以流转额为征税对象，选择其在流转过程中的特定环节加以征收的税。流转额包括商品销售收入额，各种劳务、服务的业务收入额。计税依据是商品的价格和服务收费。流转税主要包括增值税、消费税、营业税、关税和土地增值税等。

（二）所得税

所得税又称收益税，是以纳税人的纯收益为征收对象的一种税。所得税主要包括企业所得税、外商投资企业和外国企业所得税、个人所得税等。

有下列情形之一的纳税人，经批准可以减征个人所得税：（1）残疾、孤老人员和烈属的所得；（2）因严重自然灾害造成重大损失的；（3）其他经国务院财政部门批准减税的。

下列各项个人所得，免征个人所得税：（1）省级人民政府、国务院部委和中国人民解放军军以上单位，以及外国组织、国际组织颁发的科学、教育、技术、文化、卫生、体育、环境保护等方面的奖金；（2）国债和国家发行的金融债券利息；（3）按照国家统一规定的补贴、津贴；（4）福利费、抚恤费、救济金；（5）保险赔款；（6）军人的转业费、复员费；（7）按照国家统一规定发给干部、职工的安家费、退职费、退休工资、离休工资、离休生活补助；（8）依照我国有关法律规定应予免税的各国驻华使馆、领事馆的外交代表、领事官员和其他人员所得；（9）中国政府参加的国际公约、签订的协议中规定免税的所得；（10）经国务院财政部门批准免税的所得。

（三）财产税

财产税是指以纳税人拥有或支配的应税财产的数量或价值额为征税对象的一种税，主要包括房产税和契税等。

（四）资源税

资源税是指对开发、使用我国资源的单位和个人征收的一种税，主要包括资源税、土地使用税和耕地占用税等。

（五）行为税

行为税是指对某些法定行为征收的一种税，主要包括固定资产投资方向调节税、印花税、车船使用税和屠宰税等。

四、税收征收管理

税收征收管理是国家税务机关对纳税人依法征收税款和进行税务监督管理的活动。我国税收征收管理的主要内容包括以下几个方面：

（一）税务管理

税务管理是指税务机关根据税法对税收进行组织、指挥、协调和监督的基本措施，包括税务登记、纳税申报、建立账簿、凭证管理等。

1. 税务登记

税务登记是指税务机关按照税收征管法的规定，对纳税人的生产、经营活动的基本状况进行登记管理的一项制度。通过这项制度，建立法定的税收征纳关系。

从事生产、经营的纳税人，自领取营业执照之日起30日内，持有关证件，向税务机关申报办理税务登记。税务机关审核后发给税务登记证件。税务登记证件不得转借、涂改、损毁、买卖或伪造。从事生产、经营的纳税人，税务登记内容发生变化的，自工商行政管理机关办理变更之日起30日内或在向工商行政管理机关申请办理注销登记之前，持有关证件向税务机关申报办理变更或注销税务登记。

2. 纳税申报

纳税人或扣缴义务人必须在法律、行政法规规定，或税务机关依照法律、行政法规的规定确定的申报期限内办理纳税申报，报送纳税申报表、财务会计报表，或报送代扣代缴、代收代缴税款报告表，以及税务机关根据实际需要要求纳税人报送的其他纳税资料。纳税人或扣缴义务人不能按期办理纳税申报或报送代扣代缴、代收代缴税款报告表的，经税务机关核准，可延期申报。

3. 账簿凭证管理

从事生产、经营的纳税人、扣缴义务人按照国务院财政、税务主管部门的规定设置账簿，根据合法、有效凭证记账，进行核算。个体工商户确实不能设置账簿的，经税务机关核准，可以不设账簿。从事生产、经营的纳税人的财务、会计制度或财务、会计处理办法，应报送税务机关备案。

发票必须由指定的企业印制，未经指定，不得印制。非法印制发票，由税务机关进行销毁、没收违法所得，并处罚款。

纳税人、扣缴义务人必须按规定的保管期限保管账簿、记账凭证、完税凭证及其他有关资料，不得伪造、变造或擅自损毁。

（二）税款征收

税款征收是税收征收管理的一个重要环节。税款征收的方式主要有查账征收、查实征收、查验征收、定期定额征收等。税务机关必须依法征税，不得违反法律、行政法规的规定开征、停征、多征或少征税款。税务机关在税款征收过程中可以根据不同情况依法采取必要的法律措施，如核定应纳税额、责令限期缴纳、加收滞纳金、责成提供担保、税收保全以及强制执行等，以保证税款征收的顺利进行和税款的及时入库。扣缴义务人依照法律、行政法规的规定履行代扣、代收税款的义务。对于法律、行政法规没有规定负有代扣、代收税款义务的单位和个人，税务机关不得要求其履行代扣、代收税款义务。扣缴义务人依法履行代扣、代收税款义务时，纳税人不得拒绝。纳税人拒绝的，扣缴义务人应当及时报告税务机关处理。违反法律、行政法规的规定，擅自决定税收的开征、停征或者减税、免税、退税、补税的，除依法撤销其擅自作出的决定外，补征应征而未征税款，退还不应征收而征收的税款，并由上级机关追究直接责任人员的行政责任。

（三）税务检查

税务检查是指税务机关根据税法的规定，检查纳税人履行纳税义务的一项监督制度，是税收征管的一个重要环节。税收征管法赋予了税务机关检查权，规定了税务机关的检查范围和方式。

税务机关有权检查纳税人、扣缴义务人代扣代缴、代收代缴税款的账簿、记账凭证、报表和有关资料。检查纳税人应纳税的商品、货物和其他财产，检查扣缴义务人与代扣代缴、代收代缴税款有关的经营情况。经县以上税务局（分局）局长批准，凭全国统一格式的检查存款账户许可证明，查核从事生产、经营的纳税人、扣缴义务人在银行或者其他金融机构的存款账户；查核从事生产、经营的纳税人的储蓄存款，须经银行县、市支行或者市分行的区办事处核对，指定所属储蓄所提供资料。纳税人、扣缴义务人必须接受税务机关依法进行的税务检查，如实反映情况，提供有关资料，不得拒绝、隐瞒。

（四）违反税法的法律责任

违反税法的法律责任，是指违反税法的行为人所应承担的经济责任、行政责任和刑事责任。根据违反税法的行为的不同，当事人所承担的法律责任也有所不同。对于违反税收征收管理程序的行为，如纳税人未按规定的期限办理纳税申报，未按规定期限办理税务登记、变更或者注销登记，未按规定设置、保管账簿或者保管记账凭证和有关资料等，由税务机关责令限期改正，并可处以 2 000 元以下的罚款。

纳税人偷税、欠税、抗税，未构成犯罪的，由税务机关追缴其不缴、少缴、拒缴的税款，并处以不缴、少缴、拒缴的税款 5 倍以下的罚款；构成犯罪的，依法追究刑事责任。税务机关及其工作人员利用职权营私舞弊，违反税法规定任意减税、免税，串通进行偷税活动等，都是违反税法的行为，应承担行政责任、经济责任直至刑事责任。

【思考与练习】

一、单选题

1. 经济法律关系是经济法律规范调整（　　）的必然结果。

A. 经济关系　　B. 法律关系　　C. 人事关系　　D. 行政关系

2. 构成经济法律关系的第一要素是（　　）。

A. 主体　　B. 客体　　C. 内容　　D. 行为

3. 公司、合伙企业及独资企业的共同之处是（　　）。

A. 具有法人资格　　B. 有两个以上的投资人

C. 企业承担有限责任　　　　　　　　D. 属于以营利为目的的经济组织

4. 甲厂生产一种易拉罐装碳酸饮料。消费者丙从乙商场购买这种饮料后，在开启时被罐内强烈气流炸伤眼部，下列答案中最正确的是哪项？（　　）。

A. 丙只能向乙索赔

B. 只能向甲索赔

C. 只能向消费者协会投诉，请其确定向谁索赔

D. 可向甲、乙中的一个索赔

5. 消费者王某在购买商品后，发现商品存在瑕疵时，下列说法正确的是哪项？（　　）。

A. 王某只能向该商品生产者主张赔偿

B. 王某可以向该商品的销售者主张赔偿

C. 王某既可以向销售者要求赔偿，也可以向生产者要求赔偿

D. 若销售者有证据表明该瑕疵是在销售过程中其他销售者所致，有权拒绝赔偿

二、简述题

1. 经济法的调整对象包括哪些内容？

2. 设立有限责任公司需具备哪些条件？

3. 不正当竞争行为的表现形式有哪些？

4.《消费者权益保护法》规定了经营者应履行哪些基本内容？

5. 劳动者的基本权利有哪些？

6. 我国税收管理的主要内容有哪些？

三、案例分析题

1. 丙是乙公司的子公司，戊是丁公司的分公司，都有营业执照和营业场所，甲分别与丙、戊签订了两份买卖合同（戊拥有丁公司对其签订合同的授权）。现在，丙、戊均因经营不善而无力履行合同，甲遭受了重大损失。

问：甲应该如何主张自己的权利？

2. 2003年3月15日，某市教师高某在该市某家电中心购买了一台著名品牌的电冰箱，价格2 000元。试机时发现冷冻室没有挂霜，家电中心经理认为这是因为室外湿度过高所致，并说电冰箱是直接从厂家进的货，质量没有问题，还表示1个月内如有质量问题包退包换，高某在得到保证后遂运走了冰箱。3月20日，高某在家试机，发现冰箱不制冷，同时还发现冰箱上下门中间有一条边发烫，封条变形，冷冻室有流水现象。高某立即找到该中心经理说明情况，经家电中心修理后，冰箱仍不制冷。原来冰箱是一台有质量问题而被其他客户退回来的次品，但家电中心经理却故意隐瞒了实情。高某提出退还要求，但被拒绝。高某遂向人民法院提起诉讼。

问：经营者应当承担什么责任？请结合《消费者权益保护法》的知识进行分析。

第六章

劳动法与劳动合同法

课前准备

【案例导读】

小赵于2001年8月被A公司录用，并与A公司签订了为期五年的劳动合同。2002年3月A公司更名为B公司，A公司同时注销，法人资格终止。虽然A公司的法定代表人仍然是B公司的法定代表人，B公司成立后，却未与小赵变更劳动合同。2002年10月，B公司的小赵突然不辞而别，前往C公司工作。这一举动使B公司管理上十分被动。B公司一气之下，将小赵诉至劳动争议仲裁委员会，要求小赵赔偿违约金50 000元，并追究C公司的连带赔偿责任。仲裁结果：驳回B公司全部的申诉请求。试分析仲裁机构驳回B公司诉讼请求的原因。

分析：这本是一起用人单位与职工在履行劳动合同过程中，由于职工违约跳槽引发的劳动争议，职工违反劳动合同约定的义务应当承担责任。但由于用人单位更名而未能及时变更相应名称内容，致使用人单位败诉。本案中，B公司出示的劳动合同依然是A公司与小赵所签订的劳动合同，由于B公司在公司法人与法定代表人的认识上的不明确，致使其在变更公司名称后未能与职工及时变更劳动合同，造成了劳动合同书上甲方与实际用人单位名称不符。在公司法人变更的情况下这份劳动合同当然不能成为双方新劳动关系权利义务的合法有效合同。由于B公司未与小赵变更劳动合同，原劳动合同对双方建立的劳动关系并不具有约束力，故全部驳回了B公司的申诉请求。

【重点难点】

1. 掌握劳动法的适用范围，熟悉劳动法律关系的构成要素
2. 掌握劳动合同的订立和主要条款
3. 熟悉劳动合同的效力
4. 掌握劳动合同解除的情形
5. 掌握休息休假制度
6. 掌握劳动争议的解决方式

学习内容

第一节　劳动法概述

一、劳动法的概念与调整对象

劳动法是调整劳动关系以及与劳动关系密切联系的其他社会关系的法律规范的总称。劳动法调整的对象是劳动关系，即劳动者与用人单位在运用劳动能力、实现社会劳动过程中形成的社会劳动关系。劳动法还调整因管理社会劳动力、执行社会保险、组织工会和职工参加民主管理、监督劳动法规的执行、处理劳动争议等发生的社会关系。1994年7月5日第八届全国人民代表大会常务委员会第八次会议通过了《中华人民共和国劳动法》，1995年1月1日起施行。2007年6月29日第十届全国人民代表大会常务委员会第二十八次会议通过了《中华人民共和国劳动合同法》，2008年1月1日起施行。

二、劳动法的适用范围

《劳动法》第2条明确规定：在中华人民共和国境内的企业、个体经济组织（以下统称用人单位）和与之形成劳动关系的劳动者，适用本法。国家机关、事业组织、社会团体和与之建立劳动关系的劳动者，依照本法执行。劳动法的适用范围如下。

1. 在中华人民共和国境内的企业、个体经济组织和与之形成劳动关系的劳动者适用劳动法。

2. 国家机关、事业单位、社会团体试行劳动合同制度的以及按规定应实行劳动合同制度的工勤人员；其他通过劳动合同与国家机关、事业组织、社会团体建立劳动关系的劳动者，适用劳动法。

3. 实行企业化管理的事业组织的人员适用劳动法。

不适用劳动法的情形：农村劳动者（乡镇企业职工和进城务工、经商的农民除外）、现役军人和家庭保姆、在中华人民共和国境内享有外交特权和豁免权的外国人等不适用劳动法。

第二节　劳动法律关系

一、劳动法律关系的概念和特征

劳动法律关系是劳动法调整劳动关系所形成的劳动者与用人单位之间在实现劳动过程中

的权利和义务关系。

劳动法律关系特征包括：1. 劳动法律关系主体双方具有平等性和隶属性；2. 劳动法律关系具有以国家意志为主导、当事人意志为主体的特征；3. 劳动法律关系是在社会劳动中形成和实现的。

二、劳动法律关系的构成要素

劳动法律关系的要素，是指构成各种劳动法律关系不可缺少的组成部分。任何一种劳动法律关系，都是由劳动法律关系主体、劳动法律关系内容和劳动法律关系客体这三个基本要素构成。

（一）劳动法律关系主体

劳动法律关系主体，是指在实现社会劳动过程中依照劳动法律规范享受权利和承担义务的当事人。劳动法律关系的主体，一方是劳动者，一方是用人单位。

1. 劳动者

劳动者是具有劳动能力，以从事劳动获取合法劳动报酬的自然人。自然人要成为劳动者，须具备主体资格，即须具有劳动权利能力和劳动行为能力。所谓劳动权利能力，是指自然人能够依法享有劳动权利和承担劳动义务的资格和能力；所谓劳动行为能力，是指自然人能够以自己的行为依法行使劳动权利和履行劳动义务的能力。根据我国《劳动法》规定，凡年满十六岁、有劳动能力的公民是具有劳动权利能力和劳动行为能力的人。除法律另有规定以外，任何单位不得与未满十六岁的未成年人发生劳动法律关系。

2. 用人单位

用人单位包括企业、事业、机关、团体、民办非企业等单位及个体经营组织。

（二）劳动法律关系内容

劳动法律关系的内容是指劳动法律关系主体双方享有的权利和承担的义务。

1. 劳动者的权利与义务

根据《劳动法》的规定，劳动者的劳动权利主要有：平等就业和选择职业的权利；取得劳动报酬的权利；休息休假的权利；获得劳动安全卫生保护的权利；接受职业技能培训的权利；享受社会保险和福利的权利；依法参加工会和职工民主管理的权利；提请劳动争议处理的权利；法律规定的其他劳动权利。

劳动者的劳动义务主要有：按时完成劳动任务；提高职业技能；执行劳动安全卫生规程；遵守劳动纪律和职业道德；爱护和保护公共财产；保守国家秘密和用人单位商业秘密。

2. 用人单位的权力与义务

用人单位的权利包括：劳动用工权；依法解除劳动合同的权利；工资奖金分配权。

用人单位的义务包括：为劳动者劳动权利的实现提供条件保障；建立职业培训制度；认真履行劳动合同，不擅自非法解除劳动合同和辞退劳动者；为劳动者组建工会以及为工会依法开展活动提供帮助，就职工参与民主管理和保护劳动者合法权益等事宜，依法与工会或职工代表平等协商；依法保证并合理安排劳动者休息和休假，遵守国家规定的工作时间；按照按劳分配原则，按时足额支付劳动者工资及各项待遇；保护劳动者的身体健康和生命安全，依法建立和执行各项安全管理制度和劳动纪律，督促劳动者履行劳动义务；依法保障女职工和未成年劳动者享有特殊的劳动保护待遇；建立职业培训制度；依法为职工缴纳社会保险费等。

另外，用人单位招用劳动者，不得扣押劳动者的居民身份证和其他证件，不得要求劳动者提供担保或以其他名义向劳动者收取财务。

（三）劳动法律关系的客体

劳动法律关系的客体，是指劳动法律关系主体双方的权利和义务共同指向的对象。

第三节　劳动合同法

（一）劳动合同法概述

1. 劳动合同法与劳动合同

劳动合同法是指关于调整劳动合同关系的法律规范的总称，有广义和狭义之分。广义上的劳动合同法一般是指所有关于劳动合同的法律规范的总称，包括《中华人民共和国劳动合同法》、《集体合同规定》、最高人民法院《关于审理劳动争议案件适用法律若干问题的解释》等等。狭义上的劳动合同法就是指现行的《中华人民共和国劳动合同法》，它是指国家立法机关制定的，为了规范劳动合同，调整劳动关系，当事人基于劳动合同而产生的权利义务关系的劳动法律规范的总称。

劳动合同，又称为劳动契约或者劳动协议，是指劳动者和用人单位（包括国家机关、企业事业单位、社会团体和私人雇主等）之间为确立劳动关系，明确双方权利和义务而达成的书面协议，是产生劳动关系的根据。

劳动合同的法律特征如下：（1）劳动合同是劳动者和用人单位依照法律规定达成的协议，是一种民事法律行为；（2）劳动合同是劳动者和用人单位之间意思表示一致的产物，约定的是关于劳动者和用人单位各自的权利和义务；（3）劳动合同是劳动者和用人单位之间达成的，以设立、变更和终止民事权利义务关系为目的的民事法律行为；（4）劳动合同双方当事人的地位平等。

2. 劳动合同法与劳动法

劳动合同法是劳动法的重要组成部分。劳动法除了包括劳动合同法以外，还包括劳动就业法、劳动条件法、劳动保护法、劳动争议处理法、劳动监察法等等。劳动法和劳动合同法属于普通法和特别法的关系。一般而言，在法律的适用上，劳动合同法优于劳动法，即对于《劳动法》和《劳动合同法》都有规定的，适用《劳动合同法》的规定。《劳动合同法》没有规定而《劳动法》有规定的，则适用《劳动法》的相关规定。

3. 劳动合同法的基本原则与调整对象

劳动合同法的基本原则是指劳动合同立法、司法和相关活动的指导思想和基本准则。劳动合同法的基本原则既具有法原则的一般共性，又具有其特有的原则，即合法原则、平等自愿原则、协商一致原则、诚实信用原则、劳动合同的自由与政府适度干预相结合的原则。

劳动合同法的调整对象是用人单位和劳动者之间的劳动关系。

（二）劳动合同的订立

《劳动合同法》第 10 条规定，建立劳动关系，应当订立书面劳动合同；已建立劳动关系，未同时订立书面劳动合同的，应当自用工之日起 1 个月内订立书面劳动合同；用人单位与劳动者在用工前订立劳动合同的，劳动关系自用工之日起建立。

1. 劳动合同的分类

劳动合同可分为固定期限劳动合同、无固定期限劳动合同和以完成一定工作任务为期限的劳动合同。

固定期限劳动合同是指用人单位与劳动者约定合同终止时间的劳动合同。用人单位与劳动者协商一致，可以订立固定期限劳动合同。

无固定期限劳动合同是指用人单位与劳动者约定无确定终止时间的劳动合同。

有下列情形之一，劳动者提出或者同意续订、订立劳动合同的，除劳动者提出订立固定期限劳动合同外，应当订立无固定期限劳动合同：（1）劳动者在该用人单位连续工作满 10 年的；（2）用人单位初次实行劳动合同制度或者国有企业改制重新订立劳动合同时，劳动者在该用人单位连续工作满 10 年且距法定退休年龄不足 10 年的；（3）连续订立二次固定期限劳动合同，且劳动者没有《劳动合同法》第 39 条和第 40 条第 1 项、第 2 项规定的情形，续订劳动合同的。用人单位自用工之日起满 1 年不与劳动者订立书面劳动合同的，视为用人单位与劳动者已订立无固定期限劳动合同。

【案例分析】

赵金明在太原市一家企业工作已有 12 年，其间只签订过两次一年期限的聘用合同。2008 年 3 月，用人单位口头提出解除与他的劳动关系。赵金明不服，将争议诉至劳动仲裁委员会。随后，劳动仲裁委裁决用人单位与赵金明补签无固定期限的劳动合同。签了无固定期限劳动合同之后，赵金明认为自己端上"铁饭碗"。问：赵金明这种认为是否正确？

分析：通过无固定期限劳动合同建立的劳动关系，有利于调整劳动者的积极性，增加对企业的归属感。但这并不是"终身制"，它只是有明确的建立时间而没有明确的终止时间，相对长期稳定的劳动关系。《劳动合同法实施条例》第十八条明确规定，具备 13 种情形之一的，用人单位可以与劳动者解除无固定期限劳动合同。比如，劳动者严重违反用人单位的规章制度的；劳动者严重失职，营私舞弊，给用人单位造成重大损害的等情况。

以完成一定工作任务为期限的劳动合同是指用人单位与劳动者约定以某项工作的完成为合同期限的劳动合同。

2. 劳动合同应当具备的主要条款

《劳动合同法》第 17 条规定，劳动合同应当具备以下条款：（1）用人单位的名称、住所和法定代表人或者主要负责人；（2）劳动者的姓名、住址和居民身份证或者其他有效身份证件号码；（3）劳动合同期限；（4）工作内容和工作地点；（5）工作时间和休息休假；（6）劳动报酬；（7）社会保险；（8）劳动保护、劳动条件和职业危害防护；（9）法律、法规规定应当纳入劳动合同的其他事项。劳动合同除前款规定的必备条款外，用人单位与劳动者可以约定试用期、培训、保守秘密、补充保险和福利待遇等其他事项。

劳动合同对劳动报酬和劳动条件等标准约定不明确，引发争议的，用人单位与劳动者可以重新协商；协商不成的，适用集体合同规定；没有集体合同或者集体合同未规定劳动报酬的，实行同工同酬；没有集体合同或者集体合同未规定劳动条件等标准的，适用国家有关规定。

3. 劳动合同无效或者部分无效

《劳动合同法》第26条第1款规定，有下列情形之一的劳动合同无效或部分无效：(1）以欺诈、胁迫的手段或者乘人之危，使对方在违背真实意思的情况下订立或者变更劳动合同的；（2）用人单位免除自己的法定责任、排除劳动者权利的；（3）违反法律、行政法规强制性规定的。

对劳动合同的无效或者部分无效有争议的，由劳动争议仲裁机构或者人民法院确认。劳动合同部分无效，不影响其他部分效力的，其他部分仍然有效。劳动合同被确认无效，劳动者已付出劳动的，用人单位应当向劳动者支付劳动报酬。

【案例分析】

李某于2009年5月进入某咨询公司担任财务工作，双方签订了一份3年期劳动合同。2010年6月李某所在公司开展一次人事档案审计活动，发现李某的入职登记表存在虚假的学历信息，遂以“劳动者欺诈导致劳动合同无效为由”提前解除了与李某的劳动合同。后李某申请仲裁，其称既然劳动合同无效即应视同双方未订立劳动合同，因此要求公司支付2009年6月至2010年5月期间的双倍工资差额55 000元。

问：李某的要求能否成立？

分析：劳动合同无效是合同的法律效力评价，而劳动合同是否订立则属于客观事实判断。故劳动合同已订立但被确认无效的，用人单位不存在任何过错，劳动者仍无权要求用人单位支付双倍工资。本案中，虽然《劳动合同法》规定了劳动合同无效或部分无效的情形，但劳动合同无效不能改变双方已订立书面劳动合同的事实，且劳动合同无效系李某的原因所导致，故李某的请求不能得到支持。

（三）劳动合同的解除与终止

1. 劳动合同的解除

《劳动合同法》第36条规定，用人单位与劳动者协商一致，可以解除劳动合同。

《劳动合同法》第38条规定，用人单位有下列情形之一的，劳动者可以解除劳动合同：(1）未按照劳动合同约定提供劳动保护或者劳动条件的；（2）未及时足额支付劳动报酬的；(3）未依法为劳动者缴纳社会保险费的；（4）用人单位的规章制度违反法律、法规的规定，损害劳动者权益的；（5）因本法第26条第1款规定的情形致使劳动合同无效的；（6）法律、行政法规规定劳动者可以解除劳动合同的其他情形。用人单位以暴力、威胁或者非法限制人身自由的手段强迫劳动者劳动的，或者用人单位违章指挥、强令冒险作业危及劳动者人身安全的，劳动者可以立即解除劳动合同，不需事先告知用人单位。

《劳动合同法》第39条规定，劳动者有下列情形之一的，用人单位可以解除劳动合同：

（1）在试用期间被证明不符合录用条件的；（2）严重违反用人单位的规章制度的；（3）严重失职，营私舞弊，给用人单位造成重大损害的；（4）劳动者同时与其他用人单位建立劳动关系，对完成本单位的工作任务造成严重影响，或者经用人单位提出，拒不改正的；（5）因本法第 26 条第 1 款第 1 项规定的情形致使劳动合同无效的；（6）被依法追究刑事责任的。

《劳动合同法》第 40 条规定，有下列情形之一的，用人单位提前 30 日以书面形式通知劳动者本人或者额外支付劳动者 1 个月工资后，可以解除劳动合同：（1）劳动者患病或者非因工负伤，在规定的医疗期满后不能从事原工作，也不能从事由用人单位另行安排的工作的；（2）劳动者不能胜任工作，经过培训或者调整工作岗位，仍不能胜任工作的；（3）劳动合同订立时所依据的客观情况发生重大变化，致使劳动合同无法履行，经用人单位与劳动者协商，未能就变更劳动合同内容达成协议的。

《劳动合同法》第 42 条规定，劳动者有下列情形之一的，用人单位不得依照本法第 40 条、第 41 条的规定解除劳动合同：（1）从事接触职业病危害作业的劳动者未进行离岗前职业健康检查，或者疑似职业病病人在诊断或者医学观察期间的；（2）在本单位患职业病或者因工负伤并被确认丧失或者部分丧失劳动能力的；（3）患病或者非因工负伤，在规定的医疗期内的；（4）女职工在孕期、产期、哺乳期的；（5）在本单位连续工作满 15 年，且距法定退休年龄不足 5 年的；（6）法律、行政法规规定的其他情形。

用人单位单方解除劳动合同，应当事先将理由通知工会。用人单位违反法律、行政法规规定或者劳动合同约定的，工会有权要求用人单位纠正。用人单位应当研究工会的意见，并将处理结果书面通知工会。

2. 劳动合同的终止

《劳动合同法》第 44 条规定，有下列情形之一的，劳动合同终止：（1）劳动合同期满的；（2）劳动者开始依法享受基本养老保险待遇的；（3）劳动者死亡，或者被人民法院宣告死亡或者宣告失踪的；（4）用人单位被依法宣告破产的；（5）用人单位被吊销营业执照、责令关闭、撤销或者用人单位决定提前解散的；（6）法律、行政法规规定的其他情形。

第 45 条规定，劳动合同期满，有本法第 42 条规定情形之一的，劳动合同应当续延至相应的情形消失时终止。但是，本法第 42 条第 2 项规定丧失或者部分丧失劳动能力劳动者的劳动合同的终止，按照国家有关工伤保险的规定执行。

第 48 条规定，用人单位违反本法规定解除或者终止劳动合同，劳动者要求继续履行劳动合同的，用人单位应当继续履行；劳动者不要求继续履行劳动合同或者劳动合同已经不能继续履行的，用人单位应当依照本法第 87 条规定支付赔偿金。

另外，用人单位应当在解除或者终止劳动合同时出具解除或者终止劳动合同的证明，并在 15 日内为劳动者办理档案和社会保险关系转移手续。用人单位对已经解除或者终止的劳动合同的文本，至少保存 2 年备查。

【案例分析】

1999 年 4 月 1 日，王某被深圳某公司（以下简称“公司”）招聘为车间员工。入职后，双方一直没有签订书面劳动合同。2008 年《劳动合同法》实施后，公司才与王某签订了期限从 2008 年 1 月 1 日至 2010 年 12 月 31 日止书面劳动合同。2010 年 12 月 1 日，公司书面通知王某“公司与你签订劳动合同于2010年12月31日到期，公司不再与你续签劳动合同，于2010年12月31日起终止双方的劳动关系，按《劳动合同法》有关规定，你最近一年每月平均工资为4 000元，公司将从2008年起支付你终止劳动合同经济补偿金12 000元”，并将通知交由王某签名确认。2010年12月31日，王某办理了离职手续，但双方对解除劳动合同经济补偿金一事未能达成一致意见。2011年1月3日，王某向劳动争议仲裁委员会提起申诉，要求公司支付违法解除劳动合同赔偿金96 000元。

问：（1）公司终止与王某的合同关系是否构成违法解除劳动合同，王某能否获得违法解除劳动合同赔偿金？（2）王某的经济补偿金应当如何计算？

分析：（1）公司与王某签订的劳动合同于2010年12月31日到期，公司以合同到期为由终止与王某的劳动关系，终止劳动合同的理由符合法律规定，应当属于法定终止；王某在签收公司发出的《终止劳动合同通知》时，已清楚双方终止劳动合同的理由，王某也没有向公司提出不同意终止劳动合同要求继续履行劳动合同的意向，且已办理了离职手续，应视为王某对公司终止劳动合同的事实是没有异议的，故公司终止与王某劳动合同不构成违法解除劳动合同，依法无须支付王某违法解除劳动合同赔偿金。

（2）本案王某已具备了签订无固定期限劳动合同的法定要件，王某在签订劳动合同事项中是具有优先权的，即使双方劳动合同到期，公司也应优先与王某签订无固定期限劳动合同，由于王某对公司终止劳动合同的行为并无异议，只是双方对解除劳动合同经济补偿金一事未能协商一致，对双方解除劳动合同一事应视为“由用人单位提出，双方协商一致解除劳动关系的行为”，但公司从2008年起支付王某经济补偿金的计算方法系错误的，应当按王某入职年限支付终止劳动合同经济补偿金。

第四节　工作时间与休息休假

一、工 作 时 间

工作时间又称劳动时间，是指劳动者根据国家规定，在一昼夜之内或一周之内用于完成本职工作的时间。用人单位因特殊原因需要延长劳动时间的，必须依法支付工资报酬。用人单位或劳动者不遵守工作时间的规定或约定，要承担相应法律责任。

工作时间具体包括以下几种。

（一）标准工作时间

标准工作时间是指法律规定的在一般情况下普遍使用的，按照正常作息办法安排的工作日和工作周的工时制度。我国《劳动法》第36条规定，国家实行劳动者每日工作时间不超过8小时的工时制度。即每周工作40小时，1周内工作5天。实行计件工作的劳动者，用人单位应当根据每日工作8小时，每周工作40小时的工时制度，合理确定其劳动定额和计件报酬标准。

（二）缩短工作时间

缩短工作时间是指法律规定的在特殊情况下劳动者的工作时间长度少于标准工作时间的工时制度。即每日工作少于 8 小时。缩短工作日适用于：1. 从事矿山井下、高温、有毒有害、特别繁重或过度紧张等作业的劳动者；2. 从事夜班工作的劳动者；3. 哺乳期内的女职工。

（三）延长工作时间

延长工作时间是指超过标准工作日的工作时间，即日工作时间超过 8 小时，每周工作时间超过 40 小时。延长工作时间必须符合法律、法规的规定。

（四）不定时工作时间和综合计算工作时间

1. 不定时工作时间

不定时工作时间又称不定时工作制，是指无固定工作时数限制的工时制度。适用于工作性质和职责范围不受固定工作时间限制的劳动者，如企业中的高级管理人员、外勤人员、推销人员、部分值班人员，从事交通运输的工作人员以及其他因生产特点、工作特殊需要或职责范围的关系，适合实行不定时工作制的职工等。

2. 综合计算工作时间

综合计算工作时间又称综合计算工时工作制，是指以一定时间为周期，集中安排并综合计算工作时间和休息时间的工时制度。即分别以周、月、季、年为周期综合计算工作时间，但其平均日工作时间和平均周工作时间应与法定标准工作时间基本相同。对综合下列条件之一的职工，可以实行综合计算工作日：（1）交通、铁路、邮电、水运、航空、渔业等行业中因工作性质特殊，需连续作业的职工；（2）地质及资源勘探、建筑、制盐、制糖、旅游等受季节和自然条件限制的行业的部分职工；（3）其他适合实行综合计算工时工作制的职工。

二、休 息 休 假

休息休假是指劳动者为行使休息权在国家规定的法定工作时间以外，不从事生产或工作而自行支配的时间。

（一）休息时间的种类

1. 工作日内的间歇时间。是指在工作日内给予劳动者休息和用膳的时间。一般为 1-2 小时，最少不得少于半小时。

2. 工作日间的休息时间。即两个临近工作日之间的休息时间。一般不少于 16 小时。

3. 公休假日，又称周休息日。是劳动者 1 周（7 日）内享有的休息日，公休假日一般为每周 2 日，一般安排在周六和周日休息。不能实行国家标准工时制度的企业和事业组织，可根据实际情况灵活安排周休息日，应当保证劳动者每周至少休息 1 日。

（二）休假的种类

1. 法定休假日。是指法律规定用于开展纪念、庆祝活动的休息时间。我国《劳动法》规定的法定节假日有：元旦、春节、清明节、端午节、中秋节、劳动节、国庆节、法律、法规规定的其他休假节日。

2. 探亲假。是指劳动者享有保留工资、工作岗位而同分居两地的父母或配偶团聚的假期。探亲假适用于在国家机关、人民团体、全民所有制企业、事业单位工作满一年的固定职工。

3. 年休假。是指职工工作满一定年限，每年可享有的带薪连续休息的时间。根据《劳动法》的规定，机关、团体、企业、事业单位、民办非企业单位、有雇工的个体工商户等单位的职工连续工作一年以上的，享受带薪年休假。单位应当保证职工享受年休假。职工在年休假期间享受与正常工作期间相同的工资收入。

【案例分析】

李某2008年7月入职某公司，双方当即签订了为期三年的劳动合同。李某于2011年10月13日开始休病假，某公司依法安排其享受6个月的医疗期，医疗期满后，双方终止劳动合同。诉讼中，李某主张在2011年度未休法定带薪年休假10天，因此主张某公司给予未休年假工资，并提交了北京市某区人才服务中心出具的《工龄证明》，证明其累计工作已满10年；某公司则主张李某在公司工作不满10年，只能享受5天的法定带薪年休假，人才服务中心的证明不能证明累计工龄情况。法官最终依据李某提交的《工龄证明》以及通过某公司安排的医疗期时间反向推算，认定李某累计工作年限达到10年，应当享受10天法定年休假。

分析：劳动者的年休假天数不仅与在职工作单位的工作年限有关，也与入职前的累计工作年限有关。用人单位往往采取漠视累计工作年限，以劳动者在本单位的工作年限计算年休假天数的方式，缩短劳动者应当享受的休假权利。一旦发生争议，劳动者一方对于入职前的工作年限要承担相应的举证责任，如果举证不能则要承担败诉责任。本案中，因为李某提交了相关证据，法院才能支持李某的主张，否则用人单位的抗辩意见就会成立。

三、加班加点

加班加点统称为延长工作时间，其中加班是指劳动者在法定节日或公休假日从事生产或工作，加点是指劳动者在标准工作日以外延长工作的时间。

为保证劳动者休息权的实现，《劳动法》规定任何单位和个人不得擅自延长职工工作时间。《劳动法》关于加班加点的规定主要有以下几种情形。

1. 一般情况下加班加点的规定

《劳动法》第41条规定：用人单位由于生产经营需要，经与工会和劳动者协商后可以延长工作时间，一般每日不超过1小时，因特殊原因需要延长工作时间的，在保障劳动者身体健康的条件下延长工作时间每日不超过3小时，但是每月不超过36小时。

2. 特殊情况下的加班加点

特殊情况下，延长工作时间不受《劳动法》第41条的限制：（1）发生自然灾害、事故或者其他原因，威胁劳动者生命健康和财产安全，需紧急处理的；（2）生产设备、交通运输线路、公共设施发生故障，影响生产和公共利益，必须及时抢修的；（3）法律、行政法规规定的其他情形。

四、工　资

工资是用人单位以法定货币形式支付给劳动者的各种劳动报酬，包括基本工资、奖金、津贴、补助、加班加点工资、特殊情况下的工资等形式。用人单位安排劳动者延长工作时间的，要向劳动者支付不低于工资的150%的工资报酬；休息日安排劳动者工作，又不能安排补休的，支付不低于工资的200%的工资报酬；法定休假日安排劳动者工作的，支付不低于工资的300%的工资报酬。

国家实行最低工资保障制度。用人单位支付给劳动者的工资不得低于当地最低工资标准。工资应当以货币形式按月支付给劳动者本人，不得克扣或无故拖欠劳动者的工资。劳动者在法定休假日和婚丧假期间以及依法参加社会活动期间，用人单位应当依法支付工资。

五、劳动保护与职业培训制度

劳动法规定用人单位必须建立、健全劳动安全卫生制度，严格执行国家劳动安全卫生规程和标准。建立符合国家标准的劳动安全卫生设施。对从事特种作业的劳动者实行特种作业资格制度，建立伤亡事故和职业病统计报告与处理制度。

劳动者在劳动过程中必须严格遵守安全操作规程。劳动法还特别强调对女职工和未成年人的特殊劳动保护。禁止女职工从事有害健康的工作，对女职工的经期、孕期、哺乳期给予特殊劳动保护。禁止招用未满16周岁的童工。禁止已满16周岁未满18周岁的未成年工从事有害健康的工作。

国家通过各种途径，采取各种措施，发展职业培训事业，开发劳动者的职业技能，提高劳动者素质，增强劳动者的就业能力和工作能力。从事技术工种的劳动者，上岗前必须经过培训。

六、劳动争议的处理

劳动争议也称劳动纠纷，是指劳动关系双方当事人因执行劳动法或履行劳动合同发生的争执。劳动争议包括因开除、除名、辞退职工和职工辞职、自动离职发生的争议；因执行国家有关工时、工资、保险、福利、培训、劳动保护的规定发生的争议；因履行劳动合同发生的争议；法律、法规规定的其他劳动争议。

劳动争议的处理部门主要有劳动争议调解委员会、劳动争议仲裁委员会和人民法院。劳动争议调解委员会是用人单位内依法成立的调解劳动争议的群众性组织，由职工代表、用人单位代表和工会代表组成，劳动争议调解委员会主任由工会代表担任。劳动争议调解委员会的职责是调解本单位内部的劳动争议，劳动争议经调解达成协议的，当事人应当履行。

劳动争议仲裁委员会是依法成立的行使劳动争议仲裁权的劳动争议处理机构，由劳动行政部门代表、同级工会代表、用人单位方面的代表组成，劳动争议仲裁委员会主任由劳动行政部门代表担任。提出仲裁要求的一方应当自劳动争议发生之日起60日内向劳动争议仲裁委员会提出书面申请。仲裁裁决一般应在收到仲裁申请之日起的60日内作出，对仲裁裁决无异议的，当事人必须履行。劳动争议当事人对仲裁裁决不服的，可以自收到仲裁裁决书之日起15日内向人民法院提起诉讼。一方当事人在法定期限内不起诉，又不履行仲裁裁决的，另一方当事人可以申请人民法院强制执行。

【案例分析】

阿婷大学本科毕业后，到北京一家机械设备研究所工作。因为当年参加研究生入学考试，仅差3分没有取得面试资格，所以阿婷希望工作安定以后，再找机会考取Q大学的硕士研究生。经与家人商议，阿婷决定报考2000年的全国硕士研究生入学考试，他毅然选择了脱产报考学习。经过刻苦学习，阿婷不但如愿于2000年考取了Q大学的机械工程硕士，而且在此后的学习过程中，一路过关斩将，2004年又考取博士学位，并在2007年毕业前作为交换生出国留学1年。回国以后，阿婷应聘到某大型国企担任某项目的经理。

2010年下半年，公司面临着财务亏损的局面。经公司评议，决定取消阿婷所在的项目，并遣散该项目的所有人员。在两人协商解除劳动合同时，阿婷提出，经济补偿年限应当从其2000年考取Q大学硕士研究生开始计算。

问：究竟阿婷的主张对不对?

分析：根据国家教育委员会、劳动部、人事部《关于博士生和在职人员考取硕士生学习期间工龄计算问题的通知》规定：首先，国内博士生学习期间计算工龄。出国攻读博士学位研究生的工龄计算问题，仍按《国务院批转国家教育委员会〈关于出国留学人员工作的若干暂行规定〉的通知》（国发［1986］107号）有关规定办理。其次，在职人员考取国内硕士生，学习期间计算工龄。在职人员出国攻读硕士学位研究生，获得硕士学位回国工作后，在规定的学习年限内也计算工龄。由于阿婷离职后考取全日制脱产的国内硕士研究生学位，其后又攻读了国内博士生，因此他要求将学习期间的时间计入本单位工作年限的要求是正当的。

【思考与练习】

一、单选题

1. 劳动法律关系主体，一方是劳动者，另一方是（　　）。

A. 用人单位　　B. 事业单位　　C. 企业　　D. 团体

2. 位与劳动者已经建立了劳动关系，但是未同时订立书面劳动合同，应当自用工之日起（　　）订立书面合同。

A. 1个月内　　B. 2个月内　　C. 3个月内　　D. 6个月内

3. 劳动者在同一用人单位连续工作满10年以上，当事人双方同意延续劳动合同，如果用人单位提出订立固定期限的劳动合同，而劳动者提出订立无固定期限的劳动合同，则（　　）。

A. 由双方协商一致　　B. 应当订立固定期限的劳动合同

C. 应当订立无固定期限的劳动合同　　D. 由劳动争议仲裁委员会或者人民法院裁决

4. 某厂与李某等20名工人签订劳动合同后，由于生产任务适应客户要求而调整，致使该厂与李某等6名工人签订的劳动合同无法继续履行。该厂经过与李某等6名工人协商，仍然不能够就变更劳动合同内容达成协议，此种情况下，该厂（　　）。

A. 可以解除劳动合同，但是应当提前30日通过李某等人，或者额外支付1个月工资

B. 继续与李某等人协商

C. 在给予李某等人经济补偿的前提下不得解除劳动合同

D. 不得解除劳动合同

5. 根据国家有关规定，属于劳动者工资范畴的劳动收入是（　　）。

A. 加班加点工作额外获得的劳动收入　　B. 发表专业论文获得稿费

C. 用人单位发放的生活困难补助费　　D. 用人单位发放的劳保工作服和劳保手套

二、简述题

1. 简述劳动法的适用范围。

2. 简述劳动法和劳动合同法的关系。

3. 劳动合同的成立和生效有何区别?

4. 简述我国《劳动法》规定劳动者的权利和义务的内容。

三、案例分析题

黄小姐毕业于某著名大学土木工程系，1999年10月27日，黄小姐与上海某大型房产公司签订了《劳动合同》，主要约定，合同期限5年，月工资为3 000元，工种为工程技术人员。合同签订后，黄小姐就到该公司上班。2001年8月29日，该公司裁减人员，将黄小姐裁减，并将其安排到公司下属某物业管理公司做办公室文员。同年12月，该公司停发黄小姐的工资。2002年1月12日，黄小姐向劳动争议仲裁委员会申请仲裁。

问：公司进行裁员时，是否有权单方面变更劳动者的工作岗位?

第七章

刑　法

课前准备

【案例导读】

卞某，23岁，外国人，系某国在医科大学的留学生。某年5月13日，卞某遭到医科大学另一外国留学生安某拳打后，蓄意报复。6月10日晚7时许，卞某得知安某在留学生1楼104会客室会客，便手持木棒，到会客室敲门。安某将门打开后，卞某用木棒击打安某。安挣脱后，会同在该校的本国留学生翁某、风某、莫某等7人，手持木棒、手杖等器械，聚集在留学生宿舍2楼走廊西端。卞某也和某国留学生朱某、穆某、白某等5人手持木棒和尖型菜刀等，聚集在留学生宿舍2楼走廊中部208房间门前，双方形成对峙状态。后双方发生殴斗。在厮打中，卞某手持的木棒被打掉，随手用尖型菜刀乱刺，刺中对方留学生翁某的上腹部，创伤透入胸腔，将肝脏切成局部破损，经抢救无效，于次日下午死亡。

问：卞某的行为构成何种犯罪？可否适用我国刑法追究其刑事责任？

分析：卞某的行为构成故意杀人罪，且应当适用我国刑法追究其刑事责任。依照《刑法》第292条的规定，聚众斗殴致人重伤、死亡的，应根据情况分别以故意伤害罪、故意杀人罪定罪处罚。卞某为报复他人，聚众斗殴，并在斗殴的过程中，使用菜刀乱刺，将被害人刺死，因此，对被害人死亡他应负（间接）故意杀人罪的刑事责任。根据我国《刑法》第6条和第11条的规定，凡是在中华人民共和国领域内犯罪的，除享有外交特权和豁免权的外国人外，均应适用我国刑法。卞某是一普通外国留学生，不属于享有外交特权和豁免权的外国人，应适用我国刑法追究其刑事责任。

【重点难点】

1. 掌握刑法的概念与基本原则
2. 掌握犯罪的概念与特征
3. 掌握犯罪的构成
4. 掌握正当防卫的概念及其成立条件
5. 掌握共同犯罪
6. 掌握刑罚及其种类

学习内容

第一节　刑法概述

一、刑法的概念与基本原则

（一）刑法的概念

刑法是规定什么行为是犯罪和对犯罪人处以何种刑罚的法律规范的总称。在我国，刑法有广义与狭义之分。狭义上的刑法仅指《中华人民共和国刑法》。广义上的刑法是指国家制定和颁布的关于犯罪和刑罚的一切法律规范，包括刑法典、刑法修正案、单行刑事法律和非刑事法律中的刑事责任条款。此外，民族自治地方根据当地民族的政治、经济、文化的特点和刑法典的基本原则制定的变通或补充规定，也属于广义刑事法律制度的内容。本章的刑法是指狭义上的刑法。

（二）刑法的目的和任务

根据我国《刑法》第1条规定，制定刑法的目的，是为了惩罚犯罪，保护人民。只有惩罚犯罪，才能更好地保护人民，只有保护人民，才能更好地惩罚犯罪。

根据《刑法》第2条规定，我国刑法的任务，是用刑罚同一切犯罪行为作斗争，以保卫国家安全，保卫人民民主专政的政权和社会制度，保护国有财产和劳动群众集体所有的财产，保护公民私人所有的财产，保护公民的人身权利、民主权利和其他权利，维护社会秩序、经济秩序，保障社会主义建设事业的顺利进行。

（三）刑法的基本原则

刑法本身所具有的，贯穿于刑法始终，必须得到普遍遵循的具有全局的、根本性的准则，就是刑法的基本原则。我国刑法明文规定了三个基本原则：

1. 罪刑法定原则

《刑法》第3条明文规定了罪刑法定原则。罪刑法定原则的经典表述是，“法无明文规定不为罪”、“法无明文规定不处罚”。如在公交车上，有一青年张某坐在老弱病残孕专座上，见一年旬80的老人上车后，并未主动让座，经公交车驾驶员和其他乘客劝说后扔拒绝让座。尽管张某的行为引起了全车人的愤慨，但法律并未规定张某的行为是犯罪，因此就不是犯罪，故按罪刑法定原则，不能对其定罪处罚。

这一原则可以从两个方面来理解：一是罪行法定化，即犯罪和刑法必须由法律作出明文规定，不允许法官自由裁量；二是罪行明确化，即刑法条文必须文字表达清晰，意思确切，不得含糊其辞或模糊不清，对犯罪极其法律后果的规定必须明确。

2. 刑法面前人人平等原则

《刑法》第4条明文规定了该原则。刑法面前人人平等是指对任何人犯罪，在适用法律上一律平等。

就犯罪人而言，任何人犯罪，都应当受到法律的追究；任何人不得享有超越法律的特权；对于一切犯罪行为，不论犯罪人的社会地位、职务高低、资力深浅或功劳大小、职业状况、才能业绩如何，都一律平等地适用刑法。

就被害人而言，任何人受到犯罪行为的侵害，都应当依法追究犯罪和犯罪人，保护被害人的权益；被害人同样的权益应当受到刑法同样的保护；不得因为被害人身份地位、财产状况等情况的不同而对犯罪和犯罪人予以不同的刑法适用。

3. 罪责刑相适应原则

《刑法》第5条明文规定了这一原则。罪责刑相适应是指刑罚的轻重，应当与犯罪分子所犯罪行和承担的刑事责任相适应。即犯多大的罪，判多大的刑；重罪重判，轻罪轻判；罪罚相称，罚当其罪。

我国刑事立法对各种犯罪的处罚原则规定：对刑罚裁量、刑罚执行以及各种犯罪法定刑设置，不仅要考虑犯罪的社会危害性，而且要考虑行为人的主观恶性和人身危险性。在刑事审判中，法官对犯罪人裁量刑罚，不仅要看犯罪人行为及其所造成的危害结果，而且也要看整个犯罪事实包括罪行和犯罪各方面因素体现的社会危害性程度，并判处与其相应轻重的刑罚。

罪责刑相适应，不是罪与刑的绝对相等与机械对应，也就是说罪责刑的相适应并不意味着只要杀人就一定要判处死刑，而要考虑犯罪行为是故意还是过失，如果是故意其动机是什么，并确定社会危害性的程度，结合刑法的具体规定对犯罪人处以适当刑罚。

【案例分析】

张某和李某到王某家中行窃，共窃取了价值大约万元的财物。在窃取过程中，张某瞒着李某将价值5 000元的项链装入自己口袋中据为己有。该案经公安机关侦破后，一审人民法院判决张某有期徒刑5年，判决李某有期徒刑3年。

问：法院判决是否正确？

分析：正确。因为张某的盗窃数额明显比李某大，根据罪责刑相适应原则，其承担的刑事责任也应该比李某大。

二、刑法的效力范围

刑法的效力范围，也称刑法的适用范围，是指刑法在什么时间、什么地域、对什么人具有效力。刑法的效力范围包括刑法的地域效力、刑法对人的效力和刑法的时间效力。

（一）刑法的地域效力

《刑法》第6条第1款规定："凡在中华人民共和国领域内犯罪的，除法律有特别规定的以外，都适用本法。"中华人民共和国领域内是指我国国境以内的全部空间区域，包括领陆、领水和领空。

犯罪的行为或结果有一项发生在我国领域内的，就认为是在我国领域内犯罪。这包括三种情况：犯罪行为与结果都发生在我国领域以内；犯罪行为发生在我国领域以内，而犯罪结果发生在我国领域以外；犯罪行为发生在我国领域以外，而犯罪结果发生在我国领域以内。上述情况均适用我国刑法。

根据我国刑法和我国承认的有关国际公约的规定，凡是在我国船舶、航空器、我国驻外使、领馆内犯罪的，也适用我国刑法。

另外，对于我国缔结或参加的国际条约所规定的罪行，我国在所承担条约义务的范围内行使刑事管辖权的，也适用我国刑法。

（二）刑法对人的效力

1. 刑法对我国公民的效力

我国公民在我国领域内犯罪的，一律适用我国刑法。我国公民在我国领域外犯罪的，也适用我国刑法。但是法定最高刑为3年以下有期徒刑的，可以不予追究。我国国家工作人员和军人在我国领域外犯我国刑法规定之罪的，不论应受刑罚的轻重，都要追究刑事责任。

凡在我国领域外犯罪，依照我国刑法应当负刑事责任的，虽然经过外国审判，仍然可以依照我国刑法追究，但是在外国已经受过刑罚处罚的，可以免除或减轻处罚。

2. 刑法对外国人的效力

外国人（指具有外国国籍的人和无国籍的人）在我国领域内犯罪的，除享有外交特权和豁免权的外国人的刑事责任通过外交途径解决外，都适用我国刑法。

外国人在我国领域外对我国国家或者公民实施犯罪，而按我国刑法规定的最低刑为3年以上有期徒刑的，可以适用我国刑法，但是按照犯罪地的法律不受处罚的除外。

【案例分析】

某甲是法国留美学生。1997年10月19日，某甲在美国某医科大学参加舞会时，同中国留美学生某乙因为争夺舞伴发生口角，某甲心存不满，欲伺机报复。11月20日，两人又在舞场相遇，某甲拿出事先准备好的尖刀，冲向某乙，向其腹部猛刺一刀，某乙当即昏倒在地。某乙立即被送往医院，经查发现其肝部被刺掉一块（重约55克），因伤势过重，抢救无效，于次日晚死去。

分析：我国《刑法》第8条规定：“外国人在中华人民共和国领域外对中华人民共和国国家或者公民犯罪，而按本法规定的最低刑为三年以上有期徒刑的，可以适用本法，但是按照犯罪地的法律不受处罚的除外。”虽然，要实际行使这种管辖权还可能会有困难，因为犯罪人是外国人，犯罪的地点又是在国外，如果该犯罪人没有被引渡到我国，或者没有在我国境内被抓获，我国就无法对其进行刑事追究。但是在法律上作出这样的规定，又是必要的。这不仅表明了我国的立场，有利于维护国家的主权，保护我国公民的利益，而且为在必要的情况下，如对于外国人对我国公民犯罪又进入我国境内的，依照刑法追究罪犯的刑事责任提供了法律上的依据。假如刑法对此不加以规定，就等于放弃了自己的管辖权，那么犯罪的外国人就可以肆无忌惮地对我国国家或者公民的利益进行侵害。因此，作出这样的规定，对于保护我国国家利益，保护我国驻外工作人员、考察访问人员、留学生、侨民的利益是完全必要的。本案中，某甲的犯罪行为虽然发生在国外，但按我国刑法的此条规定，仍可适用我国刑法。

（三）刑法的时间效力

刑法的时间效力，是指刑法的生效时间、失效时间以及是否具有溯及既往的效力。

1. 刑法的生效时间和失效时间

刑法的生效时间一般有两种：一是从公布之日起生效；二是公布之后经过法律规定一段时间再生效。我国现行刑法于 1997 年 3 月 14 日经第八届全国人大五次会议修订，自 1997 年 10 月 1 日起施行。

刑法的失效时间也有两种：一是因国家立法机关明确宣布而失效；二是自然失效，即由于新法实施后代替了同类内容的旧法，或者由于原来特殊的立法条件已经消失，旧法自行失效。

2. 刑法的溯及力

刑法的溯及力，是指新的刑法生效后，对其生效前未经审判或者判决尚未确定的行为是否适用。如果适用，则有溯及力；如果不适用，则无溯及力。

对于溯及力的问题，我国刑法采取“从旧兼从轻”的原则。具体来说，对新刑法颁布施行以前的行为，原则上适用旧法，新刑法没有溯及力；但是如果新刑法对该行为不认为是犯罪或者处罚较轻的，则适用新刑法，新刑法此时就有溯及力。可见，刑法只允许有利于行为人的溯及既往。

【案例分析】

被告人邵某 1993 年 1 月至 5 月间，伙同国际列车抢劫系列案四大团伙中的主犯朱某、苗某等人，在莫斯科市使用暴力、胁迫手段劫取中国公民的财物，邵某共参与抢劫十次，抢劫总价值二万一千八百余美元，七千六百余元人民币，五十余万卢布及金戒指、金项链、手表等物品。邵某犯案后一直在逃，直至 2011 年 8 月被北京铁路公安在广西南宁市抓获。法院经审理认为，被告人邵某多次伙同他人在俄罗斯莫斯科市以暴力、胁迫的方法劫取中国公民的财物，其行为已构成抢劫罪，且情节严重，依法应予惩处。邵某认罪态度较好，且到案后能够主动进行退赔，法院对其从轻处罚。依据《中华人民共和国刑法》第 12 条，1979 年《中华人民共和国刑法》第 150 条第 2 款、第 5 条、第 22 条第 1 款、第 51 条第 1 款、第 52 条、第 55 条、第 57 条、第 60 条，判决：被告人邵某犯抢劫罪，判处有期徒刑十五年，剥夺政治权利三年，并处没收个人财产人民币八万八千四百八十元；被告人邵某退赔的在案赃款发还被害人，不足部分继续追缴。

分析：1979 年《刑法》第 150 条：以暴力、胁迫或者其他方法抢劫公私财物的，处 3 年以上 10 年以下有期徒刑。犯前款罪，情节严重的或者致人重伤、死亡的，处 10 年以上有期徒刑、无期徒刑或者死刑，可以并处没收财产。1997 年《刑法》第 263 条：以暴力、胁迫或者其他方法抢劫公私财物的，处 3 年以上 10 年以下有期徒刑，并处罚金；具有多次抢劫等情形之一的，处 10 年以上有期徒刑、无期徒刑或者死刑，并处罚金或者没收财产。

很明显，旧刑法对情节严重的抢劫罪规定可以适用附加刑也可以不适用，而新刑法则要求应当适用附加刑，所以旧刑法的量刑比新刑法轻，根据从旧兼从轻的原则，应该适用 1979 年刑法。

第二节 犯　罪

一、犯罪与犯罪构成

（一）犯罪的概念与特征

我国《刑法》第 13 条规定："一切危害国家主权、领土完整和安全，分裂国家、颠覆人民民主专政的政权和推翻社会主义制度，破坏社会秩序和经济秩序，侵犯国有财产或者劳动群众集体所有的财产，侵犯公民私人所有的财产，侵犯公民的人身权利、民主权利和其他权利，以及其他危害社会的行为，依照法律应当受刑罚处罚的，都是犯罪，但是情节显著轻微危害不大的，不认为是犯罪。"该条规定，是对我国犯罪概念进行的科学概括。简单地说，犯罪是具有社会危害性、刑事违法性与应受刑罚处罚性的行为。据此，犯罪具有三个特征：

1. 犯罪是危害社会的行为，即具有一定的社会危害性

所谓社会危害性，是指行为对刑法所保护的社会关系的侵犯，即《刑法》第 13 条所列举的对国家利益、公共利益、集体利益以及公民合法权益的侵犯。具有一定的社会危害性是犯罪的首要特征，也是犯罪的最本质的特征。一个行为是否构成犯罪，首先取决于它是否具有社会危害性。

2. 犯罪是触犯刑律的行为，即具有刑事违法性

刑事违法性表现为两种情况：一是直接违反刑法规范；二是违反其他法律规范但因情节严重进而违反了刑法规范，单纯违反其他法律而没有违反刑法的行为，不具有刑事违法性。社会危害性是刑事违法性的前提或基础，刑事违法性是社会危害性的法律表现。因此，刑事违法性是区别危害社会的犯罪行为和危害社会的其他违法行为或不道德行为的法律标准。我国《刑法》第 3 条规定："法律明文规定为犯罪行为的，依照法律定罪处刑；法律没有明文规定为犯罪行为的，不得定罪处刑。"

3. 犯罪是受刑罚处罚的行为，即具有应受刑罚处罚性

犯罪是适用刑罚的前提，刑罚是犯罪的法律后果。如果某种行为只须承担民事责任、行政责任等法律后果的，属于一般违法，不构成犯罪。只有当该行为应当受到刑罚处罚时，才能构成犯罪。换言之，即使刑法明文禁止某种行为，但只要刑法没有对其规定刑罚（法定刑）后果，该行为就不是犯罪。此外，从犯罪行为的一般性质而言，构成犯罪的行为通常会受到刑罚处罚。

（二）犯罪构成及其要件

犯罪构成是刑法规定的，决定某一行为的社会危害性及其程度，而为该行为成立犯罪所必须具备的一切客观要件与主观要件的有机整体。犯罪构成要件是犯罪构成的组成要素，即要件的总和形成犯罪构成。一般来说，犯罪的构成要件有四个方面，即犯罪客体、犯罪客观要件、犯罪主体与犯罪主观要件。

1. 犯罪客体

犯罪客体是刑法所保护而为犯罪行为所侵犯的社会主义社会关系。首先，犯罪客体表现为社会关系，即人们在生产和共同生活活动过程中所形成的人与人之间的相互关系。其次，犯罪客体必须是刑法所保护的社会关系。最后，犯罪客体必须是犯罪行为所侵犯的社会关系。所谓“侵犯”，包括两种情况：一是对刑法所保护的社会关系造成了实际侵害事实；二是对刑法所保护的社会关系造成了威胁，或者说有侵害的危险。某种行为如果没有或者不可能侵犯任何一种刑法所保护的社会关系，就不可能构成犯罪。

根据社会关系的范围的不同，犯罪客体通常可以分为一般客体、同类客体与直接客体。

（1）一般客体，是指一切犯罪所共同侵犯的社会主义社会关系整体。一般客体反映着犯罪行为的共同本质，说明任何行为都侵犯了刑法所保护的社会关系。

（2）同类客体，是指某一类犯罪所共同侵犯的某一类社会关系。我国刑法分则根据犯罪的同类客体，将犯罪分为十大类，并规定了不同的刑罚责任。正确认识犯罪的同类客体，有利于对犯罪进行合理分类，有利于正确区分此罪与彼罪。

（3）直接客体，是指具体犯罪所直接侵犯的具体的社会主义社会关系。任何犯罪行为，必然直接侵犯具体的社会关系，否则不可能构成犯罪。犯罪行为对一般客体与同类客体的侵犯是通过对直接客体的侵犯来实现的，而对直接客体的侵犯也一定意味着对一般客体与特定的同类客体的侵犯。

犯罪客体与犯罪对象的关系较为密切。后者是犯罪行为所作用的、社会主义社会关系的主体或者物质表现。犯罪对象反映犯罪客体，犯罪客体制约犯罪对象。但二者存在明显区别：① 犯罪对象所呈现的是事物的外部特征，它一般不能决定犯罪的性质；而犯罪客体所表现的是行为的内在本质，因而决定犯罪的性质。② 特定的犯罪对象只是某些犯罪的构成要件；而犯罪客体是一切犯罪的共同构成要件。③ 犯罪对象并非在任何犯罪中都受到侵害；而犯罪客体在一切犯罪中都受到了侵害或者威胁。④ 犯罪对象不是犯罪分类的根据，因为犯罪对象相同并不意味着犯罪性质相同；而犯罪客体则是犯罪分类的根据，因为犯罪客体要件相同意味着犯罪性质相同。

2. 犯罪客观要件

犯罪客观要件，是指犯罪活动的外在表现，包括危害行为、危害结果、危害行为与危害结果之间的因果关系以及犯罪的时间、地点和方法等。

（1）危害行为。危害行为，是犯罪客观要件的核心条件，是一切犯罪都不会缺少的。没有危害行为而仅有纯粹的思想活动，不可能构成犯罪。危害行为有作为和不作为两种主要表现形式。

作为，是指行为人积极实施刑法所禁止的危害社会的行为。刑法中，绝大多数犯罪由作为构成。不作为，是指行为人有义务实施并且能够实施某种积极行为而没有实施的消极行为。不作为犯罪在客观方面必须具备三个条件：行为人有实施某种积极行为的义务；行为人有履行该义务的实际可能而未履行；行为人不履行义务的行为侵犯了刑法所保护的客体，造成或可能造成危害社会的结果。

（2）危害结果。危害结果，是指犯罪行为对犯罪客体造成的具体损害。它是绝大多数犯罪的构成要件，但并不是一切犯罪所必须具备的构成要件。在一般情况下，危害结果是否发生是区分犯罪既遂与未遂的标准，但某些犯罪并不要求发生实际的危害结果，只要行为人实施了刑法分则所禁止的行为就构成了犯罪，如诬陷罪和伪证罪。

（3）危害行为与危害结果之间的因果关系。按照刑法规定，只有当危害结果与危害行为之间有因果关系，行为人才承担造成这种危害结果的刑事责任。这里的因果关系，是一种内在的必然联系，而不是偶然联系。值得注意的是，当某一危害结果在客观上确实由某一危害行为所造成，即危害行为与危害结果之间存在因果关系，但行为人主观上既无故意也无过失的，仍不构成犯罪，不负刑事责任。

（4）犯罪的时间、地点和方法。任何犯罪都存在一定的时间、地点和方法，但绝大多数犯罪并不把它们作为构成要件。然而对于某些犯罪来说，法律规定必须在特定时间、特定地点，以特定的方式才能构成，如破坏交通设施罪和抢劫罪。

3. 犯罪主体

犯罪主体是指刑法规定的实施犯罪行为并且应当承担刑事责任的自然人与单位。

自然人犯罪主体的一般要件包括刑事责任年龄、刑事责任能力，某些犯罪还要求行为人须具有特定的身份或职务。（1）刑事责任年龄，是指刑法所规定的，行为人实施刑法所禁止的犯罪行为所必须达到的年龄。我国《刑法》第17条规定，不满14周岁的，不负刑事责任；已满14周岁不满16周岁的，只对故意杀人、故意伤害致人重伤或死亡、强奸、抢劫、贩卖毒品、放火、爆炸、投毒罪，负刑事责任；已满16周岁的，对自己实施的刑法所禁止的任何行为，负刑事责任。（2）刑事责任能力，是指行为人能够认识自己行为的性质、结果与意义，并有意识地选择和控制自己行为的能力。具备刑事责任能力是行为人承担刑事责任的基础条件之一，我国刑法规定，年满16周岁、能辨认自己行为意义的，是完全责任能力人；不能完全辨认和控制自己行为的，是限制责任能力人；不能辨认自己行为的，是无责任能力人。（3）特殊身份，是指行为人在身份上的特殊资格，以及其他与一定的犯罪行为有关的、行为人在社会关系上的特殊地位或者状态，如报复陷害罪的主体必须是国家工作人员。

单位作为犯罪主体，具有以下特征：（1）以单位的名义，即单位本身犯罪而不是单位的各个成员的犯罪之和；（2）单位意志，即由单位的决策机构按决策程序决定、直接责任人员实施，并且与其经营、管理活动具有密切的关系；（3）为了单位的利益，即出于为本单位谋取非法利益。

4. 犯罪主观要件

犯罪主观要件是指刑法规定成立犯罪必须具备的、犯罪主体对其实施的危害行为及其危害结果所持的心理态度。犯罪心理态度的基本内容是故意与过失（合称为罪过），此外还有犯罪目的与动机、不可抗力和意外事件等。

（1）犯罪故意，是指明知自己的行为会发生危害社会的结果，并希望或者放任这种结果发生的心理态度。犯罪故意由两个因素构成：一是认识因素，即明知自己的行为会发生危害社会的结果；二是意志因素，即希望或者放任这种结果发生。

犯罪故意是认识因素与意志因素的有机统一。根据刑法的规定，故意可以分为直接故意与间接故意：① 直接故意是指明知自己的行为必然或可能发生危害社会的结果，并且希望这种结果发生的心理态度；② 间接故意是指明知自己的行为可能会发生危害社会的结果，并且放任这种结果发生的心理态度。

（2）犯罪过失，是指应当预见自己的行为可能发生危害社会的结果，因为疏忽大意而没有预见或者已经预见而轻信能够避免的心理状态。根据刑法的规定，过失可以分为疏忽大意的过失与过于自信的过失：① 疏忽大意的过失是指应当预见自己的行为可能发生危害社会的结果，因为疏忽大意而没有预见，以致发生这种结果的心理状态；② 过于自信的过失是指已经预见自己的行为可能发生危害社会的结果，但轻信能够避免而没有避免，以致发生这种结果的心理状态。

（3）犯罪的目的和动机。犯罪目的，是犯罪人希望通过实施某种犯罪行为而达到某种危害结果的心理状态。对于多数犯罪来说，犯罪目的并不是必备要件，但在某些犯罪中，它是区分罪与非罪的标准，如赌博罪必须“以营利为目的”，否则不构成该罪。犯罪动机，是指使犯罪人实施犯罪行为，以达到某种犯罪目的的内心起因或思想活动。对于绝大多数犯罪来说，犯罪动机并不是必备要件，一般不会影响定罪。

（4）不可抗力和意外事件。《刑法》第 16 条规定：“行为人在客观上虽然造成了损害结果，但不是出于故意或者过失，而是由于不能抗拒或者不能预见的原因所引起的，不是犯罪。”所谓“不能抗拒”，是指行为人虽然认识到自己的行为会发生损害结果，但由于当时主客观条件的限制，而无力防止损害结果的发生。所谓“不能预见”，是指行为人对自己的行为造成的危害，不具备能够预见或者应当预见的条件。不可抗力和意外事件，统称无罪过事件，因行为人没有主观上的罪过，所以不负刑事责任。

（三）正当防卫与紧急避险

排除犯罪的事由，是指行为虽然在客观上造成了一定的损害结果，表面上符合某些犯罪的客观要件，但实际上不具有社会危害性、不符合犯罪构成条件，依法不成立犯罪的事由。刑法明文规定了正当防卫与紧急避险两种排除犯罪的事由。

1. 正当防卫

正当防卫是指为了保护国家、公共利益、本人或者他人的人身、财产和其他合法权利免受正在进行的不法侵害，而采取制止不法侵害的行为。正当防卫行为不负刑事责任。

正当防卫必须具备下列条件：

（1）存在现实的不法侵害。现实的不法侵害是正当防卫的起因条件。“假想防卫”和“反击”不是正当防卫，应按意外事件、过失犯罪或故意犯罪处理。

（2）不法侵害正在进行。当不法侵害正在进行时，才使合法权益处于紧迫的被侵害或者威胁之中，才使防卫行为成为保护合法权益的必要手段。“事前加害或事前防卫”和“事后加害或事后防卫”，都是“防卫不适时”，构成犯罪的，应依法追究刑事责任。

（3）正当防卫正是防卫行为与防卫意识的统一。防卫意识包括防卫认识与防卫意志，即防卫人认识到不法侵害正在进行而且是出于保护国家、公共利益，个人或者他人的人身、财产和其他权利免受侵害的目的。防卫挑拨、假想防卫都不属于正当防卫。

（4）针对不法侵害人本人进行防卫。防卫的对象必须是不法侵害人，使他不再继续实施不法侵害行为。

（5）没有明显超过必要限度造成重大损害。“必要限度”，应以制止不法侵害、保护合法权益所必需为标准。至于是否“必要”，则应通过全面分析案情来判断，一方面要分析双方的手段、强度、人员多少与强弱、在现场所处的客观环境与形势；另一方面，还要权衡防卫行为所保护的合法权益性质与防卫行为所造成的损害后果之间不能悬殊过大。正当防卫明显超过必要限度造成重大损害的，是防卫过当。但是，对正在进行行凶、杀人、抢劫、强奸、绑架以及其他严重危及人身安全的暴力犯罪，采取防卫行为，造成不法侵害人伤亡的，不属于防卫过当，不负刑事责任。

【案例分析】

李某，男。某晚，李某见两男子正侮辱他的女友，即上前制止。其中一男殴打李某，李某被迫还手。此时，便衣警察黄某路过，见状抓住李的肩膀，但黄未表明其身份。李某误以为黄某是对方的帮手，便拔刀刺伤黄某后逃跑。

问：李某行为如何认定？

分析：李某的行为应以故意伤害罪论处。李某一开始被迫与攻击他的男子打斗的行为，符合正当防卫的构成要件，可以认定为正当防卫。李某打击警察黄某的行为是假想防卫。所谓假想防卫是指，事实上不存在不法侵害，行为人误认为存在不法侵害而对臆想中的侵害者进行防卫。对于假想防卫应根据主观上有无过失而予以不同的处理。本案中，李某误以为黄某是对方的帮手，因而采取了侵害行为。实际上，这种侵害是不存在的。这种情况下要判断李某是否有过失和故意，根据案情可以看到，黄某只是抓住了李的肩膀，是一种正常的制止举动，而李拔刀伤人就显然是故意伤害了。

李某伤害黄某的行为是故意的，但李某无法认识到黄某的警察身份，主观上也没有妨害执行公务的故意，因而不能认定为妨害公务罪，只能认定为故意伤害罪。

2. 紧急避险

紧急避险，是指为了使国家、公共利益、本人或者他人的人身、财产和其他权利免受正在发生的危险，不得已给另一较小合法权益造成损害的行为。紧急避险不负刑事责任。

紧急避险必须符合以下条件：

（1）合法权益面临现实危险。紧急避险首先要求合法权益处于客观存在的危险的威胁之中，即合法权益处于可能遭受具体损害的危险之中，但不包括职务上、业务上负有特定责任的人所面临的对本人的危险。此外，“假想避险”不属于紧急避险，应当按意外事件或过失犯罪处理。

（2）危险正在发生。危险正在发生，是指危险已经发生或者迫在眉睫并且尚未消除，其实质是合法权益正处于受威胁之中。在危险尚未发生或者已经消除的情况下实行避险的，属于避险不适时，构成犯罪的，应依法追究刑事责任。

（3）出于不得已而损害另一合法权益。必须出于不得已，是指在合法权益面临正在发生的危险时，没有其他合理方法可以排除危险。

（4）具有避险意识。避险意识由避险认识与避险意志构成。避险认识，是指行为人认识到国家、公共利益、本人或者他人的人身、财产和其他权利面临正在发生的危险，认识到只有损害另一较小合法权益才能保护较大的合法权益，认识到自己的避险行为是保护合法权益的正当合法行为。避险意志，是指行为人出于保护国家、公共利益、本人或者他人的人身、财产和其他权利免受正在发生危险的目的。

（5）没有超过必要限度造成不应有的损害。紧急避险的必要限度，是指紧急避险行为所引起的损害小于所避免的损害。避险行为超过必要限度造成不应有的损害的，成立避险过当，应当酌情减轻或者免除处罚。

二、故意犯罪形态

（一）故意犯罪形态

故意犯罪形态是指故意犯罪在其发展过程中，由于某种原因出现结局所呈现的状态，包括犯罪预备、犯罪未遂、犯罪中止与犯罪既遂四种形态。

1. 犯罪预备

犯罪预备是指为了犯罪，准备工具，制造条件，但出于行为人意志以外的原因而未能着手实行犯罪的情形。犯罪预备具有以下特征：（1）行为人主观上为了犯罪，有犯罪的故意；（2）客观上实施了犯罪预备行为；（3）事实上未能着手实行犯罪；（4）未能着手实行犯罪是由于行为人意志以外的原因。

刑法规定，对于预备犯，可以比照既遂犯从轻、减轻或者免除处罚。

2. 犯罪未遂

犯罪未遂是已经着手实行犯罪，但由于犯罪分子意志以外的原因而未得逞的形态。

犯罪未遂必须具备以下特征：（1）已经着手实行犯罪。着手是实行行为的开始。着手标志着犯罪行为进入了实行阶段，行为人所实施的是实行行为，或者说着手本身就是实行行为的一部分。着手是未遂的起点，也是犯罪未遂与犯罪预备相区别的标志。（2）犯罪未得逞。犯罪未得逞是指犯罪行为没有具备具体犯罪构成的全部要件。（3）犯罪未得逞是由于犯罪分子意志以外的原因。犯罪分子意志以外的原因，是指始终违背犯罪分子意志的，客观上使犯罪不可能既遂，或者使犯罪人认为不可能既遂因而被迫停止犯罪的原因。

刑法规定，对于未遂犯，可以比照既遂犯从轻或者减轻处罚。

3. 犯罪中止

犯罪中止是在犯罪过程中，犯罪分子自动放弃犯罪或者自动有效地防止犯罪结果发生的情形。犯罪中止有两种情况：

（1）自动放弃的犯罪中止，要求行为人必须在犯罪过程中放弃犯罪；必须是自动放弃犯罪；必须彻底放弃正在进行的犯罪。

（2）自动有效地防止犯罪结果发生的犯罪中止，除具备自动放弃的犯罪中止的特征外，还要具备有效性的特征，即行为人必须采取积极的行为并有效防止了犯罪结果的发生。

刑法规定，对于中止犯，没有造成损害的，应当免除处罚，造成损害的，应当减轻处罚。

【案例分析】

宋某于2005年3月5日得知其恋爱对象刘某在其外出期间多次住在宫某家，并与宫某发生两性关系，遂对宫某怀恨在心。同年3月9日，宋某将宫某带至其家中殴打，致使宫某左背部、左膝关节上方、左小腿等多处损伤（系轻微伤），并逼宫某写下6万元欠条和坦白条一张，要求宫某每两天送一次钱，1个月内付清。不久，宋某将此事告诉了潘某，潘某曾因敲诈勒索被判过刑，潘某听后对宋某说这是敲诈勒索，要被判刑的，劝说宋某别再去要钱。宋某听后，心里非常害怕，表示不再去要钱了。到3月16日案发止，宋某既未向宫某催要此款，也未从宫某手中取得一分钱。

分析：法院在审理中，对被告人宋某以非法占有为目的，对他人以暴力相威胁强索财物的行为构成敲诈勒索罪没有争议，争议的焦点是对宋某犯罪形态属于未遂还是属于中止的认定上。本案中宋某实施敲诈行为未能索要到钱财，显然属于犯罪未完成的一种停止形态，但究竟是未遂还是中止则要看宋某未完成犯罪的原因。宋某在实施敲诈过程中，由于潘某告知其行为的性质及法律后果后，因害怕受到法律制裁而在有条件继续实施敲诈行为的情况下彻底放弃了犯罪。即在潘某劝说的作用下，宋某主观意志上产生了放弃犯罪的念头，并在其支配下作出了放弃犯罪的行动（不再索要钱财）。宋某未完成犯罪是由于自己意志支配的结果，而非宋某意志以外的原因作用的结果，所以本案宋某的犯罪行为形态系中止而非未遂。

4. 犯罪既遂

犯罪既遂，是指行为人所故意实施的行为已经具备了某种犯罪构成的全部要件的情形。确认犯罪是否既遂，应以行为人所实施的行为是否具备了刑法分则所规定的某一犯罪的全部构成要件为标准，完全具备的为既遂，未能完全具备的为未遂。

犯罪既遂具备鲜明的特征：主观上，行为人特定的犯罪意图已经借助犯罪行为的实施全部展开或得到实现；客观上，行为人的犯罪行为已经在主观犯罪意图和意志的支配下达到法定的终点。由于各种犯罪构成条件是不相同的，所以犯罪既遂的标准也有所不同。

犯罪既遂形态的类型通常主要表现为以下几种情况：（1）结果犯的既遂。这是指以法定的犯罪结果发生作为既遂的标准，或者说以发生法定的犯罪结果为既遂的必要条件。所谓“法定”，是指刑法分则对某种犯罪所规定的特定的危害结果。危害结果一般是指物质性的有形的危害结果。比如故意杀人罪，以被害人生命被非法剥夺为既遂的标准。刑法上多数既遂属于这种情况。（2）行为犯的既遂。这是指以完成法定犯罪行为作为既遂的标准，即只要行为人实施了刑法分则对某种犯罪规定的全部行为，无论是否发生行为人希望的危害结果，均为既遂，如诬告陷害罪。（3）危险犯的既遂。这是指以造成法定危险状态作为既遂标准的情况，或者说，以危害行为足以造成严重危害后果的客观危险状态为犯罪既遂的必要条件。至于实际危害结果是否发生，不影响既遂的成立，如破坏交通工具罪。

（二）共同犯罪

所谓共同犯罪是指二人以上共同故意犯罪。共同犯罪的成立必须具备三个条件：

1. 必须二人以上

共同犯罪的主体必须是“二人以上”，即二人共同故意犯罪时可成立共同犯罪。但这里的二人以上不是泛指一切人，而是必须符合犯罪主体要件的人。就自然人而言，必须是达到刑事责任年龄、具备刑事责任能力的人。由于刑法规定单位可以成为某些犯罪的主体，故二个以上的单位以及单位与自然人共同实施的犯罪，也可构成共同犯罪。此外，我国刑法还明确规定了犯罪集团这一特殊的共同犯罪主体。犯罪集团是指三人以上为共同实施犯罪而组成的较为固定的犯罪组织。

2. 必须有共同故意

共同犯罪必须是“共同故意”犯罪。“共同”不仅只有“相同”的含义，而且具有“合意”的含义。“共同故意”包括两个内容：一是各共犯人均有相同的犯罪故意。二是各共犯人之间具有意思联络。二人以上共同过失犯罪、无意思联络的同时犯罪等都不是共同犯罪。

3. 必须有共同行为

共同犯罪必须有共同的犯罪行为。所谓“共同行为”，不仅指各共犯人都实施了属于同一犯罪构成的行为，而且指各共犯人的行为在共同故意支配下相互配合、相互协调、相互补充，形成一个整体。共同犯罪的成立条件是“共同”犯罪这一特殊的犯罪形式的成立必须具备的条件，它揭示共同犯罪与单独犯罪的区别。但是，共同犯罪仅仅是一种特殊的犯罪形式，至于共同犯罪构成什么犯罪则取决于二人以上的共同故意犯罪行为符合何种具体的犯罪构成。一般来说，在共同犯罪人中，对组织、领导犯罪集团的或者在共同犯罪中起主要作用的首要分子或主犯，按照集团所犯的全部罪行或其所参与的或者组织、指挥的全部犯罪处罚；对在共同犯罪中起次要或者辅助作用的从犯、被胁迫参加犯罪的胁从犯、以及以授意、怂恿、劝说、利诱或者其他方法故意唆使他人犯罪的教唆犯，则应当按照其犯罪情节适当定罪处罚或免除处罚。

【案例分析】

某晚，甲乙共谋要教训丙一顿，在实行故意伤害行为过程中，遭到了丙的反抗，乙被丙砸了一砖头。乙十分恼怒，拔出刀子向丙的要害部位捅了两刀，致丙死亡，此时乙成立故意杀人罪。与乙一同教训丙的甲始料未及，待其发现时已经晚了。本案中，乙在与甲共同实施伤害行为的过程中，超出了共同故意的范围，实施了杀人行为，此为过限行为，甲不承担杀人的责任，由乙单独承担责任。故甲乙只在故意伤害范围成立共同犯罪。则甲成立故意伤害罪，乙的杀人行为吸收伤害行为，成立故意杀人罪。

第三节　刑　　罚

一、刑罚概述

（一）刑罚的概念

刑罚是刑法规定的、由国家审判机关依法对犯罪人所适用的限制或剥夺其一定权益的最严厉的强制性法律制裁方法。

（二）刑罚的特征

1. 刑罚的适用对象只能是犯罪分子

刑罚只能适用于实施犯罪的人。未触犯刑律的自然人和单位，不能成为刑罚适用的对象。

2. 刑罚是最严厉的制裁方法

刑罚不仅可以剥夺犯罪人的财产，而且还可以剥夺犯罪人的政治权利、人身自由乃至生命，其严厉程度是其他制裁方法所没有的。

3. 刑罚只能由人民法院代表国家依法适用

有权适用刑罚的只有人民法院，其他任何国家机关、社会团体和个人都没有这个权利。人民法院对犯罪分子适用刑罚必须以刑法为依据，严格按照刑事诉讼程序进行。

4. 刑罚必须由最高国家立法机关在刑法中规定

在我国，只有作为国家最高立法机关的全国人大及其常委会才有制定刑事法律的权力，而刑罚的种类和适用标准都是刑法明文规定的。

（三）刑罚与其他法律制裁的区别

1. 严厉程度不同

刑罚是一种最严厉的法律制裁，它不仅可以剥夺犯罪人的财产权与政治权，还可以限制或者有期、无期地剥夺犯罪人的人身自由，甚至可以剥夺犯罪人的生命。而其他法律措施绝对排除对生命的剥夺，一般也不涉及违法人的人身自由，即使是剥夺人身自由（如行政拘留），时间也极为短暂。

2. 适用对象不同

刑罚只适用于触犯刑法构成犯罪的人，对其他违法者不得适用刑罚。而其他法律制裁主要适用于仅有一般违法行为但没有构成犯罪的人，同时在一定条件下也可以适用于犯罪人（在对犯罪人科处刑罚的同时，也可以给予其他法律制裁）。

3. 适用机关不同

刑罚只能由国家刑事审判机关适用，在我国只能由人民法院适用。而民事制裁由国家审判机关中的民事审判部门适用，行政制裁一般由行政执法机关适用，如此等等。

4. 适用根据不同

刑罚只能由人民法院根据刑法与刑事诉讼法予以适用，而其他法律制裁则分别依照民法与民事诉讼法、行政法与行政诉讼法等法律、法规予以适用。

5. 确立机关不同

刑罚只能由国家最高立法机关确立，即只能由全国人民代表大会及其常务委员会规定刑名与刑种，而其他法律制裁可能由其他有关机关确立。例如，行政法规可以设立除限制人身自由以外的行政处罚、地方性法规可以设立除限制人身自由、吊销企业营业执照以外的行政处罚，但行政法规与地方性法规的制定机关无权规定刑罚。

二、刑罚的体系

刑罚体系（或刑罚的体系），是指国家的刑事立法以有利于发挥刑罚的积极功能、实现刑罚目的为指导原则，选择刑种、实行分类并依其轻重程度排成的序列。我国的刑种是在总结了长期以来各种刑事立法规定的刑罚种类及其运用经验的基础上选择确定的。根据刑法的规定，刑罚分为主刑与附加刑，主刑有管制、拘役、有期徒刑、无期徒刑与死刑；附加刑有罚金、剥夺政治权利、没收财产与驱逐出境。主刑与附加刑又是分别按照严厉程度由轻到重进行排列。

（一）主刑

主刑，也称本刑、基本刑、单独刑，是指只能独立适用的主要刑罚方法。主刑只能独立适用，不能附加适用；一个罪只能适用一个主刑，不能同时适用二个以上的主刑。主刑是主要的刑罚方法，不管是从法定刑来说，还是从宣告刑来看，主刑总是多于附加刑。根据《刑法》第33条的规定，主刑包括管制、拘役、有期徒刑、无期徒刑与死刑。

1. 管制

管制是对罪犯不予关押，但限制其一定自由，由公安机关执行和群众监督改造的刑罚方法。管制可谓我国特有的一种刑罚，它适用于罪行较轻的犯罪分子。管制的期限为三个月以上两年以下，数罪并罚最长不能超过三年。管制的刑期，从判决之日起计算，判决之前先行羁押的，羁押一日折抵刑期两日。被判处管制的犯罪分子，在劳动中应当同工同酬。管制期满，执行机关应即向本人和其所在单位或者居住地的群众宣布解除管制。

2. 拘役

拘役是短期剥夺犯罪人自由，就近实行劳动的刑罚方法。拘役的期限为1个月以上6个月以下，数罪并罚时不得超过1年。拘役的刑期从判决执行之日起计算，判决执行以前先行羁押的，羁押1日折抵刑期1日。拘役由公安机关在就近的拘役所、看守所或者其他监管场所执行。在执行期间，受刑人每月可以回家一天至两天；参加劳动的，可以酌量发给报酬。

3. 有期徒刑

有期徒刑是剥夺犯罪人一定期限的自由，实行强制劳动改造的刑罚方法。有期徒刑是我国适用面最广的刑罚方法，是名副其实的主刑。有期徒刑的期限为6个月以上15年以下；数罪并罚时不得超过20年；刑期从判决执行之日起开始计算，判决执行以前先行羁押的，羁押1日折抵刑期1日。有期徒刑的下限与拘役的上限相衔接，也使得有期徒刑与拘役相区别。被判处徒刑的人凡有劳动能力的，都应当参加劳动，接受教育和改造。

4. 无期徒刑

无期徒刑是剥夺犯罪人终身自由，实行强迫劳动改造的刑罚方法。无期徒刑是自由刑中最严厉的刑罚方法，主要特点表现在剥夺犯罪人终身人身自由，但由于法律同时规定了减刑、假释、赦免等制度，事实上被判处无期徒刑的犯罪人很少有终身服刑的。被判处徒刑的犯罪分子，在监狱或者其他执行场所执行；凡具有劳动能力的，应当参加劳动，接受教育和改造。无期徒刑不可能孤立适用，即对于被判处无期徒刑的犯罪分子，应当附加剥夺政治权利终身，而对于被判处管制、拘役、有期徒刑的犯罪分子，不是必须附加剥夺政治权利。

5. 死刑

死刑是剥夺犯罪人生命的刑罚方法，包括立即执行与缓期两年执行两种情况。由于死刑的内容是剥夺罪犯的生命，故被称为生命刑；由于生命具有最宝贵的、剥夺后不可能恢复的价值，死刑成为刑罚体系中最为严厉的刑罚方法，故被称为极刑。根据刑法的有关规定，在适用死刑时应注意以下几点：

（1）严格遵守罪刑法定原则。《刑法》第48条明文规定“死刑只适用于罪行极其严重的犯罪分子”，对刑法分则中没有明文规定死刑的犯罪，不适用死刑。

（2）法律对适用对象作了限制性规定。《刑法》第49条规定，犯罪的时候不满18周岁的人和审判的时候怀孕的妇女不适用死刑。这里的不适用死刑，既包括不适用死刑立即执行，也包括不适用死刑缓期二年执行。

（3）严格遵守适用死刑的法定程序。根据《刑事诉讼法》规定，死刑案件只能由中级以上人民法院进行一审，即基层人民法院不得判处被告人死刑。根据《刑法》和《刑事诉讼法》相关规定，死刑除依法由最高人民法院判决的以外，都应当报请最高人民法院核准。

（4）不得任意采用死刑执行方法。《刑事诉讼法》第 252 条第 2 款规定，死刑采用枪决或者注射等方法执行。

（二）附加刑

附加刑，又叫从刑，是指补充主刑适用的刑罚方法。附加刑既可以附加主刑适用，也可以独立适用。《刑法》第 34 条规定了罚金、剥夺政治权利与没收财产三种附加刑，第 35 条规定了适用于犯罪的外国人的驱逐出境附加刑。

1. 罚金

罚金是人民法院判处犯罪分子向国家缴纳一定数额金钱的刑罚方法。罚金属于财产刑的一种。《刑法》第 52 条规定，判处罚金，应当根据犯罪情节决定罚金数额。一般来讲，罚金的适用对象主要是破坏社会主义市场秩序罪、侵犯财产罪、妨害社会管理秩序罪、贪污贿赂罪。罚金的方式有四种情况：（1）选处罚金；（2）单处罚金；（3）并处罚金；（4）并处或者单处罚金。

2. 剥夺政治权利

剥夺政治权利是指剥夺犯罪人参加管理国家和政治活动的权利的刑罚方法。根据《刑法》第 54 条的规定，剥夺政治权利是剥夺下列权利：一是选举权和被选举权；二是言论、出版、集会、结社、游行、示威自由的权利；三是担任国家机关职务的权利；四是担任国有公司、企业、事业单位和人民团体领导职务的权利。剥夺政治权利不是只剥夺上述权利的一部分，而是同时剥夺上述四项权利。被剥夺政治权利的犯罪人，在执行期间，应当遵守法律、行政法规和国务院公安部门有关监督管理的规定，服从监督，不得行使上述四项权利。

在适用方式上，剥夺政治权利既可以附加适用，也可以独立适用。在实践中，剥夺政治权利也是适用较多的附加刑。剥夺政治权利附加适用于严重犯罪的由刑法总则规定。具体分为两种情况：

（1）应当附加剥夺政治权利。在这种情况下，人民法院没有裁量的余地，必须依法附加剥夺政治权利。根据《刑法》规定，对于危害国家安全的犯罪分子和被判处死刑、无期徒刑的犯罪分子应当附加剥夺政治权利。这是从主刑种类上确定剥夺政治权利的适用对象，所以不管其犯罪的性质与类型。

（2）可以附加剥夺政治权利。在这种情况下，是否附加剥夺政治权利，由人民法院具体裁量。根据《刑法》规定，对于故意杀人、强奸、放火、爆炸、投毒、抢劫等严重破坏社会秩序的犯罪分子，附加剥夺政治权利。除此之外，对诸如故意伤害、盗窃等严重破坏社会秩序的犯罪，犯罪分子主观恶性较深、犯罪情节恶劣、罪行严重的，也可以附加剥夺政治权利。

剥夺政治权利的刑期起算与执行，分为以下几种情况：① 被判处管制附加剥夺政治权利的刑期，与管制的刑期同时起算、同时执行；② 独立适用剥夺政治权利的，按照执行判决的一般原则，从判决执行之日起计算并执行；③ 判处有期徒刑、拘役附加剥夺政治权利的刑期，以及死缓、无期徒刑减为有期徒刑附加剥夺政治权利的刑期，从徒刑、拘役执行完毕之日起或者从假释之日起开始计算；④ 判处死刑、无期徒刑因而剥夺政治权利终身的，从主刑执行之日起开始执行剥夺政治权利。

3. 没收财产

没收财产是将犯罪人所有财产的一部分或者全部强制无偿地收归国有的刑罚方法。《刑法》第 64 条规定："犯罪分子违法所得的一切财物，应当予以追缴或者责令退赔；对被害人的合法财产，应当及时返还；违禁品和供犯罪所用的本人财物，应当予以没收。没收的财物和罚金，一律上缴国库，不得挪用和自行处理。"

没收财产只能适用于刑法分则明文规定可以判处没收财产的那些犯罪。从刑法分则的规定来看，主要适用于危害国家安全罪、破坏社会主义市场经济秩序罪、侵犯财产罪、贪污贿赂罪。但是，没收全部财产的，应当给犯罪分子个人及其抚养的家属保留必要的生活费用，不得没收属于犯罪分子家属所有或者应有的财产。此外，根据《刑法》第 60 条的规定，没收财产以前犯罪人所负的正当债务，即犯罪人在判决生效前所负他人的合法债务，需要以没收的财产偿还的，经债权人请求，应当偿还。

4. 驱逐出境

驱逐出境是强迫犯罪的外国人离开中国国（边）境的刑罚方法。驱逐出境既可以独立适用，也可以附加适用，故符合附加刑的基本特征；但由于驱逐出境仅适用于犯罪的外国人（包括具有外国国籍与无国籍的人），因此是一种特殊的附加刑。作为《刑法》中的附加刑的驱逐出境，与《外国人入境出境管理法》中规定的作为行政处罚、由公安机关决定、适用于违反出入境管理法的外国人的驱逐出境具有本质区别。必须强调的是，在附加判处犯罪的外国人驱逐出境时，必须在所判处的主刑执行完毕以后，再执行驱逐出境。

三、刑罚的裁量

刑罚的裁量即量刑，就是依法对犯罪人裁量刑罚。具体地说，刑罚的裁量是指审判机关在查明犯罪事实、认定犯罪性质的基础上，依法对犯罪人裁量刑罚的审判活动。量刑对应于定罪，是整个审判工作的两个环节之一。我国《刑法》第 61 条规定："对于犯罪分子决定刑罚的时候，应当根据犯罪的事实、犯罪的性质、情节和对于社会的危害程度，依照本法的有关规定判处。"只有正确量刑，才能体现刑法的威严，才能真正使犯罪分子认罪伏法，并使社会上的不稳定分子受到震慑，真正收到预防犯罪的效果，才能得到广大人民群众的拥护。

（一）刑罚的量刑情节

1. 量刑情节的概念

量刑情节，是指在某种行为已经构成犯罪的前提下，人民法院对犯罪人裁量刑罚时应当考虑的，据以决定量刑轻重或者免除刑罚处罚的各种情况。以刑法有无明文规定为标准，量刑情节可以分为法定情节与酌定情节。

法定情节，是刑法明文规定在量刑时应当予以考虑的情节。它可以分为以下两类：

（1）决定是否需要刑罚处罚或者按照哪个具体量刑幅度处罚的情节。这又包括四种情况：第一，情节轻微。一般情况下，这种情节可以免予刑事处罚。第二，情节较轻。它决定不予刑事处罚或者适用《刑法》某一具体条文中数个具体量刑幅度中较轻的一个。第三，情节严重。它决定适用《刑法》某一条文中数个量刑幅度中较重的一个。第四，情节特别严重。它决定适用《刑法》某一条文中数个具体量刑幅度中最重的一个。

（2）决定在某个具体量刑幅度中从严、从宽判处刑罚或者免除刑罚处罚的情节。它包括以下几种情况：第一，从重处罚情节。它是指在法定刑的限度以内判处较重的刑罚的情节。第二，从轻处罚情节。它是指在法定刑的限度以内判处较轻的刑罚的情节。第三，减轻处罚情节。它是指在法定刑以下判处刑罚的情节。第四，免除处罚情节。它是指对犯罪分子作出有罪宣告，同时免除其刑事处罚的情节。

酌定情节，是刑法未作明文规定，根据立法精神与刑事政策，由人民法院从审判经验中总结出来的，在量刑时酌情考虑的情节。

2. 累犯

我国《刑法》第 65 条第 1 款规定了一般累犯，被判处有期徒刑以上刑罚的犯罪分子，刑罚执行完毕或者赦免以后，在五年以内再犯应当判处有期徒刑以上刑罚之罪的，是累犯，应当从重处罚，但是过失犯罪除外。可见，一般累犯的构成要件是：（1）前罪和后罪都必须是故意犯罪；（2）前罪和后罪都必须是被判处有期徒刑以上的刑罚；（3）后罪发生的时间，必须是在前罪执行完毕或者赦免以后的 5 年内。

我国《刑法》第 66 条规定了特殊累犯，危害国家安全的犯罪分子在刑罚执行完毕或者赦免以后，在任何时候再犯危害国家安全罪的，都以累犯论处。据此，特殊累犯的成立条件是：（1）前罪和后罪都必须是危害国家安全的犯罪；（2）必须是在刑罚执行完毕或者赦免以后再犯罪。如果前罪是免予刑罚处罚也不存在赦免问题的，就不成立特殊累犯，因为免予刑罚处罚时，不存在刑罚执行完毕的问题。至于前罪所判处的刑罚种类，后罪应当判处何种刑罚，以及前罪与后罪的相隔时间，都不影响特殊累犯的成立。

3. 自首

我国《刑法》第 67 条第 1 款规定：“犯罪以后自动投案，如实供述自己的罪行的，是自首。对于自首的犯罪分子，可以从轻或者减轻处罚。其中，犯罪较轻的，可以免除处罚。”自首的成立可以分为两种情况：一般自首与特别自首。

一般自首，是指犯罪以后自动投案，如实供述自己的罪行的行为。其成立条件是：（1）犯罪以后自动投案，即犯罪事实或者犯罪嫌疑人未被司法机关发觉，或者虽被发觉但犯罪嫌疑人尚未受到讯问、未被采取强制措施时，直接向公安机关、人民检察院或者人民法院投案。（2）如实供述自己的罪行，即犯罪嫌疑人自动投案后，如实交代自己所犯的全部罪行。

特殊自首，也称准自首，是指被采取强制措施的犯罪嫌疑人、被告人和正在服刑的罪犯，如实供述司法机关尚未掌握的本人其他罪行的行为。其成立的条件是：（1）特殊自身的主体必须是被采取强制措施的犯罪嫌疑人、被告人和正在服役的罪犯；（2）如实供述司法机关尚未掌握的本人其他罪行。根据司法解释，其中的“司法机关还未掌握的本人其他罪行”，是指与司法机关掌握的或者判决确定的罪行属不同种的罪行。

【案例分析】

2009年3月，犯罪嫌疑人晏某因涉嫌盗窃自行车，被当地公安机关拘传后，对被指控的事实供认不讳，还主动交代了其2008年12月的一起入室盗窃案。后经侦查，所盗自行车经鉴定价值为280元，没有达到盗窃案件的立案标准，而其交代的入室盗窃行为，经查证属实，所盗物品金额达到了当地盗窃罪的定罪标准。

问：晏某的行为属于坦白还是特自首？

分析：晏某的行为符合刑法规定的特殊自首情节，应当认定为自首而不是坦白。我国刑法第67条第2款规定："被采取强制措施的犯罪嫌疑人、被告人和正在服刑的罪犯，如实供述司法机关还未掌握的本人的其他罪行的，以自首论"。该条即是特殊自首制度，又称准自首或余罪自首。其构成要件主要包括身份特殊和供述内容特殊两个方面，二者缺一不可。本案中晏某属于被公安机关采取拘传强制措施的犯罪嫌疑人，符合"身份特殊"这一要件；同时，晏某的有罪供述因其前罪达不到立案标准，故供述的后罪应认定为"与司法机关已经掌握的本人的罪行"属异种罪行。因而也符合特殊自首的"供述内容"特殊这一要件，故应认定为自首而非坦白。

4. 立功

根据《刑法》第68条的规定，立功是指犯罪人有揭发他人犯罪行为经查证属实，或者提供重要线索，从而得以侦破其他案件的行为。立功分为一般立功与重大立功。我国《刑法》第68条规定，犯罪人有立功表现的，可以从轻或者减轻处罚；有重大立功表现的，可以减轻或者免除处罚；犯罪后自首又有重大立功表现的，应当减轻或者免除处罚。

一般立功主要表现为：犯罪分子到案后检举、揭发他人犯罪行为，包括共同犯罪案件中的犯罪分子揭发同案犯共同犯罪以外的其他犯罪，经查证属实；提供侦破其他案件的重要线索，经查证属实；阻止他人犯罪活动；协助司法机关抓捕其他犯罪嫌疑人（包括同案犯）；具有其他有利于国家和社会的突出表现。重大立功主要表现为：犯罪分子检举、揭发他人重大犯罪行为，经查证属实；提供侦破其他重大案件的重要线索，经查证属实；阻止他人重大犯罪活动；协助司法机关抓捕其他犯罪重大犯罪嫌疑人（包括同案犯）；对国家和社会有其他重大贡献等表现。所称"重大犯罪"、"重大案件"、"重大犯罪嫌疑人"的标准，一般是指犯罪嫌疑人、被告人可能被判处无期徒刑以上刑罚或者案件在本省、自治区、直辖市或者全国范围内有较大影响等情形。

（二）刑罚的量刑制度

1. 从重、从轻、减轻与免除处罚

根据我国《刑法》第62条的规定，从重与从轻处罚，都"应当在法定刑的限度以内判处刑罚"。因此，从重处罚，是指在法定刑的限度内判处较重的刑罚；从轻处罚，是指在法定刑的限度内判处较轻的刑罚。

根据《刑法》第63条第1款的规定，减轻处罚是在法定刑以下判处刑罚。减轻处罚有两种情况：一是具有法定的减轻处罚情节时予以减轻处罚；二是《刑法》第63条第2款规定的，犯罪分子虽然不具有刑法规定的减轻处罚情节，但是根据案件的特殊情况需要减轻处罚时，经最高人民法院核准，也可以减轻处罚。

免除处罚，也称免除刑罚处罚、免予刑事处罚，是指对行为人作有罪宣告，但对行为人不判处任何刑罚。免除处罚以行为构成犯罪为前提，故对于非犯罪行为，不得适用免除处罚。根据《刑法》第37条的规定，在免予刑事处罚时，可以根据案件的不同情况，予以训诫或者责令具结悔过、赔礼道歉、赔偿损失，或者由主管部门予以行政处罚或者行政处分。

【案例分析】

2009年11月5日23时许，被告人许某酒后称韩某对其辱骂，便进入韩的暂住地，持酒瓶将韩某打伤，致韩左侧眼眶内壁骨折、左侧颧弓骨折、目前左眼视力0.5以上。经法医鉴定为轻伤。被告人许某被告发归案。经法院判决，被告人许某犯故意伤害罪，判处有期徒刑八个月。

问：法院判决适用的是减轻处罚还是从轻处罚？

分析：本案中，被告人许某的行为造成被害人韩某轻伤。按照刑法的规定，故意伤害他人身体致人轻伤的，判处三年以下有期徒刑、管制或者拘役。有期徒刑的最低刑期为6个月，法院的判决在法定刑期内且较为接近最低刑期，故应该属于从轻处罚而不是减轻处罚。

2. 数罪并罚

数罪并罚，是指人民法院对一人犯数罪分别定罪量刑，并根据法定原则与方法，决定应当执行的刑罚。适用数罪并罚时要求数罪发生在法定期间以内，即只有当刑罚执行完毕以前发现犯罪人犯有数罪的，才适用数罪并罚。数罪的发生包括以下具体情况：（1）判决宣告以前一人犯数罪；（2）判决宣告后，刑罚执行完毕以前，发现被判刑的犯罪人在判决宣告以前还有其他罪没有判决的（漏罪）；（3）判决宣告后，刑罚执行完毕以前，被判刑的犯罪人又犯罪的（新罪）；（4）被宣告缓刑或假释的犯罪人在缓刑或假释考验期内又犯罪或发现漏罪的。

数罪并罚的原则主要有吸收原则、并科原则、限制加重原则与混合原则。吸收原则的内容是将数罪分别定罪量刑，然后选择最重的一种刑罚作为执行的刑罚，其余较轻的刑罚被最重的刑罚吸收。并科原则也即相加原则，其内容是将数罪分别定罪量刑后，然后将各罪所处的刑罚相加在一起全部执行。限制加重原则的内容是，以数罪中的最高刑罚为基础，再加重一定的刑罚作为执行的刑罚，或者在数刑的合并刑期以下，依法酌情决定执行的刑罚。我国刑法对数罪并罚采取的是混合原则。《刑法》第69条规定，判决宣告以前一人犯数罪的，除判处死刑和无期徒刑的以外，应当在总和刑期以下、数刑中最高刑期以上，酌情决定执行的刑期，但是管制最高不能超过三年，拘役最高不能超过一年，有期徒刑最高不能超过二十年。如果数罪中有判处附加刑的，附加刑仍须执行。根据这一规定，我国数罪并罚适用中，对于判处死刑和无期徒刑的，采取吸收原则；对于判处有期徒刑、拘役和管制的，采取限制加重原则；数罪中有判处附加刑的，附加刑仍须执行，即对判处附加刑的，采取附加刑与主刑并科的原则。

适用数罪并罚的情况有三种：（1）判决宣告前的数罪并罚。这属于标准情况下或者典型情况下的数罪并罚。对此，直接把对数罪分别判处的刑罚，按照《刑法》第69条的规定合并即可。（2）刑罚执行期间发现“漏罪”的并罚。首先把数罪分别判处的刑罚，直接按照《刑法》第69条的规定合并，然后将罪犯原先一个判决的刑期已经执行过的刑期从合并决定的刑期中扣除，这种情况的数罪并罚称为“先并后减”。(3) 刑罚执行过程中又犯“新罪”的并罚。对于这种情况是将原判决刑罚剩余的刑期与新罪判决的刑期合并，也就是说，将原判决的刑期先减去已经执行的刑期，然后把剩余的刑期与新罪所判的刑期合并。这种情况的数罪并罚称为“先减后并”。如果犯罪人在刑罚执行期间又犯新罪，并且发现其在原判决宣告以前还有漏罪的情况，则先将漏罪与原判决的罪，根据刑法规定的“先并后减”的方法进行并罚；再将新罪的刑罚与前面数罪并罚后的还没有执行完的刑期，根据刑法规定的“先减后并”的方法进行并罚。

【案例分析】

张某某，男，23岁。张某某因犯盗窃罪于1997年5月5日被法院判处有期徒刑5年。在服刑期间，张因病于同年7月11日保外就医。从保外就医的当月起，张某某又继续盗窃作案。在一年之内共盗窃23次，价值人民币45 000元。

问：法院应对张某某如何处罚？

分析：张某某的行为属于在刑罚执行期间又犯新罪的情况。根据我国刑法的规定，对此情况，应当对新犯的罪作出判决，把前罪没有执行的刑罚和后罪所判处的刑罚进行并罚，并决定应当执行的刑罚，即先减后并的方式进行并罚。

3. 缓刑

缓刑，是指对于被判处拘役、3年以下有期徒刑的犯罪人，根据其犯罪情节和悔罪表现，如果暂缓执行刑罚确实不再危害社会的，就规定一定的考验期，暂缓刑罚的执行；在考验期内，如果遵守一定条件，原判刑罚就不再执行的一项制度。简言之，缓刑是有条件地不执行所判决的刑罚。但如果被判处附加刑，附加刑仍须执行。对于累犯，不适用缓刑。缓刑的特点是：既判处一定刑罚，又暂不执行，但在一定期间保留执行的可能性。此外，《刑法》第449条还规定了一种特殊的缓刑制度，即战时缓刑制度。该条规定：“在战时，对被判处三年以下有期徒刑没有现实危险宣告缓刑的犯罪军人，允许其戴罪立功，确有立功表现时，可以撤销原判刑罚，不以犯罪论处。”

缓刑不是一种独立的刑种。从裁量是否执行所判刑罚的意义上说，缓刑是一种量刑制度；从刑罚执行的意义上说，缓刑也是一种刑罚执行制度。所以，我国刑法对缓刑规定了一定的考验期及其内容。《刑法》第73条规定了考验期限：拘役的缓刑考验期限为原判刑期以上1年以下，但是不能少于2个月；有期徒刑的缓刑考验期限为原判刑期以上5年以下，但是不能少于1年。《刑法》第75条规定了考验内容，即被宣告缓刑的犯罪人，应当遵守下列规定：(1) 遵守法律、行政法规，服从监督；(2) 按照考察机关的规定报告自己的活动情况；(3) 遵守考察机关关于会客的规定；(4) 离开所居住的市、县或者迁居，应当报经考察机关批准。

(三) 刑罚的消灭

刑罚消灭，是指由于法定的或事实的原因，致使代表国家的司法机关不能对犯罪人行使具体的刑罚权。刑罚消灭以行为人的行为构成犯罪为前提，因为刑罚消灭以应当适用刑罚或者正在执行刑罚为前提，而应当适用或者正在执行刑罚以行为构成犯罪为前提，故刑罚消灭事实上以行为构成犯罪为前提。在行为不构成犯罪的情况下，不存在刑罚消灭的问题。

刑罚消灭事由，分为在判决确定前使观念的刑罚权消灭的事由与在判决确定后使现实的刑罚权消灭的事由，其中有些事由兼有双重事由的性质。概括起来，刑罚消灭事由有：

（1）超过追诉时效的。根据《刑法》第87条的规定，犯罪经过下列期限不再追诉：一是法定最高刑为不满5年有期徒刑的，经过5年；二是法定最高刑为5年以上不满10年有期徒刑的，经过10年；三是法定最高刑为10年以上有期徒刑的，经过15年；四是法定最高刑为无期徒刑、死刑的，经过20年；如果20年以后认为必须追诉的，须报经最高人民检察院核准。但对公安或司法机关立案侦查或者人民法院已经受理而逃避侦查或者审判的、被害人在追诉期限内提出控告而司法机关应当立案又没有立案的，不受追诉期限的限制。

（2）经特赦令免除刑罚的。特赦，一般是指国家对较为特定的犯罪人免除执行全部或者部分刑罚的制度。特赦的对象是较为特定的犯罪人，特赦的效果只是免除刑罚执行，而不免除有罪宣告，更不是使宣告刑与有罪宣告无效。我国现行《宪法》规定的特赦，由全国人大常委会决定，由国家主席发布特赦令。

（3）告诉才处理的犯罪，没有告诉或者撤回告诉的。所谓告诉才处理的案件，是指由被害人及其法定代理人、近亲属等提出起诉，人民法院才予以受理的案件。告诉才处理的刑事案件具体包括：《刑法》第246条规定的侮辱、诽谤案（严重危害社会秩序和国家利益的除外）；《刑法》第257条第1款规定的暴力干涉婚姻自由案；《刑法》第260条第1款规定的虐待案；《刑法》第270条规定的侵占案。

（4）犯罪嫌疑人、被告人死亡的。

（5）其他法定事由，如被判处罚金的犯罪人由于遭遇不能抗拒的灾祸缴纳确实有困难的，而免除缴纳罚金，此即罚金执行权消灭。

【思考与练习】

一、单选题

1. 犯罪行为达到既遂状态的标准是（　　）。

A. 犯罪分子达到犯罪目的　　B. 犯罪分子完成犯罪行为

C. 犯罪行为导致客观危害结果　　D. 犯罪行为完全符合法定构成要件

2. 犯罪分子具有法律规定的从重处罚的情节的，应当（　　）。

A. 在法定刑以上判处刑罚

B. 在刑法规定的最高刑以上处刑，直至判处死刑

C. 在法定刑的限度以内判处相对较重的刑罚

D. 根据所适用的具体法律，或者罪加一等，或者在刑法规定的最高刑以上处刑，直至判处死刑

3. 对所有危害国家安全罪，都可以（　　）。

A. 判处管制　　B. 判处拘役　　C. 处以罚金　　D. 并处没收财产

4. 我国刑法规定的有期徒刑的期限一般是（　　）。

A. 6个月以上15年以下　　B. 15日以上15年以下

C. 6个月以上20年以下　　D. 15日以上20年以下

5. 甲（十五周岁）的下列哪一行为成立犯罪？（　　）。

A. 春节期间放鞭炮，导致邻居失火，造成十多万元财产损失

B. 骗取他人数额巨大财物，为抗拒抓捕，当场使用暴力将他人打成重伤

C. 受意图骗取保险金的张某指使，将张某的汽车推到悬崖下毁坏

D. 因偷拿苹果遭摊主喝骂，遂掏出水果刀将其刺成轻伤

二、简述题

1. 犯罪的概念是什么？其构成要件有哪些？

2. 什么是正当防卫？正当防卫的构成要件有哪些？

3. 犯罪未遂和犯罪中止的区别是什么？

4. 刑罚的概念是什么？我国刑法规定刑罚的种类有哪些？

三、案例分析题

1. 沈某，男 33 岁，汽车司机。某日下午，某县城镇供销社业务员吴某在外县乡购买农副产品后，要找地方住宿。该乡保管员田某将吴安排在该乡汽车库院内小东屋。田曾对吴说："晚上 ll 点左右，汽车才回来。"吴在小东屋躺了一会儿，因天气太热，便搬到院内睡觉，并用塑料布（长 ll 米左右，宽 1.6 米）蒙头盖脚睡在地上。晚上 11 点左右，天下小雨，院内漆黑，司机沈某驾驶柴油解放车返回，乘车的副司机下车将车库门打开，沈关灭大灯，只开小灯驶进院内。在调头准备倒车时，左前轮将睡在地上的吴某当场轧死。

问：沈某对吴某的死亡是否应负刑事责任？请说明理由。

2. 被告人李某于 1999 年 7 月 2 日，为防止他人在自己饲养的鱼塘内偷鱼，就在鱼塘的四周架设了电网，并写上"偷鱼者防电"字样。夜晚，李某离开鱼棚到家中睡觉。当日夜晚，王某携带偷鱼工具到李某鱼塘内偷鱼，手刚一触到电网，当即倒地身亡。次日晨，李某听说王某触电后，即先到鱼棚内切断电源，而后对王某进行了人工呼吸，但无效果。为掩盖自己的罪责，李某将鱼棚四周的电网全部拆除，而后伪造了王某自己用电偷鱼不慎死亡的现场。

问：（1）被告人李某为防止盗窃私设电网的行为是否属于正当防卫？

（2）如果李某的行为不是正当防卫，那么李某的行为构成何罪？其主观罪过如何认定？

第八章

行 政 法

课前准备

【案例导读】

司机甲酒后驾车，撞伤路人乙，下班交警徐某路过看见，赶紧去调解处理。徐某出示了交警的证件，并且要求甲出示驾驶证，并问甲是否喝酒。甲承认喝了酒，徐某对甲开出处罚单。甲某因为徐某已经下班有由，对处罚不服。

问：在此案中，司机甲与徐某之间的纠纷性质，属于民事纠纷还是行政纠纷？本案中是否存在行政行为，理由是什么？如存在行政行为，谁是行政主体？

分析：（1）属于行政纠纷。本案件中司机甲与交警之间因为交通处罚行为之间发生了纠纷，是行政相对人和行政主体之间因为不服行政管理发生的纠纷，故属于行政纠纷。

（2）存在行政行为。行政行为是行政主体在实施行政管理活动、行使行政职权过程中所作出的具有法律意义的行为。依据人民警察法规定，警察在下班期间，如果遇到违法行为的，应当及时干预制止，打击违法犯罪。办案交警的行为属于执行公务的行政行为。

（3）本案的行政主体是徐某所在的交警部门。公务人员自身不能够成为行政主体，他只是在代表国家行政机关行使行政权。徐某的行为属于公务行为，公务人员实施行政管理活动，必须以行政机关的名义，由所在行政机关承担该行为的法律后果。

【重点难点】

1. 了解行政法的概念与特征
2. 掌握行政法的基本原则
3. 掌握行政法律关系的主体、客体和内容
4. 掌握行政处罚的种类
5. 掌握行政复议的管辖与程序

学习内容

第一节　行政法概述

一、行政法的概念与特征

（一）行政法的概念

行政法是调整因行政主体行使职权而产生的特定社会关系的法律规范的总称。对这一定义，可从以下三个方面进行理解：

第一，行政法是调整行政关系的法。这是从调整对象上揭示行政法的内涵。行政法的调整对象是行政关系。行政关系是指行政权在取得、行使以及接受监督的过程中发生的各种社会关系。

第二，行政法是关于行政的组织与职权、行政的条件与程序，以及对行政予以监督和对其后果予以补救的法。这是从内容上揭示行政法的内涵。行政法的基本内容包括三大部分：第一部分为行政组织法，规定行政的组织、职权、编制及人员的任用和管理。第二部分为行政行为法，规定行政的组织、行使行政职权的条件、方式与程序。行政行为法在理论上可分为行政实体法和行政程序法两类。第三部分为行政监督与救济法，规定对行政进行监督和对行政的后果进行救济，以防止行政职权被违法与不当行使，使公共利益得到维护，使公民、法人及其他组织的合法权益得到保护。

第三，行政法是有关行政的法律规范的总称。这是从表现形式上揭示行政法的内涵。

（二）行政法的特征

1. 行政法在形式上的特征

（1）行政法没有一部统一、完整的法典。行政法涉及的社会生活领域十分广泛，内容纷繁复杂多变，专业性、技术性又较强，因此，制定一部完整、统一的行政法典是十分困难的。当然，我们说行政法没有一部统一的法典，主要是针对行政实体法而言的，行政法在程序上可以制定一部法典。19世纪末以来，世界上许多国家纷纷制定出了行政程序法典。制定统一的行政程序法典已成为行政程序立法发展的总趋势。

（2）行政法由不同效力层次的法律规范组成，且行政法律规范的数量众多，居于各个部门法之首。

2. 行政法在内容上的特征

（1）行政法涉及的内容广泛。由于现代行政涉及国防、外交、经济、文化、教育、卫生、城乡建设等各个领域，因而决定了行政法的调整范围极其广泛，不仅数量多，而且内容覆盖行政活动的各个方面。

（2）行政法具有易变性的特征。由于社会经济处于不断的变动之中，科技文化在不断发展，公共行政所面临的情况错综复杂，为了与社会的发展协调一致，行政主体需要灵敏应对社会发展中出现的新情况和新问题，行政关系就不可能一成不变，因此，作为行政关系调整器的行政法律规范，就需要经常进行废、改、立。当然，需要指出的是，行政法具有易变性的特征，并不意味着行政法可以朝令夕改，稳定性和适应性仍是其基本特征，其易变性只是相对于其他部门法而言的。

（3）行政法的实体性规范与程序性规范通常交织在一起，没有截然分开。这一特征表现在两个方面：一是从整体上看，行政法既包括实体性规范，又包括程序性规范。程序性规范不等于行政诉讼法，除行政诉讼法外，还包括行政程序法。二是从具体的法律规定来看，行政法的实体性规范与程序性规范通常融于一个法律文件中，如我国的《行政处罚法》既规定了行政处罚的实体性规范，也规定了行政处罚的程序性规范。尽管一些国家已制定了统一的行政程序法，但在统一的行政程序法中，也会融入行政实体性规范；且在已有统一行政程序法的情况下，一些以实体内容为主的行政法律文件中，仍需要规定一些特殊的程序规范。这表明，行政实体性规范与程序性规范是难解难分的。

二、行政法的地位与作用

（一）行政法在法律体系中的地位

行政法在法律体系中的地位可以概括为：行政法是一个独立的法律部门，是宪法的重要实施法。

行政法是一个独立的法律部门。行政法之所以成为一个独立的法律部门，是因为它有自己独立的调整对象——行政关系和独特的调整方法——追究行政责任等。它不能被其他部门法所包容，也不依附于其他部门法而存在。

行政法是宪法的重要实施法。宪法是法律体系中最重要、地位最高的法律，它调整国家的根本的社会关系，确定国家的基本制度。但是，宪法在许多方面的规定是抽象和原则的，不可能十分具体，这就需要不同的部门法将之具体化。刑法、民法、行政法等都是宪法的实施法，而其中行政法是实施宪法的最重要的法律部门，与宪法的关系更为密切。宪法所规定的国家基本政治、经济、文化、社会制度和公民的基本权利和义务无一不涉及行政权力的行使与监督问题。没有行政法律规范作具体规定，这些基本制度和权利就无法落实，宪法也难以实施。有的学者提出“行政法是动态的宪法、是小宪法”，就是对行政法与宪法关系的经典概括。

（二）行政法的作用

1. 保障公民权利与自由的实现

在现代社会，公民的权利与自由有了更丰富的内涵。公民的权利不再限于人身权和财产权，还包括经济自治权、环境权、行政参与权、发展权等。行政法正是通过对公民权利的确认及建立相应的行政法律制度来保障公民权利和自由的实现。

2. 合理地设定行政权，保障行政的统一和高效

现代行政活动的内容广泛、复杂、多变。为保障行政管理和行政服务活动的统一、高

效，需要正确设定行政权，合理构筑行政组织及建立公务员管理机制，并确立科学的管理、服务方式，规定完整的行政程序。行政法的基本内容之一就是规定相关制度，因此，在保障行政统一、高效等方面，行政法发挥着重要的作用。

3. 规范和控制行政权，保障公民的合法权益不受侵犯

规范和控制行政权，防止行政权被滥用，也是行政法的重要功能。行政法就其实质而言，可以界定为规范和控制行政权的法。行政法主要从三个方面规范和控制行政权：（1）通过行政组织法控制行政权的权源；（2）通过行政程序法规范行政权行使的方式；（3）通过行政监督、救济法制约行政权的滥用。行政组织法和行政程序法是在事前控制行政权的范围和事中规范行政权行使的方式，以防止越权和滥用权力；行政监督、救济法则是事后对行政权进行制约。控制行政权和保障公民的合法权益是相辅相成的。控制权的机制也是保障公民的合法权益不受侵犯的机制，只不过是从不同的角度认识而已。

4. 促进市场经济的建立与完善

市场经济在本质上是一种权利经济，要求各经济主体的地位平等、意志自由，要求建立平等、自由、开放的竞争秩序。市场经济固然离不开民商法的调整，但同样需要行政法的保障。行政法在此方面的作用表现在：（1）通过确认公民的各种经济权利、建立公平的竞争规则、维护良好的经济秩序来促进市场经济的发展；（2）通过严格设定行政权和规范行政权的运作，来排除政府对市场的违法与不当干预，保障市场机制的正常运行。

5. 保障社会的稳定，促进社会的发展

社会的稳定和发展建立在平等、自由、秩序和责任的基础之上。没有平等、自由，公民的个性就会受到束缚，公民的积极性和创造力就不能得到发挥，也就不会有社会的发展。没有秩序、责任，就会潜伏许多不稳定因素，容易造成公民与政府之间的对抗，也就不会有社会的稳定。行政法旨在营造一个平等、自由、秩序和责任的社会，这无疑有利于社会的稳定与发展。

三、行政法的基本原则

行政法的基本原则，是指贯穿于行政法之中，指导行政法的制定、执行和遵守，规范行政行为实施和行政争议解决的基本准则。行政法的基本原则体现着行政法的精神实质，是行政法的具体原则和规则存在的基础。它反映着行政法的价值目标，是行政法理论中带有根本性的问题。行政法的基本原则是行政法治原则，它包括行政合法性原则、行政合理性原则和社会公益性原则。

（一）行政合法性原则

行政合法性原则是指行政权的设立、运用必须依据法律，符合法律要求，不能与法律相抵触。这里的法律是指广义上的法律。

行政合法性原则是法治原则在行政法上的体现，是行政法治的核心内容。这一原则的具体要求如下：

1. 行政职权必须依法设立和依法授予。行政行为的基础是行政职权。行政主体的行政职权必须由法律设定，或由有关机关依法授予。行政主体只能在法定的职权范围内行使，法

定权限以外的行为将构成无效的或可撤销的行政行为。这是依法行政的前提。

2. 行政职权必须依法行使。行政主体不享有行政法规范以外的特权，在依法行政的同时还应做到守法行政。行政主体行使行政职权既要遵循法定实体原则，又要遵循法定程序规则，不安法定程序进行的行政行为同样违法。这是依法行政的核心。

3. 行政主体必须对违法的行政行为承担法律责任。行政法治要求政府和公民一样，如违法行为侵犯了他人的合法权益，应依法承担侵权赔偿责任。这是依法行政的保障。

【案例分析】

2005年8月，张某当选为村委员会主任，3个月后，其被所在镇党委、镇政府免去职务。张某不服，诉讼到法院。

问：本案中的行政主体是哪个？镇政府的行为是否合法有效？为什么？

分析：本案的行政主体是镇政府。镇政府行为是违法的，无效的。行政合法性原则认为，行政职权必须依法行使，超越法定权限的行为是无效的。根据《村民委员会组织法》的规定，镇政府并不享有撤换村委委员会成员的权力，只是对村委员会成员的选举活动具有指导、支持与帮助的作用。本案中镇政府直接免去张某村委会主任的职务，超越了法律赋予自己的行政职权，违反了法律的规定，因而是违法的，违背了行政合法性原则。

（二）行政合理性原则

行政合理性原则是指行政机关作出行政决定不仅应当按照法律的规定，而且应当符合法律的宗旨，做到客观、适当、公正、符合理性。

1. 行政行为必须符合法律的目的。任何法律的制定都是基于一定的社会需要。法律授予行政机关一定的权利，也是为了达到一定的管理目的。所以，实施行政行为，必须符合行政立法目的。凡是有悖于法律目的的行为都是不合法的。

2. 行政行为必须有合理的动机。行政行为的动机，必须符合法律的要求，不能以执行法律的名义，将其个人意志强加给大众。否则，行政行为便具有双重动机。所以行政行为的动机必须是正当的，不得考虑法律规定以外的因素。

3. 行政行为的内容应合乎情理。行政主体作出的行政行为，应最大限度地尊重行政相对人的权利和自由，不能要求其承担无法履行或违背情理的义务。行政行为的内容不能违背社会公平观念或法律精神。总之不符合法律目的、具有不正当动机或不合理内容的行政决定，通常是滥用行政自由裁量权的结果。

（三）社会公益性原则

行政主体在实施行政行为时，除了应当严格遵守法律的规定，作出适当的处置之外，还应当全面考虑行政行为是否符合社会公共利益。按照我国《宪法》的规定，一切国家机关和国家工作人员必须努力为人民服务。所以，从根本上讲，行政行为是为社会服务、为人民服务的活动。公益性原则要求行政行为必须服从社会公共利益，即行政行为必须有利于社会发展、社会进步和人民生活。行政主体行使职权都必须以社会公共利益为重，法律不允许任何行政行为的实施者只考虑本单位、本部门或者本地区的局部利益，更不允许行政主体为推卸责任而人为制造事端。一切行政行为必须出于社会公共利益的要求，出于建立稳定的社会公共秩序的要求。总之，社会公共性原则是合法性原则和合理性原则的重要补充，也是行政行为之根本目的和宗旨的体现。

四、行政法律关系

行政法律关系是指为行政法律规范所调整的、在行政关系当事人之间形成的权利和义务关系。行政法律关系包括主体、客体和内容三个要素。

（一）行政法律关系的主体

行政法律关系的主体，即行政法律关系中享有（行使）权利（权力）和承担义务的当事人。

它包括：(1) 行政主体，即行使行政职权的组织，具体为国家行政机关、法律法规或规章授权的组织。(2) 行政相对人是指接受国家行政管理的公民、法人或者其他组织。

（二）行政法律关系的客体

行政法律关系的客体，即行政法律关系主体的权利义务所指向的对象或标的。具体包括：(1) 物，是指一定的物质财富，如土地、房屋、森林、交通工具等；(2) 行为，是指行政法律关系主体为一定目的的有意识的活动，可以是纳税、征地、交通肇事、打架斗殴等；(3) 智力成果，可以是指一定形式的智力成果，如著作、专利、发明等。

（三）行政法律关系的内容

行政法律关系的内容，即行政法律关系权利和义务的总和，包括行政主体享有的权力和义务以及行政相对人享有的权利和义务。(1) 行政主体的权力和义务。行政主体享有的权力包括：制定普遍性行为规则；为行政关系当事人设定具体的权利和义务；监督相对人履行其义务；对未能及时履行义务的相对人采取强制执行措施；对行政违法当事人进行行政处罚。行政主体的义务可以归结为：合法合理、公平公正、积极有效地行使职权，不得放弃和滥用职权，接受法律监督，对其违法行为依法承担法律责任。(2) 行政相对人的权利和义务。行政相对人的权利可归结为：参加国家管理权、平等权、自由权、受益权、监督权以及其他权利。其义务可概况为：遵守行政法律规范，服从及协助行政管理和其他义务。

第二节　行 政 行 为

一、行政行为的概念与特征

（一）行政行为的概念

行政行为是指具有行政权能的组织通过一定的意思表示行使行政职权或履行行政职责所实施的能产生法律效果（设定、变更或消灭行政法律关系）的行为。不具有行政权能的组织所作的行为，具有行政权能的组织非行使行政职权或履行行政职责所作的行为以及不产生法律效果的事实行为，都不属于行政行为。

（二）行政行为的特征

与民事法律行为相比较，行政行为具有以下特征：

1. 从属性

行政行为作为具有行政权能的组织行使职权或履行职责的法律行为，其根本任务和目的是执行法律，因而必须从属于法律。任何行政行为的作出必须有法律依据，依法行政是民主与法治的基本要求。

2. 服务性

行政行为是具有行政权能的组织在行政相对人的参与与配合下所为的公共服务行为。它追求的是国家和社会的公共利益，这与民事法律行为的主体主要追求自身利益是不同的。

3. 单方性

行政行为是具有行政权能的组织代表公共利益所作的一种单方面意思表示。行政相对人虽然可以参与到行政行为的过程中，但其意志对于行政行为的成立不具有决定性的意义。这与民事法律行为由双方当事人意思表示一致而成立是不同的。

4. 强制性

行政行为是执行法律的活动，法律的强制性必然体现为行政行为的强制性。行政相对人对行政行为必须服从和配合。如果行政相对人不予服从和配合，就会导致强制执行。这与民事法律行为的自愿性是不同的。

5. 无偿性

行政行为是一种执行法律的公务活动，而执行公务活动的经费是国家无偿地向行政相对人征收的，既然行政相对人已经无偿地分担了公共负担，因而接受行政主体的公共服务也应当是无偿的。这与民事法律行为的有偿性是不同的，但是行政行为的无偿性并不排除在例外情况下行政行为可以是有偿的。

二、行政行为的成立要件与合法要件

（一）行政行为的成立要件

行政行为的成立要件，是指构成一个行政行为所必须具备的条件，它是行政行为与非行政行为的判别标准。行政行为的成立必须同时具备主体要件、权力要件、内容要件和形式要件，具体为：（1）行政行为的主体必须是具有行政权能的组织；（2）行政行为的本质必须是行政权的实际运用；（3）行政行为的内容必须是能产生法律效果的行为；（4）行政行为在外观上必须具有一定的存在形式，使行为主体的内在意思表示出来。

（二）行政行为的合法要件

行政行为的合法要件，是指合法行政行为所必须具备的法定条件。一般来讲，行政行为的合法要件包括：

1. 行为主体必须合法

合法行政行为的主体必须是合法成立的国家行政机关、法律法规合法授权的组织或者行政机关依法委托的组织。此外，如果是合议制行政机关，还应由合法的公务员召集和主持会议讨论，出席会议的人员符合法定要求，并以法定多数表决通过。代表行政机关实施行政行为的公务人员，必须是合法取得公务人员身份的人员。

2. 行政权限必须合法

合法行政行为必须是具有行政权能的组织在其法定的权限范围内实施的行政行为。行政机关之间依法具有一定的权限分工，不同的行政机关具有不同的行政权限，行政权限通常按照事务、地域和级别等来确定。行政机关必须在自己的事务管辖权、地域管辖权和级别管辖权的范围内作出行政行为，被授权的组织必须在授权范围内，受委托的组织必须在委托范围内作出行政行为。

3. 行为内容必须合法

行政行为的内容合法，是指行政行为对权利义务的处理必须符合法律、法规的规定，包括符合法律规定的目的、原则和条件，行政行为的内容必须客观真实、明确具体。

4. 行为程序必须合法

行政行为程序合法要求行政主体实施行政行为不能缺少法定的步骤、颠倒法定的顺序、超过法定的期限、违背法定的方式等。依法应听证而未举行听证，先裁决后调查取证的行政行为，或者必须采用书面方式却采用了口头方式作出的行政行为是违反法定程序的行政行为，不能产生预期的法律效力。

三、行政行为的效力

行政行为的效力是指行政行为所发生的法律效果，通常表现为某种特定的法律约束力和强制力。一般认为，行政行为的效力内容包括公定力、确定力、拘束力和执行力四个方面。

（一）公定力

行政行为的公定力是指行政行为一经成立，不论是否合法，即对任何人都具有被推定为合法有效而予以尊重的一种法律效力。其具体表现为：（1）从时间方面看，行政行为的公定力发生在行政行为成立之后，而且行政行为一旦成立即具有这种效力。（2）从对象方面看，行政行为的公定力是一种“对世”的法律效力，它并不仅仅是对行政主体和行政相对人双方而言的一种法律效力，而是对包括行政主体和行政相对人在内的任何机关、组织和个人而言的一种法律效力。（3）从性质方面看，行政行为的公定力是一种被推定或假定为合法有效的法律效力。一方面，已经成立的行政行为具有被推定为合法有效的法律效力，行政相对人必须服从，即使行政相对人认为行政行为违法，也不能直接抵制行政行为并否认其效力。除非行政行为具有重大、明显违法的情形，在法定机关依法定程序使之失效前，都应对行政行为作合法有效的推定。另一方面，公定力毕竟是对行政行为合法有效的一种推定，并不意味着行政行为绝对合法有效，国家有权机关可以在法定权限内依法定程序宣布已经成立的行政行为违法或者无效。

（二）确定力

行政行为的确定力，又称为行政行为的不可改变力，它是指已成立并生效的行政行为对行政主体和行政相对人所具有的不受任意改变的法律效力。行政行为的确定力以其公定力为前提，是从行政行为的公定力引申出来的一种重要法律效力。行政行为的确定力是一种对行政主体和行政相对人双方而言的法律效力。对行政主体的确定力，称为实质确定力。它要求行政主体不得任意撤销、变更、重作或废止自己所作的行政行为，否则应承担相应的法律责任。对行政相对人的确定力，称为形式确定力或不可争力，它要求行政相对人不得任意请求撤销、变更、重作或废止已成立并生效的行政行为，否则，其请求将不被受理。确定力是相对的。行政主体如果发现自己的行政行为确实具有违法情形，可依法予以撤销、变更、重作或废止，但对受损害的行政相对人应依法承担相应的法律责任。行政相对人也可以在法定期限内，按照法定程序向法定国家机关请求撤销、变更、重作或废止行政行为。

（三）拘束力

行政行为的拘束力是指已成立并生效的行政行为所具有的约束和限制行政主体和行政相对人行为的法律效力。拘束力是对行政主体和行政相对人双方而言的，对他人不具有拘束力。拘束力对行政主体而言，要求其对自己所作的行政行为应予以严格遵循而不得超越于该行为之外；对行政相对人而言，要求其行为应符合行政行为的规定而不得予以违反，否则，均应承担相应的法律责任。

（四）执行力

行政行为的执行力是指已经成立并生效的行政行为要求行政主体和行政相对人对其内容予以实现的法律效力。行政行为的执行力与其他法律效力一样，是一种潜在于行政行为内部的法律效力，而不是根据这种执行力而采取的，表现于行政行为外部的执行行为或强制措施。执行力是对行政主体和行政相对人双方而言的一种法律效力。行政主体和行政相对人双方对行政行为所设定的内容都具有实现的权利义务。当该行政行为为行政相对人设定义务时，行政主体具有要求行政相对人履行义务的权力，行政相对人负有履行义务的义务。当该行政行为为行政相对人赋予权利即为行政主体设定义务时，行政相对人具有要求行政主体履行义务的权利，行政主体负有履行义务的义务。执行力作为实现行政行为内容的效力，其实现方式有两种，即自行履行和强制履行。其中，对行政相对人的强制履行，行政主体可依法直接强制执行或申请人民法院强制执行；对行政主体的强制履行通常应由行政相对人通过行政复议或行政诉讼实现。因此，执行力可以分为自行执行力和强制执行（实现）力。

四、行政行为的生效与失效

行政行为的生效与失效分析的是行政行为的效力时间问题，即行政行为从何时起开始发生法律效力，持续到何时止不再具有法律效力的问题。

（一）行政行为的生效

行政行为的生效研究的是行政行为从何时开始发生法律效力的问题。一般而言，行政行为一经作出就具有法律效力，行政行为自作出之时即开始发生法律效力。但是，行政行为作出之时，行政相对人并不一定能立即知晓，行政相对人并不知晓的行政行为对其不能产生法律效力，因而，行政行为的生效时间根据情况不同可以分为即时生效、告知生效和附款生效。

1. 即时生效

即时生效是指行政行为一经作出立即产生法律效力。某些行政行为之所以能即时生效，是因为它们一经作出，行政相对人就能立即知晓。此类行政行为一般是行政主体当场作出的，或者是在紧急情况下作出的，如行政主体采取的即时行政强制行为等。

2. 告知生效

告知生效是指行政行为作出之时并不立即生效，还要待行政主体向行政相对人告知行政行为的内容后，行政行为才能生效。告知是指行政主体采用一定的方式让行政相对人知道行政行为内容的行为。比较简单的行政行为可以用口头方式告知，而比较复杂的行政行为则要以书面的方式告知。

3. 附款生效

附款生效是指附款行政行为在作出时并不立即生效，而是要待附款所定法律事实发生之时才能生效。行政行为附款所定的法律事实，有的是事先能够确定或预定的，如一定期限的届满；有的则是事先无法完全预定的，如洪涝灾害的发生（洪涝灾害可以作为减免一定税收行政行为的附款）。

（二）行政行为的失效

已经成立并发生法律效力的行政行为，因某种情况的出现也会丧失法律效力。行政行为可因下列情况丧失法律效力：

1. 撤销

撤销是指对已经成立并生效的行政行为，因其存在违法情形而由国家有权机关作出决定消灭其法律效力。有权作出撤销决定的机关，包括作出行政行为的行政主体、上级行政主体、国家权力机关和人民法院等。被撤销的行政行为一般视为自始至终不具有法律效力，即应认定为从成立之时起就不具有法律效力。

在被撤销前已发生的法律效果，应依法予以处理，使相关的权利义务恢复到作出该行政行为之前的状态。不能恢复的，也应给予一定的行政赔偿。但是，行政行为的撤销如果涉及国家和社会重大公共利益，或者严重损害行政相对人的信赖利益，也可以仅使行政行为自撤销之日起向后失去效力，对撤销之前发生的效力予以认可。

2. 变更

变更是指对已经成立并生效的行政行为的部分内容由有权国家机关加以改变，从而使该部分可分离内容失去效力。行政行为既可因部分内容违法而变更，也可因部分内容不再适应新的情况而变更。因部分内容违法而被变更的行政行为，该被变更的内容自行政行为作出之时失去效力；因部分内容不再适应新的情况而被变更的行政行为，该被变更的部分自变更决定作出之日起失去效力。

3. 废止

废止是指对已经成立并生效的行政行为，因其不再适应新的情况而由有权机关消灭其法律效力。行政行为的废止不是因为行政行为本身存在违法或不当，所以被废止的行政行为自废止决定作出之日起向后丧失法律效力，废止之前的法律效力不受废止行为的影响。

4. 终止

终止，又称自动失效，是指已经成立并生效的行政行为因某种客观情况的出现而自然失去法律效力。例如，期限届满、行政行为已经执行完毕、行政行为执行的条件已经不复存在、行政行为的标的物已经灭失（如应拆除的房屋已经倒塌）等。

五、行政行为的种类

按照不同的标准可以对行政行为作不同的分类：以其对象是否特定为标准，可以将行政行为分为抽象行政行为和具体行政行为；以受法律规范拘束的程度不同为标准，可以将行政行为分为羁束行政行为和自由裁量行政行为；以其启动是否需要相对人的申请为标准，可以将行政行为分为依职权行政行为和应申请行政行为；以有无法定形式要求为标准，可以将行政行为分为要式行政行为和不要式行政行为；以其对相对人利益的不同影响为标准，可以将行政行为分为授益行政行为和不利行政行为等。

下面主要对抽象行政行为和具体行政行为加以说明。

（一）抽象行政行为

抽象行政行为是指国家行政机关针对不特定对象发布的能反复适用的具有普遍约束力的行为规则的行为。作为这一行为的结果，从静态方面看抽象行政行为主要包括行政法规、行政规章和其他行政规范性文件等。

抽象行政行为包括两种类型：

1. 行政立法行为

行政立法行为是指国家行政机关根据法定权限并依照法定程序制定和发布行政法规和行政规章的活动。行政法规即指国务院以条例、规定和办法三种名称发布的规范性文件；规章是指国务院各部委、直属机构、省级人民政府、省会市人民政府、经国务院批准的较大的市人民政府和经济特区市的人民政府，根据法律、行政法规发布的规范性文件。这类抽象行政行为的特点在于它只能由法定的较高层次的国家行政机关实施。

2. 制定其他行政规范性文件的行为

制定其他行政规范性文件的行为是指国家行政机关制定除行政法规、规章以外的具有普遍约束力的决定、命令，规定行政措施等其他行政规范性文件的行为。此类抽象行政行为的主体极为广泛，包括各级人民政府和政府的多数工作部门。

（二）具体行政行为

具体行政行为是指行政主体针对特定对象作出具体决定、采取具体措施的行政行为。其主要类型有：

1. 行政许可

行政许可，又称行政审批，是指在法律一般禁止的情况下，行政主体根据行政相对人的申请，依法审查，准予其从事特定活动或者实施某种行为的权利或资格的行政行为。行政许可具有下列特征：（1）行政许可存在的前提是法律的一般禁止，许可是对禁止的解除；（2）行政许可是行政职权与职责相统一的授益性行政行为；（3）行政许可是依申请的行政行为；（4）行政许可是要式行政行为。

2. 行政给付

行政给付，又称行政救助或者行政物质帮助，它是指行政主体在公民失业、年老、疾病或丧失劳动能力等情况或其他特殊情况下，依法赋予其一定的物质利益或与物质利益有关的权益的具体行政行为。其形式主要有：抚恤金、优待、安置、最低生活保障费、社会保险金等。行政给付具有以下特征：（1）行政给付是行政主体的职责性具体行政行为；（2）行政给付的对象是特定的行政相对人；（3）行政给付的内容是对特定对象给予物质利益或与物质利益有关的权益；（4）行政给付是授益性的具体行政行为。

3. 行政奖励

行政奖励，是指行政主体为了表彰先进，激励后进，依法对为国家和社会作出突出贡献或模范地遵纪守法的单位和个人，给予物质或精神奖励的具体行政行为。它包括以下几层含义：（1）实施行政奖励的主体是行政主体；（2）行政奖励的目的在于表彰和鼓励先进，鞭策和推动后进，调动和激发人们的积极性和创造性；（3）行政奖励的对象是对国家和社会作出突出贡献或模范地遵纪守法的集体或个人；（4）行政奖励的内容是给予受奖励者某些物质利益或精神利益。这两种奖励可单独使用，也可合并使用。

4. 行政处罚

行政处罚，是指行政主体对违反行政法规范的行政相对人，依法给予制裁的行政行为。行政处罚具有以下特征：（1）行政处罚的主体是行政主体，其实施行政处罚必须依据法定权限；（2）行政处罚的前提是存在行政违法行为；（3）行政处罚的对象是行政相对人；（4）行政处罚的性质是一种损益性的行政行为。根据我国《行政处罚法》第8条的规定，行政处罚的种类有警告、罚款、没收违法所得和没收非法财物、责令停产停业、暂扣或者吊销许可证和执照、行政拘留以及法律与行政法规规定的其他行政处罚。

5. 行政强制

行政强制，是指行政主体为实现一定的行政目的，依法采取强制措施对相对人的人身或财产予以处置的行为。它包括行政强制措施和行政强制执行两种。（1）行政强制措施，是指行政主体对可能或正在发生的违法行为或危害状态予以预防或制止而采取的强制行为。其直接目的在于预防或制止可能发生或正在发生的违法行为或危害状态。根据其适用的对象和呈现的状态，又可以将行政强制措施分为预防性强制措施和制止性强制措施两种。（2）行政强制执行，是指当行政相对人逾期拒不履行其义务时，行政主体依法采取强制措施，迫使其履行义务的具体行政行为。其直接目的在于促成行政法上的义务得以实现，因此，它以相对人逾期拒不履行其行政法上的义务为前提。行政强制执行包括间接强制执行和直接强制执行两种。间接强制执行又可分为代执行和执行罚。

6. 行政征收

行政征收，是指行政主体根据法律、法规的规定，以强制方式无偿取得相对人财产所有权的一种具体行政行为。它主要包括行政征税和行政收费两类。

行政征收不同于行政征用。行政征用是指行政主体为了公共利益的需要，依照法定程序强制征用相对方财产或劳务的一种具体行政行为。行政征收与行政征用的区别主要在于：(1) 从法律后果看，行政征收的结果是财产所有权从相对方转归国家；而行政征用的后果则是行政主体暂时取得了被征用方的财产使用权，并不发生财产所有权的转移。(2) 从行为的标的看，行政征收的标的一般仅限于财产；而行政征用的标的除财产外，还可能包括劳务。(3) 从能否获得补偿来看，行政征收是无偿的；而行政征用一般应是有偿的。

7. 行政裁决

行政裁决，是指行政主体依照法律、法规的授权，对当事人之间发生的、与行政管理活动密切相关的民事纠纷进行审查并作出裁判的行政行为。行政裁决的种类主要包括权属纠纷裁决、侵权纠纷裁决和损害赔偿纠纷裁决。

8. 行政确认

行政确认，是指行政主体依法对行政相对人的法律地位、法律关系或有关法律事实进行甄别，给予确定、认可、证明并加以宣告的具体行政行为。它具有以下特征：(1) 行政确认要由有法定确认权的行政主体来进行；(2) 行政确认的内容是对相对人的法律地位、权利义务或特定的法律事实的确定或否定；(3) 行政确认是羁束性行政行为；(4) 行政确认是要式行政行为。

【案例分析】

某省的地方性法规《××省城市环境卫生管理办法》规定：各单位和个人不得向城镇街道和道路扔置垃圾，否则由城市环境卫生管理部门给予50至2 000元的罚款。2001年，该省内的某市设立了“城市管理行政执法局”，上述法规设定的在该市的处罚权归入了“城市管理行政执法局”。2002年2月，邹某在其沿街开设的个体布行经营时，把许多垃圾扔置到街面上。城市管理行政执法局的执勤人员发现，立即上前责令其清除垃圾。邹某不仅不听，反尔与执法人员大声争吵。城市管理行政执法局最后对邹某作出一个处罚决定，内容包括：(1) 对邹某罚款1 000元；(2) 责令其当即清除垃圾。

邹某对该处罚决定不服，向人民法院提起了行政诉讼。理由是：既然对我罚款了，就不得要我清除垃圾；如果要我清除垃圾，就不得再对我罚款；否则，这属于对同一事件的重复处罚。

问：你认为邹某的理由是否成立？

分析：不成立。《中华人民共和国行政处罚法》第24条规定：“对当事人同一个违法行为，不得给予两次以上罚款的行政处罚。”虽然《行政处罚法》只是确立“一事不得给予两次以上罚款”的原则，但中国的行政法理几乎公认：“一事不得给予两次以上的处罚”（即一事不再罚）。“一事不再罚”意味着：对于行政相对人同一个违法事实，同一个行政主体不得对相对人作出两个以上的处罚决定，也不得由两个以上的行政主体各以自己的理由作出处罚；当同一个违法行为同时违反多个法规时，多个行政主体都有权处罚时，由最先立案的行政机关实施处罚；当同一个行政主体立案后，发现相对人的同一个违法同时违反多个法规时，应当选择最重的行政处罚实施处罚。

本案中，城市管理行政执法局对邹某作出的一个决定，包含了两项内容：(1) 对邹某罚款1 000元；(2) 责令其当即清除垃圾。在这里，前一项内容属于行政处罚；但后一项内容不是行政处罚，而是行政命令，即要求违法者纠正违法的命令。因此，当一个行政处罚与一个行政命令同时作出时，谈不上一事重罚，因为这里不存在“两个处罚”，只是出现了“一个处罚”与“一个命令”。正因为这样，城市管理行政执法局把包含上述两项属于不同具体行政行为内容的决定形式定名为《行政处罚决定》是不妥的，应当定名为《行政处理决定》。我国《行政处罚法》第23条规定：“行政机关实施行政处罚时，应当责令当事人改正或者限期改正违法行为。”这就是说，任何行政机关在实施行政处罚时，它同时有权，也有义务责令当事人纠正违法。所以，在本案中，城市管理行政执法局在对邹某作出行政处罚的同时，责令其清除垃圾，是符合《行政处罚法》的要求的。

第三节　行政复议

一、行政复议的概念与特征

行政复议，是指行政相对人不服行政主体的具体行政行为，依法向有复议权的行政机关提出申请，行政复议机关依照法定程序对引起争议的具体行政行为的合法性与适当性进行审查并作出裁决的活动。

行政复议的主要特征有：（1）行政复议是依申请的行政行为；（2）复议是一种行政裁判行为；（3）行政复议对具体行政行为的合法性和适当性进行审查；（4）行政复议必须依法进行，即必须按法定的条件、方式和程序进行。

二、行政复议的受案范围

行政复议的受案范围，是指公民、法人或其他组织认为具体行政行为侵犯其合法权益，依法向行政复议机关提出申请，由行政复议机关受理并解决行政争议的权限范围。

（一）行政复议机关受理的行政案件

根据我国《行政复议法》第6条的规定，行政复议机关受理相对人申请复议的下列行政案件：

（1）对行政机关作出的警告、罚款、没收违法所得、没收非法财物、责令停产停业、暂扣或者吊销许可证、暂扣或者吊销执照、行政拘留等行政处罚决定不服的。

（2）对行政机关作出的限制人身自由或者查封、扣押、冻结财产等强制措施决定不服的。

（3）对行政机关作出的有关许可证、执照、资质证、资格证等证书变更、中止、撤销的决定不服的。

（4）对行政机关作出的关于确认土地、矿藏、水流、森林、山岭、草原、荒地、滩涂、海域等自然资源的所有权或者使用权的决定不服的。

（5）认为行政机关侵犯合法的经营自主权的。

（6）认为行政机关变更或者废止农业承包合同，侵犯其合法权益的。

（7）认为行政机关违法集资、征收财物、摊派费用或者违法要求履行其他义务的。

（8）认为符合法定条件，申请行政机关颁发许可证、执照、资质证、资格证等证书，或者申请行政机关审批、登记有关事项，行政机关没有依法办理的。

（9）申请行政机关履行保护人身权利、财产权利、受教育权利的法定职责，行政机关没有依法履行的。

（10）申请行政机关依法发放抚恤金、社会保险金或者最低生活保障费，行政机关没有依法发放的。

（11）认为行政机关的其他具体行政行为侵犯其合法权益的。

此外，根据我国《行政复议法》第 7 条第 1 款的规定，公民、法人或者其他组织认为行政机关的具体行政行为所依据的国务院部门的规定、县级以上地方各级人民政府及其工作部门的规定、乡镇人民政府的规定不合法，在对具体行政行为申请行政复议时，可以一并向行政复议机关提出对该规定的审查申请。

（二）复议机关不予受理的事项

根据我国《行政复议法》第 8 条的规定，不能申请行政复议的事项包括：（1）不服行政机关作出的行政处分或者其他人事处理决定的，依照有关法律、行政法规的规定提出申诉，不能申请行政复议；（2）不服行政机关对民事纠纷作出的调解或者其他处理，依法申请仲裁或者向人民法院提起民事诉讼，不能申请行政复议。

三、行政复议的管辖

行政复议的管辖是指行政复议机关受理和审查行政复议案件的分工和权限。

（一）一般管辖

根据我国《行政复议法》第 12～14 条的规定，一般管辖包括以下几种：

（1）对县级以上地方各级人民政府工作部门的具体行政行为不服的，由申请人选择，可以向该部门的本级人民政府申请复议，也可以向上一级主管部门申请复议。对海关、金融、国税、外汇管理等实行垂直领导的行政机关和国家安全机关的具体行政行为不服的，向上一级主管部门申请行政复议。

（2）对地方各级人民政府的具体行政行为不服的，向上一级地方人民政府申请行政复议。对省、自治区人民政府依法设立的派出机关所属的县级地方各级人民政府的具体行政行为不服的，向该派出机关申请行政复议。

（3）对国务院部门或省、自治区、直辖市人民政府的具体行政行为不服的，向作出该具体行政行为的国务院部门或者省、自治区、直辖市人民政府申请行政复议。对行政复议决定不服的，可以向人民法院提起行政诉讼；也可以向国务院申请裁决，国务院依法作出最终裁决。

（二）特殊管辖

根据我国《行政复议法》第 15 条第 1 款的规定，特殊管辖主要有以下几种情形：

（1）对县级以上地方人民政府依法设立的派出机关的具体行政行为不服的，向设立该派出机关的人民政府申请行政复议。

（2）对政府工作部门依法设立的派出机构依照法律、法规或者规章规定，以自己的名义作出的具体行政行为不服的，向设立该派出机构的部门或者该部门的本级地方人民政府申请行政复议。

（3）对法律、法规授权的组织作出的具体行政行为不服的，分别向直接管理该组织的地方人民政府、地方人民政府工作部门或者国务院部门申请行政复议。

（4）对两个或者两个以上行政机关以共同的名义作出的具体行政行为不服的，向其共同上一级行政机关申请行政复议。

（5）对被撤销的行政机关在撤销前作出的具体行政行为不服的，向继续行使其职权的行政机关的上一级行政机关申请行政复议。

四、行政复议参加人

行政复议参加人，是指在行政复议活动中与被申请复议的具体行政行为有利害关系的当事人或代理当事人参加行政复议的人。行政复议参加人具体包括申请人、被申请人、第三人以及复议代理人。至于行政复议活动中的证人、鉴定人员、翻译人员等，不是行政复议参加人。他们同行政复议参加人一起，构成行政复议参与人。

下面对行政复议的申请人、被申请人和第三人予以介绍。

（一）行政复议申请人

行政复议申请人是指对行政主体作出的具体行政行为不服，依法以自己的名义向行政复议机关提起复议申请的公民、法人或者其他组织。

一般情况下，合法权益受具体行政行为侵害的公民、法人或者其他组织是复议申请人。但是，在特殊情况下，复议申请人的资格也会发生转移。根据我国《行政复议法》第 10 条第 2 款的规定，申请人资格转移的情况有：（1）有权申请复议的公民死亡的，其近亲属可以申请复议；（2）有权申请复议的法人或者其他组织终止的，承受其权利的法人或者其他组织可以申请行政复议。

（二）行政复议被申请人

行政复议被申请人是指因其具体行政行为被申请复议，并由行政复议机关通知其参加行政复议的行政主体。

根据我国《行政复议法》的规定，行政复议被申请人主要有以下几种情形：

（1）相对人对某一具体行政行为不服而申请复议的，作出该具体行政行为的行政主体是被申请人。这是确定行政复议被申请人的一般原则。

（2）两个以上行政主体共同作出具体行政行为的，它们为共同的被申请人。

（3）法律、法规授权的组织作出具体行政行为的，该组织是被申请人。

（4）受行政主体委托的组织作出具体行政行为的，委托的行政主体是被申请人。

（5）地方人民政府的派出机关作出具体行政行为的，该派出机关是被申请人。

(6) 政府工作部门的派出机构作出具体行政行为的，如果该派出机构获得法律、法规及规章授权的，则该派出机构为被申请人；如果派出机构未获得法律、法规及规章授权的，则由设立派出机构的政府工作部门为被申请人。

(7) 作出具体行政行为的行政机关被撤销的，由继续行使其职权的行政机关为被申请人；没有继续行使其职权的行政机关的，撤销该行政机关的行政机关为被申请人。

（三）行政复议第三人

行政复议第三人是指同申请行政复议的具体行政行为有利害关系，依申请或者经复议机关通知而参加到行政复议活动中来的其他公民、法人或者其他组织。

从行政复议的实践来看，行政复议第三人主要有以下几种情形：

(1) 行政处罚案件中的被处罚人或受害人。如果被处罚人不服对自己的处罚而申请复议，则受害人可以作为第三人参加复议；相反，如果受害人不服申请复议的，则被处罚人可以作为第三人参加复议。

(2) 多个相对人中没有申请复议的一方。例如，在共同被处罚人当中，只有部分被处罚人申请了复议，则没有申请复议的被处罚人可以作为第三人参加复议。

(3) 行政裁决案件中没有申请复议的一方当事人可以作为第三人。

(4) 两个以上的行政机关基于同一事实，针对同一相对人作出相互矛盾的具体行政行为，该相对人不服申请复议的，其中一个行政机关为被申请人，另外的行政机关可以作为第三人。

(5) 行政机关与非行政机关（不具有行政主体资格）共同署名作出一个具体行政行为，相对人不服申请复议的，行政机关作为被申请人，非行政机关可以作为第三人。

五、行政复议的程序

行政复议的程序是指行政复议机关在审理行政复议案件时所遵循的方式、步骤、顺序和时限。行政复议的程序在性质上属于行政程序，与司法程序相比，具有简便、灵活的特点，以保证效率。同时，行政复议又是一种行政司法行为，因此在程序上具有准司法化的特点，以保证行政复议的公正性与合理性。

（一）申请

行政复议的申请，是指公民、法人或其他组织认为行政机关的具体行政行为侵犯其合法权益，依法要求有管辖权的行政复议机关对该具体行政行为进行审查和处理，以保护自己合法权益的一种意思表示。

1. 申请的期限

公民、法人和其他组织不服行政机关的具体行政行为，应当在知道该具体行政行为之日起 60 日内提出复议申请，但法律规定的申请期限超过 60 日的除外。因不可抗力或者其他正当理由耽误期限的，申请期限在障碍消除之日起继续计算。

2. 申请的条件

申请行政复议应当符合下列条件：(1) 申请人是认为具体行政行为侵犯其合法权益的

公民、法人或其他组织；（2）有明确的被申请人；（3）有具体的复议请求和事实根据；（4）属于申请复议范围；（5）属于受理复议机关管辖；（6）法律、法规规定的其他条件。

3. 申请的方式

根据我国《行政复议法》第11条的规定，申请人申请行政复议，可以书面申请，也可以口头申请；口头申请的，行政复议机关应当当场记录申请人的基本情况、行政复议请求、申请行政复议的主要事实、理由和时间。

（二）受理

行政复议受理，是指行政复议机关对复议申请进行审查，对符合条件的复议申请决定立案的活动。

行政复议机关对复议申请进行审查的内容，主要包括：（1）复议申请是否符合法定条件；（2）复议申请是否超过法定期限，超过法定期限的，有无延长期限的正当理由；（3）是否属于重复申请；（4）案件是否已由人民法院受理；（5）申请手续是否完备。

行政复议机关在收到复议申请书之后，应当在5日内进行审查，并分别作出以下处理：

（1）对不符合行政复议法规定的行政复议申请，决定不予受理，并书面告知申请人；

（2）对符合行政复议法规定，但不属于本机关受理的行政复议申请，应当告知申请人向有关行政复议机关提出；

（3）复议申请符合法定条件，且属于本行政复议机关管辖的，行政复议申请自行政复议机关负责法制工作的机构收到之日起即为受理。对公民、法人或者其他组织依法提出的行政复议申请，行政复议机关无正当理由不予受理的，上级行政机关应当责令其受理；必要时，上级行政机关也可以直接受理。

对于法律、法规规定应当先向行政复议机关申请复议、对复议决定不服再向人民法院提起行政诉讼的，行政复议机关决定不予受理的，公民、法人或者其他组织可以自收到不予受理决定书之日起15日内，向人民法院提起行政诉讼。

（三）审理

行政复议机关受理复议申请后，就进入行政复议的审理阶段。行政复议审理是指行政复议机关对行政复议案件进行实质性审查的活动。它是行政复议的中心环节和核心阶段。

1. 审理的方式

行政复议机关审理行政复议案件原则上采用书面审查的方式。但是，申请人提出要求或者行政复议机关负责法制工作的机构认为有必要时，可以向有关组织和人员调查情况，听取申请人、被申请人和第三人的意见。

2. 审理的期限

行政复议机关应当自受理复议申请之日起60日内作出复议决定，但法律规定复议期限少于60日的除外。情况复杂，不能在规定的期限内作出复议决定的，经行政复议机关的负责人批准，可以适当延长，但延长期限最多不超过30日。

3. 行政复议申请的撤回

行政复议申请的撤回，是指复议申请被行政复议机关受理后，复议决定作出之前，复议申请人经过说明理由后，撤回复议申请，行政复议机关终止复议案件审理的一种制度。我国

《行政复议法》第25条规定："行政复议决定作出前，申请人要求撤回行政复议申请的，经说明理由，可以撤回；撤回行政复议申请的，行政复议终止。"

（四）决定

行政复议决定，是行政复议机关在查清复议案件事实的基础上，根据事实和法律，就争议的具体行政行为作出的一个具有结论性的裁判。根据我国《行政复议法》第28条的规定，行政复议决定包括以下几种：

1. 维持决定

具体行政行为认定事实清楚，证据确凿，适用依据正确，程序合法，内容适当的，决定维持。

2. 履行决定

被申请人不履行或拖延履行法定职责的，决定其在一定期限内履行。

3. 撤销决定、变更决定或确认违法的决定

根据我国《行政复议法》第28条第1款第（3）项的规定，具有下列情形之一的，决定撤销、变更或者确认该具体行政行为违法；决定撤销或者确认该具体行政行为违法的，可以责令被申请人在一定期限内重新作出具体行政行为：（1）主要事实不清、证据不足的；（2）适用依据错误的；（3）违反法定程序的；（4）超越职权或者滥用职权的；（5）具体行政行为明显不当的。

行政复议机关责令被申请人重新作出具体行政行为的，被申请人不得以同一的事实和理由作出与原具体行政行为相同或者基本相同的具体行政行为。根据我国《行政复议法》第28条第1款第（4）项的规定，被申请人不依照行政复议法的规定提出书面答复、提交当初作出具体行政行为的证据、依据和其他有关材料的，视为该具体行政行为没有证据、依据，决定撤销该具体行政行为。

4. 赔偿决定

申请人在申请行政复议时可以一并提出行政赔偿请求，行政复议机关对符合国家赔偿法的有关规定应当给予赔偿的，在决定撤销、变更具体行政行为或者确认具体行政行为违法时，应当同时决定被申请人依法给予赔偿。

同时，根据我国《行政复议法》第29条第2款的规定，申请人在申请行政复议时没有提出行政赔偿请求的，行政复议机关在依法决定撤销或者变更罚款，撤销违法集资、没收财物、征收财物、摊派费用以及对财产的查封、扣押、冻结措施等具体行政行为时，应当同时责令被申请人返还财产，解除对财产的查封、扣押、冻结措施，或者赔偿相应的价款。

【思考与练习】

一、单选题

1. 下列组织中属于国家行政机关的是（　　）。

A. 全国人大　　B. 各级人民政府

C. 法院　　D. 社会团体

2. 公民、法人或者其他组织认为行政机关及其公务员的（　　）侵犯其合法权益，有权向人民法院提起行政诉讼。

A. 具体行政行为　　　　　　　B. 抽象行政行为

C. 行政处分行为　　　　　　　D. 民事侵权行为

3. 关于行政处罚和行政许可行为，下列哪个说法是正确的？（　　）。

A. 行政处罚和行政许可的设定机关均应定期对其设定的行政处罚和行政许可进行评价

B. 法律、法规授权的具有管理公共事务职能的组织，可依授权行使行政处罚权和行政许可权

C. 行政机关委托实施行政处罚和行政许可的组织应当是依法成立的管理公共事务的事业组织

D. 行政机关依法举行听证的，应当根据听证笔录作出行政处罚决定和行政许可决定

4. 公安机关对吸毒者强制戒毒的行为，其性质是（　　）。

A. 行政处罚　　　B. 行政确权　　　C. 行政征收　　　D. 行政强制

5. 《国务院组织法》是（　　）。

A. 法律　　　B. 部委规章　　　C. 行政法规　　　D. 行政规章

二、简述题

1. 行政法的基本原则有哪些？

2. 行政法律关系主体的概念是什么？行政主体的范围包括哪些？

3. 什么是抽象行政行为？什么是具体行政行为？二者的主要类型有哪些？

4. 行政复议的特征有哪些？

三、案例分析题

某市西区治安联防队行使该区公安分局委托的治安管理权。某日，联防队员周某抓获了有行窃嫌疑的盖某，因盖某拒不说出自己的真实姓名，周某用木棍将盖某殴打致伤。盖某向法院提起诉讼。

问：依照《国家赔偿法》的规定，应由谁承担国家赔偿义务？为什么？

第九章

诉讼法

课前准备

【案例导读】

刘某与杨某系邻居，刘未选上街道代表，怀疑是杨说了坏话，便伺机报复。1994 年 5 月 12 日，马某带领儿子李某、儿媳赵某闯入杨家，殴打杨某，致使杨多处受伤。杨之子孙某甲下班回家与刘家三人相遇，刘家三人又将孙某甲打伤。杨某丈夫孙某乙于 1994 年 5 月底以原告身份向法院提起诉讼，要求被告刘某赔偿其妻的医药费。在起诉中，对儿子被打伤的问题未涉及，法院受案后，在调查中发现孙某甲也被打伤，于是将孙某甲追加为必要共同诉讼的共同原告。

问：（1）该案在诉讼中有无错误？说明理由。

（2）刘某的儿子李某、儿媳赵某在本案诉讼中处于何种诉讼地位？为什么？

分析：（1）孙某乙以原告身份起诉是错误的，因为起诉的人必须是与本案直接利害关系的人，但孙某乙本人并未遭殴打，与刘家三人不存在损害赔偿关系，直接遭受殴打的杨某才是符合条件的原告；人民法院将孙某甲追加为必要共同诉讼的共同原告也是错误的，必要的共同诉讼是指共同诉讼人与他人争论的诉讼标的是共同的，而孙某甲和杨某是分别遭到刘家三人的殴打，孙某甲和杨某之间形成的损害事实也是两次殴打过程中产生的。因此，孙某甲和杨某对刘家请求损害赔偿也是分立的，不存在必要的联系，只是属于同一种类的诉讼。

（2）李某、赵某在本案中属必要共同诉讼的共同被告。他们与其母的加害行为对损害后果产生是共同一致、不可分割的行为，因而对加害的结果负连带责任，由此产生的诉讼是必要的共同诉讼。

【重点难点】

1. 掌握诉讼法的基本原则与基本制度
2. 掌握民事诉讼的管辖、民事诉讼参加人、证据及举证责任、审判程序
3. 掌握行政诉讼的证据及举证责任、受案范围及管辖、诉讼程序
4. 掌握刑事诉讼管辖、参与人、强制措施、诉讼程序、执行程序

第一节　诉讼法概述

一、诉讼法的内涵

诉讼，是指国家司法机关在案件当事人和其他诉讼参与人的参与下，以事实为根据，以法律为准绳，办理民事、刑事、行政案件所进行的诉讼活动。

诉讼法，又称程序法，是指司法机关、当事人和其他诉讼参与人进行诉讼活动时必须遵守的法律规范的总成。目前，我国有三大诉讼法：

（1）民事诉讼法。民事诉讼法，是规定人民法院和诉讼参加人在审理民事案件中进行各种诉讼活动所应遵循的程序制度的法律规范的总称。我现行的《民事诉讼法》是 1991 年 4 月 9 日第七届全国人民代表大会第四次会议通过的，2012 年 8 月 31 日通过第二次修正。

（2）行政诉讼法。行政诉讼法，是规定人民法院在当事人及其他诉讼参加人的参加下在审理行政案件中进行各种诉讼活动所应遵循的程序制度的法律规范的总称。我国现行的《行政诉讼法》是 1989 年 4 月 4 日第七届全国人民代表大会第二次会议通过颁布，于 1990 年 10 月 1 日起施行的。

（3）刑事诉讼法。刑事诉讼法，是调整公安、司法机关进行刑事诉讼活动和诉讼参与人参加刑事诉讼活动的法律规范的总称。我国现行的《刑事诉讼法》是于 1979 年 7 月 1 日第五届全国人民代表大会第二次会议通过，并于 1996 年 3 月 17 日第八届全国人民代表大会第四次会议和 2012 年 3 月 14 日第十一届全国人民代表大会第五次会议先后进行了修正。

二、诉讼法的基本原则

诉讼法的基本原则是指在整个诉讼过程中，司法机关和当事人、诉讼参与人都必须遵守的活动准则。

（一）人民法院独立行使审判权原则

这一原则的基本含义是：（1）人民法院独立审判，必须依照法律规定（包括实体法和程序法），不能独立于法律之外；（2）人民法院对民事、行政、刑事案件审判，不受国家机关、社会团体和个人干涉；（3）人民法院独立审判不是审判员独立审判，也不是合议庭独立审判，而是人民法院作为一个整体行使审判权。

（二）以事实为依据，以法律为准绳原则

我国三大诉讼法均规定了“以事实为依据，以法律为准绳”原则，具体含义是：（1）以事实为依据，即司法机关审理一切案件，均以与该案件有关的客观事实为依据；（2）以法律为准绳，即司法机关审理各类案件，须查清案件的事实真相，辨明是非曲直，作出正确的判断和处理。

（三）适用法律平等原则

当事人在适用法律上一律平等，各当事人均平等地享有权利、平等履行义务，具体含义是：（1）法律对全体公民，不分民族、种族、性别、职业、社会出身、宗教信仰和财产状况等，均享有同等权利并承担同等义务。（2）任何权利受到侵犯的公民，一律平等受到法律保护。（3）在民事诉讼和行政诉讼中，保证诉讼当事人享有平等的诉讼权利；在刑事诉讼中，保障诉讼参与人依法享有诉讼权利。（4）对公民任何违法犯罪行为，一律平等地追究法律责任，不允许有不受法律约束或凌驾于法律纸上的特殊公民。

（四）使用本民族语言进行诉讼原则

在诉讼活动中，司法机关应使用当地通用的语言文字进行审判、发布法律文书，对不通晓当地民族语言、文字的当事人和诉讼参与人，法院应为其提供翻译。

（五）检察机关对诉讼活动进行监督原则

人民检察院有权对民事诉讼和行政诉讼实行法律监督，对于刑事诉讼中公安机关的侦查活动，人民法院的审判活动及其判决、裁定的执行，以及监狱的活动是否合法，实行法律监督。

三、诉讼的基本制度

（一）管辖制度

管辖是上下级人民法院及同级人民法院之间受理第一审案件的权限划分。刑事诉讼中的管辖，还包括公、检、法机关在刑事案件受理范围上的划分。

（二）公开审判制度

公开审判制度是指人民法院审理案件，一律公开进行。民事诉讼的离婚案件、涉及商业秘密的案件，当事人申请不公开审理的，可以不公开审理。刑事诉讼涉及国家机密、个人隐私的案件和未成年人案件可以不公开审理。

（三）合议制度

合议制度是指人民法院对案件的审理，除简单的民事案件、轻微的刑事案件以及法律另有规定的意外，必须依法组成合议庭进行。合议庭的组成人数必须是单数。

（四）回避制度

回避制度是指为了保证案件的公开审理，而要求与案件有一定利害关系的审判人员或其他有关人员，不得参与本案的审理活动或诉讼活动的审判原则。

（五）两审终审制度

两审终审制度是指一个案件经过两级法院审理即告终结的法律制度。其目的在于防止错案的发生，确保办案的质量，是审判效率和公正的结合。

（六）证据制度

证据制度是指法律规定或确认的关于诉讼中的证据、证据种类、证明对象、证明责任、证明要求，以及如何收集、审查、判断证据的制度。

第二节　民事诉讼法

民事诉讼，是指人民法院在双方当事人和其他诉讼参加人的参加下，审理和解决民事案件的活动。它的特点是：（1）人民法院的审判活动在整个过程中起着主导作用；（2）参加诉讼的双方当事人的法律地位是平等的；（3）审理和解决的是有关财产关系和人身关系的民事案件。

一、民事诉讼法特有的基本原则

民事诉讼法的基本原则，是指在民事诉讼活动的整个过程中用以指导人民法院和诉讼参与人进行民事诉讼活动的基本准则。民事诉讼除了适用三部诉讼法共同的基本原则外，根据民事诉讼的特点，还适用民事诉讼法特有的基本原则：

第一，当事人诉讼权利平等的原则，是指在民事诉讼中，双方当事人诉讼地位平等，诉讼权利对等。

第二，根据自愿和合法进行调解的原则，是指在民事诉讼中，人民法院在事实清楚的基础上，分清是非，进行调解，促成当事人达成协议的审理方式。调解达成协议，必须双方自愿，不得强迫。调解协议的内容不得违反法律规定。人民法院调解成立后制作的调解书经双方当事人签收后，即具有法律效力，一审结案，不得上诉。婚姻案件必须首先进行调解。

第三，辩论原则，是指在民事诉讼的整个过程中，双方当事人对自己的主张可以陈述和答辩，其内容包括三方面：（1）实体权利；（2）诉讼权利；（3）适用法律。辩论的形式既可以是书面的，也可以是言词的。

第四，处分原则，是指在民事诉讼中，双方当事人有权自由处分自己的权利。但不得违反法律的规定，不得侵害国家、集体和他人的合法权益。

第五，社会支持起诉原则，是指在民事诉讼中，社会上的机关、团体、企事业单位对权利人的起诉给予支持，可派代表出庭。

第六，就地审判、巡回审判原则，是指民事诉讼中，人民法院应尽量到纠纷发生的当地进行开庭和宣判，便利群众诉讼。

第七，人民检察院有权对民事诉讼实行法律监督，是指民事诉讼中，人民检察院有权对于人民法院的审判活动及其判决、裁定的执行活动是否合法，实行法律监督，并有抗诉权。

第八，凡是在我国境内发生的民事案件均适用我国民事诉讼法的原则。

二、民事诉讼的管辖

民事诉讼中的管辖是指人民法院之间受理第一审民事案件的分工和权限。它是在人民法院系统内部划分和确定某级或者同级中的某个人民法院对某一民事案件行使审判权的问题。根据《民事诉讼法》的规定，管辖包括级别管辖、地域管辖、移送管辖和指定管辖。

（一）级别管辖

级别管辖是指各级人民法院受理第一审民事案件的职权范围。基层人民法院管辖法律另有规定以外的第一审民事案件；中级人民法院管辖重大涉外第一审民事案件，在本辖区有重大影响的第一审民事案件，以及最高人民法院确定由中级人民法院管辖的第一审民事案件；高级人民法院管辖在本辖区有重大影响的第一审民事案件；最高人民法院管辖在全国有重大影响的和认为应当由自己审理的第一审民事案件。

【案例分析】

1995年7月17日，原告赵某、汪某申请了一种铁路组合式信号灯专利。1997年2月19日国家专利局公告授权，专利号为：95216097.8。1998年8月郑州铁路局洛阳电务段主张95216097.8专利。2002年12月经河南省高级人民法院终审判决该专利权归属赵某和汪某所有。原告赵某、汪某认为郑州铁路局洛阳电务段投资设立的洛阳铁路泰达工贸有限公司自1998年8月起一直在生产该专利产品并投入各大铁路局使用，遂于2005年7月诉至郑州市中级人民法院。法院在审理原告赵某、汪某诉被告郑州铁路局洛阳电务段、被告洛阳铁路泰达工贸有限公司专利侵权纠纷一案中，被告洛阳铁路泰达工贸有限公司向本院提出管辖权异议，认为因侵犯专利权行为提起的诉讼，由侵权行为地或者被告住所地法院管辖。我方是专利产品的生产者，住所地在洛阳市。因此本案应当由洛阳市中级人民法院管辖，故请求将本案移送洛阳市中级人民法院审理。

问：本案被告提出的管辖权异议是否成立？

分析：不成立。最高人民法院《专利法解释》第2条规定："专利纠纷第一审案件，由各省、自治区、直辖市人民政府所在地的中级人民法院和最高人民法院指定的中级人民法院管辖。"本案中，原告赵某、汪某提起的是专利侵权诉讼。被告是郑州铁路局洛阳电务段和洛阳铁路泰达工贸有限公司。这是一起侵权行为地和被告住所地均在河南省洛阳市的专利侵权纠纷案件。河南省的人民政府所在地是郑州市，所以，河南省郑州市中级人民法院依法有权受理河南省范围内的所有一审专利纠纷案件。

（二）地域管辖

地域管辖是指以地区来划分同级人民法院受理第一审民事案件的职权范围。根据民事案件的不同情况，地域管辖分为以下几种：

1. 一般地域管辖

一般地域管辖，是指民事诉讼一般由被告住所地人民法院管辖，被告住所地与经常居住地不一致的，由经常居住地人民法院管辖，即"原告就被告"的原则。

但《民事诉讼法》第22条又规定，下列情况由原告住所地或经常居住地人民法院管辖：(1) 对不在中华人民共和国领域内居住的人提起的有关身份关系的诉讼；(2) 对下落不明或者宣告失踪的人提起的有关身份关系的诉讼；(3) 对被劳动教养或被监禁的人提起的诉讼。

2. 特殊地域管辖

特殊地域管辖是指依特定标准确定的管辖。这主要指以下七种情况：(1) 因合同纠纷提起的诉讼，由合同履行地或者被告住所地人民法院管辖。合同双方当事人可以在书面合同中协议选择被告住所地、合同履行地、合同签订地、原告住所地、标的物所在地人民法院管辖。因保险合同纠纷提起的诉讼，由被告住所地或者保险标的物所在地人民法院管辖。(2) 因侵权行为发生的诉讼，由侵权行为地或者被告住所地人民法院管辖。(3) 因票据纠纷提起的诉讼，由票据支付地或者被告住所地人民法院管辖。(4) 因铁路、公路、水上、航空运输和联合运输合同发生的纠纷，由运输始发地、目的地或者被告住所地人民法院管辖。(5) 因铁路、公路、水上、航空事故请求损害赔偿提起的诉讼，由事故发生地或者车辆、船舶最先到达地、航空器最先降落地或者被告住所地人民法院管辖。(6) 因船舶碰撞或者其他海损事故请求损害赔偿提起的诉讼，由碰撞发生地、受害船舶最初到达地、加害船舶被扣留地或者被告住所地人民法院管辖。(7) 因海难救助费用提起的诉讼，由救助地或被救助船舶最初到达地人民法院管辖。

3. 专属管辖

专属管辖是指法律规定某些民事案件只能由特定的人民法院管辖。如因不动产提起的诉讼，由不动产所在地人民法院管辖；继承遗产的诉讼，由被继承人死亡时住所地或者主要遗产所在地人民法院管辖；因港口作业中发生纠纷提起的诉讼，由港口所在地人民法院管辖。

【案例分析】

刘某有子女三人。儿子刘某甲，大女儿刘某乙，小女儿刘某丙。刘某的妻子王某于五年前因病去世；大女儿刘某乙于1994年嫁到沙河县，并在那里工作；小女儿刘某丙于1996年嫁到南平县，后与丈夫一起调到来水市工作，并在那里居住。儿子刘某甲一家与老汉共同居住在老家安明县。1997年8月11日，刘某在进城途中不幸发生车祸身亡，留下私房六间，刘某乙与刘某丙闻讯赶至，十分悲痛，未与刘某甲提及继承遗产之事。1997年12月10日，刘某甲独自去河上钓鱼，因冰冻不实，掉进冰窟，因周围无人相救，刘某甲不幸被淹死。次年2月，刘某甲之妻沈某将六间私房中的一间留下自己居住，其余五间卖给了同村居民李某。不久，刘某乙得知此事，遂向法院起诉，要求确认她对房屋的所有权。

问： 本案应由哪个法院管辖？为什么？

分析： 本案应由安明县人民法院管辖。此案属于专属管辖，而非一般的地域管辖。1991年《民事诉讼法》第34条规定，“因不动产纠纷提起的诉讼，由不动产所在地人民法院管辖”。房屋属于不动产，因此，本案应当由不动产所在地安明县人民法院管辖。

4. 共同管辖、选择管辖与协议管辖

共同管辖，是指两个以上的法院对同一民事案件都有管辖权。如同案几个被告的住所地分别在几个法院的辖区内，这几个法院对这一案件都有管辖权。

选择管辖，是指原告在几个有管辖权的法院中选择一个法院为管辖法院。选择管辖是以共同管辖为前提的。

协议管辖又称约定管辖，是指当事人在纠纷发生前或纠纷发生后，以协议的方式来约定管辖法院。我国民事诉讼法规定涉外民事诉讼中的某些案件适用协议管辖。

（三）移送管辖

移送管辖，是指人民法院发现受理的案件不属于自己管辖时，应当移送有管辖权的人民法院，受移送的人民法院应当受理。受移送的人民法院认为受移送的案件依照规定不属于自己管辖的，应当报请上级人民法院指定管辖，不得再自行移送。

（四）指定管辖

指定管辖，是指有管辖权的人民法院由于特殊原因，如因当事人申请回避等，不能行使管辖权的，由上级人民法院指定管辖。人民法院对管辖权发生争议的，由争议双方协商解决；协商不成的，报共同上级人民法院指定管辖。

三、民事诉讼参加人

民事诉讼参加人是指参加民事诉讼的当事人和诉讼代理人。当事人包括原告和被告、共同诉讼人、第三人。诉讼参加人不同于诉讼参与人，诉讼参与人除诉讼参加人以外，还包括证人、鉴定人和翻译人员等。

（一）当事人

民事诉讼中的当事人，是指因民事权利义务发生争议，以自己的名义进行诉讼，案件审理结果与其有法律上的利害关系，并受人民法院裁判约束的人。公民、法人和其他组织都可以成为民事诉讼的当事人。

1. 原告与被告

原告是因民事权益发生争议或受到侵害，向人民法院起诉要求保护其合法权益的公民、法人或者其他组织。

被告是因民事权益发生争议或被指控侵害他人民事权益，而被人民法院通知应诉的公民、法人或者其他组织。

2. 共同诉讼人

当事人一方或双方为两人以上，其诉讼标的是共同的或者是同一种类，人民法院认为可以合并审理并经当事人同意的，为共同诉讼。共同诉讼中的当事人，统称为共同诉讼人。当事人一方人数众多的共同诉讼即集团诉讼，可以由法院公告登记权利人，由当事人推选代表人进行诉讼。

3. 第三人

第三人是指在民事诉讼中，对他人之间的诉讼标的有独立的请求权，或者与诉讼结果有法律上的利害关系，因而参加诉讼的人。第三人分为有独立请求权的第三人和无独立请求权的第三人。人民法院判决承担民事责任的第三人，有当事人的诉讼权利与诉讼义务。

【案例分析】

复兴小学学生王某（10岁），曾在某省小学生围棋比赛中获得瓷质奖杯一个。1994年，某小学为筹办校庆，校领导委托王某的班主任刘某到王某家借其奖杯用于校展览。在展出过程中，来宾李某与陈某因为争相观看奖杯，不慎在交接时将奖杯摔碎。事后，王某之父王某甲多次找某小学校长方某及班主任刘某索赔，但都遭到了拒绝。

问：如王某起诉，请列明诉讼参加人的地位。为什么？

分析：诉讼参加人如下：（1）原告：王某。原告的法定代理人：王某甲。（2）被告：某小学，法定代表人：方某。（3）无独立请求权第三人：李某与陈某。

在这起损害赔偿案中，与案件有直接利害关系的主体一方是作为受害方的王某，另一方是作为借用方的某小学，因此纠纷是在这二者之间展开的。只有这二者才能以自己的名义进行诉讼，成为原、被告双方当事人。至于李某和陈某，在这起纠纷中对损害结果负有一定责任，案件的裁判结果与他们有法律上的利害关系，所以，应该作为无独立请求权第三人参加诉讼。

（二）诉讼代理人

诉讼代理人是指为了被代理人的利益，以被代理人的名义，在法定的、指定的或者委托的权限范围内，进行诉讼活动的人。诉讼代理人分为法定代理人、指定代理人和委托代理人。委托他人代为诉讼，必须向人民法院提交由委托人签名或者盖章的授权委托书。授权委托书必须记明委托事项、委托权限及期限。诉讼代理人代为承认、放弃、变更诉讼请求，进行和解，提起反诉或者上诉，必须有委托人的特别授权。

离婚案件有诉讼代理人的，本人除不能表达意志的以外，仍应出庭；确因特殊情况无法出庭的，必须向人民法院提交书面意见。

四、反诉、财产保全、先予执行

（一）反诉

反诉，是指在已经开始的诉讼中，被告向原告提出的可以使原诉失去作用、撤销原诉，要求法院共同审理的独立的反请求。提出反诉，必须具备下列条件：（1）反诉的被告必须是本诉的原告；（2）提起反诉的时间必须是在开庭之前，最迟不超过判决以前；（3）反诉只能向审理本诉的人民法院提起；反诉与本诉的诉讼标的或者诉讼理由相互有牵连。

（二）财产保全

财产保全，是指人民法院对于可能因当事人一方的行为或者其他原因，使判决不能实际执行或者难以执行的案件，可以根据对方当事人的申请作出裁定或主动作出裁定，对诉讼涉及财产的一部或全部所采取的强制措施。保全措施的种类有：（1）查封财物，或指定持有人保管，不允许擅自处理或移动；（2）扣押财物及其证件材料，不准动用；（3）冻结银行存款。

申请人提出财产保全应当同时提出财产保全申请书及担保财产的有关文件，并缴纳与此相当的财产保全费。申请人不提供担保的，驳回申请。申请人在人民法院采取保全措施 15 日内不起诉的，人民法院应当解除财产保全。

被申请人提供担保，以现金或财物及其证件材料作抵押或质押的，人民法院应当解除财产保全。

（三）先予执行

先予执行，又称暂先执行、先行给付，是指人民法院为了满足某种诉讼请求，在判决以前作出书面裁定，强制被申请人履行一定的义务，并且立即执行的诉讼活动。采取先予执行的前提条件有两个：（1）原告人的生活确实有困难；（2）双方当事人之间的权利义务关系比较明确。民事诉讼法规定，可以采取先予执行的案件有：追索抚恤金、抚育费、赡养费、抚养费、医疗费、劳动报酬的案件，以及其他因情况紧急需要先予执行的案件。

五、民事诉讼证据及举证责任

（一）证据

证据，是指能够证明案件真实情况的事实。民事诉讼证据有七种，即书证、物证、视听资料、证人证言、当事人的陈述、鉴定结论、勘验笔录。

（二）举证责任

举证责任，是指当事人在诉讼中对于自己提出的主张，有提供证据证明其真实、合法的责任。《民事诉讼法》第 64 条第 1 款规定："当事人对自己提出的主张，有责任提供证据。"按照这一规定，即"谁主张，谁举证"。无论是原告提出诉讼请求，被告反驳、否定原告的主张以及提出反诉，还是有独立请求权的第三人对原、被告间争议的诉讼标的主张独立的请求权，都必须承担举证责任。人民法院也可以调查收集证据。

举证责任倒置，是指法律有明确规定的，举证责任由被告承担，如医疗纠纷等。

【案例分析】

几个小孩玩弹弓，互相射击，不小心，其中一个孩子的眼睛被射伤，但受害者却无法举证到底是谁射伤了自己的眼睛。

问：本案是否适用举证责任倒置？

分析：适用。最高人民法院《民诉证据若干规定》第 4 条第 1 款第 7 项规定，共同危险行为致人损害的侵权诉讼，由实施危险行为的人就其行为与损害结果之间不存在因果关系承担举证责任。故本案原告在诉讼中只须证明被告实施了具有危险性质的行为，以及这种行为给自己造成了侵害；而数个被告中的每一个则必须对造成损害是否是自己行为所致负举证责任，若不能证明，就被推定为共同过失，负连带赔偿责任。这是法律对共同危险行为的制裁。

（三）证据保全

证据保全，是指法院、当事人或公证机关在调查收集证据之前，对可能灭失或以后难以取得的证据采取措施加以收集和保存的制度，如照相、录音等，并可由公证机关在诉讼前公证。

采取证据保全的条件有：(1) 需要保全的事实材料是能证明案件事实的证据；(2) 该证据如不及时采取保全措施，则可能灭失或以后难以取得；(3) 保全措施必须在法院调查开始前采取。

六、民事诉讼强制措施

民事诉讼中的强制措施，是指为了保障民事诉讼活动的顺利进行，而对妨害民事诉讼的行为人所采取的一种强制方法。

民事诉讼法规定的强制措施有五种：拘传、训诫、责令退出法庭、罚款、拘留。(1) 拘传，是指对必须到庭，经两次合法传唤无正当理由拒不到庭的被告，强制其到庭参加诉讼活动的强制措施。(2) 训诫，是指对妨害民事诉讼的行为人给予口头批评、教育的强制措施。(3) 责令退出法庭，是指责令妨害民事诉讼的行为人立即离开法庭的强制措施。(4) 罚款，是指责令妨害民事诉讼的行为人交付一定数量的货币的强制措施。对个人的罚款金额，为人民币 1 000 元以下。对单位的罚款金额，为人民币 1 000 元以上 3 万元以下。(5) 拘留，是指人民法院对于妨害民事诉讼行为情节严重的，在一定时间内限制行为人人身自由的强制措施。拘留的期限为 15 日以下。

七、诉 讼 费 用

诉讼费用，是指在民事诉讼当中，当事人依法向人民法院交纳和支付的各种费用。财产案件除交纳案件受理费外，还应按规定交纳其他诉讼费用。当事人交纳诉讼费用确有困难的，可规定向人民法院申请缓交、减交或免交。

八、民事诉讼审判程序

民事诉讼审判程序包括第一审普通程序、简易程序、第二审程序、特别程序、审判监督程序、督促程序、公示催告程序和企业法人破产还债程序。

（一）第一审普通程序

第一审普通程序是人民法院审理民事案件时通常适用的程序。它是整个民事诉讼的基础程序，是审判程序中最为完整和系统的程序。主要分为如下阶段。

1. 起诉与受理

(1) 起诉

起诉是指原告向人民法院提出诉讼请求的行为。起诉必须具备四个条件：① 原告是与本案有直接利害关系的公民、法人或其他组织；② 有明确的被告；③ 有具体的诉讼请求和事实、理由；④ 属于人民法院受理民事诉讼的范围和受诉人民法院管辖。

起诉应以书面方式提出，即向人民法院递交起诉状，并按被告人数提交起诉状副本。

（2）受理

受理是指人民法院经过对起诉的审查，认为符合法定条件，予以立案审理的诉讼行为。

人民法院经过对起诉的审查，认为符合法定起诉条件的，应当在 7 日内立案，并通知当事人。法院决定受理后，诉讼即告成立，诉讼法律关系随之产生，人民法院和诉讼参加人都必须严格按照法定程序进行诉讼活动。人民法院认为不符合起诉条件的，应在 7 日内裁定不予受理；原告对裁定不服的，可提起上诉。如依法属于行政诉讼受案范围的，告知原告提起行政诉讼。判决不准离婚与调解和好的离婚案件，判决、调解维持收养关系的案件，没有新的理由，原告在 6 个月内又起诉的，不予受理。

2. 审理前的准备

审理前的准备，是人民法院受理起诉以后为开庭审理所做的准备工作。

人民法院受理起诉后 5 日内应当将起诉状副本发送被告，告知被告在收到之日起 15 日内提出答辩状或者反诉状。被告提出答辩状的，人民法院应当在收到之日起 5 日内将答辩状副本发送原告。被告不提出答辩状的，不影响人民法院审理。

审判人员必须认真审阅诉讼材料，进行调查研究，必要时可以收集证据。人民法院派出人员进行调查时，应当向被调查人出示证件。调查笔录经被调查人校阅后，由被调查人、调查人签名或者盖章。

人民法院在必要时可以委托外地人民法院调查。委托调查，必须提出明确的项目和要求。受委托人民法院可以主动补充调查。受委托人民法院收到委托书后，应当在 30 日内完成调查；因故不能完成的，应当在上述期限内函告委托人民法院。

必须共同进行诉讼的当事人没有参加诉讼的，人民法院应当通知其参加诉讼。当事人可以向法庭提出证据保全或者申请财产保全、先予执行。

3. 开庭审理

开庭审理，是指人民法院在法庭上依法对案件进行审理的诉讼活动，包括开庭准备、法庭调查、法庭辩论、评议与宣判四个阶段。

（1）开庭准备

人民法院审理民事案件，应当在开庭 3 日以前送达出庭通知，发出公开审理公告。开庭前要查明当事人和其他诉讼参与人是否到庭。开庭时要宣布案由，宣布法庭纪律，宣布审判员、书记员名单，询问当事人是否申请回避，告知当事人的诉讼权利和义务。

（2）法庭调查

证据应当在法庭上出示，并由当事人互相质证。对于涉及国家秘密、商业秘密和个人隐私的证据应当保密。需要在法庭出示的，不得在公开开庭时出示。

法庭调查围绕案件事实及有关证据进行，包括：询问当事人和听取当事人陈述；询问证人，宣读证人证言；询问鉴定人，宣读鉴定结论；出示物证、书证和视听资料；宣读勘验笔录。

（3）法庭辩论

法庭辩论是由当事人根据事实和法律，围绕诉讼请求和答辩意见进行。先由原告及其诉讼代理人发言，再由被告及其诉讼代理人答辩，然后双方互相辩论。法庭辩论终结，由审判长按原告、被告、第三人的先后顺序征询各方最后意见。

（4）评议与宣判

法庭辩论终结后，可以再行调解。若调解未达成协议，审判人员则退庭评议，对案件作出处理决定。然后，当庭或定期宣告判决。宣告判决一律公开进行。宣判时，要告知当事人有关上诉的权利，告诉离婚案件的当事人在离婚判决生效前不得另行结婚。

下列情况可以缺席判决：① 原告经传票传唤，无正当理由拒不到庭，或者未经法庭许可中途退庭，被告反诉的；② 被告经传票传唤，无正当理由拒不到庭，或者未经法庭许可中途退庭的；③ 宣判前，人民法院裁定原告不准许撤诉，原告经传票传唤，无正当理由拒不到庭的。最高人民法院的判决、裁定，以及依法不准上诉或者超过上诉期没有上诉的判决、裁定，是发生法律效力的判决、裁定。

（二）简易程序

简易程序，是基层人民法院和它派出的法庭审理简单民事案件所适用的程序。所谓简单民事案件，是指事实清楚、权利义务关系明确、争议不大的民事案件。

简易程序的特点：（1）起诉方式（可口头起诉）和受理程序简便（可当即审理）；（2）传唤或通知当事人、其他诉讼参与人的方式灵活，可用简便方式随时传唤当事人、证人；（3）由审判员一人独任审理；（4）开庭审理程序简化；（5）审理期限短，应在立案之日起 3 个月内审结。

（三）第二审程序

第二审程序，是指人民法院审理上诉案件所适用的程序。上诉必须由法定的上诉人在法定期限内以上诉状的形式提出。法定的上诉人包括当事人、法定代理人、法定代表人，委托代理人须经被代理人特别授权才能提起上诉。对判决提起上诉的期限为 15 日，对裁定提起上诉的期限为 10 日。当事人不得单独就诉讼费用的决定提出上诉。上诉状应当通过原审人民法院提交，也可以直接向第二审人民法院上诉。

第二审人民法院应当组成合议庭，对上诉案件进行开庭审理。二审法院审理上诉案件后，根据不同情况，可以作出以下处理：（1）维持原判决。二审法院通过对上诉案件的审理，确认一审判决认定事实清楚，适用法律正确，便作出驳回上诉人的上诉，维持一审判决的判决。(2) 依法改判。二审法院经过审理，确认原判决认定事实清楚，证据充分，但适用法律错误的；或者原判决认定事实错误，或原判决认定事实不清、证据不足的，可查清事实后依法改判。(3) 撤销原判、发回重审的裁定。这种裁定适用于以下情况：一审判决认定事实错误，或者认定事实不清，证据不足的；一审违反法定程序，可能影响案件正确判决的。

第二审人民法院审理不服判决的上诉案件，应在第二审立案之日起 3 个月内审结，有特殊情况需延长的，报请本院院长批准。审理不服裁定的上诉案件，应在第二审立案之日起 30 日内作出裁定，不得延长。

第二审人民法院的判决、裁定，是终审的判决、裁定。

（四）特别程序

特别程序是人民法院审理法定的特殊案件所适用的程序。这里的特殊案件是指：选民资格案件；宣告失踪、宣告死亡案件；认定公民无民事行为能力或者限制民事行为能力案件；认定财产无主案件。

（五）审判监督程序

审判监督程序，亦称再审程序，是指人民法院对已发生法律效力又确有错误的判决和裁定，进行再一次审理所适用的程序。

人民法院再审案件，应当另行组成合议庭。再审案件，原为第一审的，依第一审程序；原为第二审的，依第二审程序；上级人民法院提审的，依第二审程序。

（六）督促程序、公示催告程序、企业法人破产还债程序

1. 督促程序，是债权人申请人民法院发出支付令，督促债务人履行一定给付义务的程序。债权人请求债务人给付金钱、有价证券，在债权人与债务人没有其他债务纠纷，并且支付令能够送达债务人的条件下，可以向有管辖权的基层人民法院申请支付令。

人民法院受理申请后，经审查认为债权债务关系明确、合法的，应当向债务人发出支付令。债务人在法定期限内不提出异议又不履行支付令的，债权人可以向人民法院申请执行。如果债务人依法向人民法院提出异议，人民法院收到异议后，应当裁定终止督促程序，支付令自行失效。债权人可以向人民法院提起民事诉讼。

2. 公示催告程序，是指人民法院根据丧失票据的当事人的申请，以公告的方式催促不明确的利害关系人在规定期间内申报权利，否则将判决宣告利害关系人持有的票据无效的一种程序。

3. 全民所有制企业的破产还债程序适用《中华人民共和国企业破产法（试行）》的规定，其他企业法人的破产适用《中华人民共和国民事诉讼法》规定的企业法人破产还债程序。

（七）执行程序

执行程序，是指人民法院依法定程序，运用国家强制力，采取强制执行措施，强制义务人履行已发生法律效力的法律文书所确定的义务的程序。

对于已经发生法律效力的民事判决、裁定，以及刑事判决、裁定中的财产部分，由第一审人民法院执行。法律规定由人民法院执行的其他法律文书（如仲裁裁决书、公证机关依法赋予强制执行效力的债权文书等)，由被执行人住所地或者被执行的财产所在地人民法院执行。当事人、利害关系人认为执行行为违反法律规定的，可向负责执行的人民法院提出书面异议。

申请执行的期限，双方或者一方当事人是公民的为 1 年，双方是法人或者其他组织的为 6 个月。从法律文书规定的履行期间的最后一日起计算；法律文书规定分期履行的，从规定的每次履行期间的最后一日起计算。

被执行人未按执行通知履行法律文书确定的义务，人民法院有权向银行、信用合作社和其他有储蓄业务的单位查询被执行人的存款情况，有权冻结、划拨被执行人的存款，但查询、冻结、划拨存款不得超出被执行人应当履行义务的范围。人民法院决定冻结、划拨存款，应当作出裁定，并发出协助执行通知书，银行、信用合作社和其他有储蓄业务的单位必须办理。被执行人未按执行通知履行法律文书确定的义务，人民法院有权扣留、提取被执行人应当履行义务部分的收入，但应当保留被执行人及其所扶养家属的生活必需费用。人民法

院扣留、提取收入时，应当作出裁定，并发出协助执行通知书，被执行人所在单位、银行、信用合作社和其他有储蓄业务的单位必须办理。

被执行人未按执行通知履行法律文书确定的义务，人民法院有权查封、扣押、冻结、拍卖、变卖被执行人应当履行义务部分的财产，但应当保留被执行人及其所扶养家属的生活必需品。人民法院查封、扣押财产时，被执行人是公民的，应当通知被执行人或者他的成年家属到场；被执行人是法人或者其他组织的，应当通知其法定代表人或者主要负责人到场。拒不到场的，不影响执行。被执行人是公民的，其工作单位或者财产所在地的基层组织应当派人参加。对被查封、扣押的财产，执行员必须造具清单，由在场人签名或者盖章后，交被执行人一份。被执行人是公民的，也可以交他的成年家属一份。对于被查封的财产，执行员可以指定被执行人负责保管。因被执行人的过错造成的损失，由被执行人承担。

（八）诉讼中止与终结

1. 诉讼中止

有下列情形之一的，中止诉讼：（1）一方当事人死亡，需要等待继承人表明是否参加诉讼的；（2）一方当事人丧失诉讼行为能力，尚未确定法定代理人的；（3）作为一方当事人的法人或者其他组织终止，尚未确定权利义务承受人的；（4）一方当事人因不可抗拒的事由，不能参加诉讼的；（5）本案必须以另一案的审理结果为依据，而另一案尚未审结的；（6）其他应当中止诉讼的情形。中止诉讼的原因消除后，恢复诉讼。

2. 诉讼终结

有下列情形之一的，终结诉讼：（1）原告死亡，没有继承人，或者继承人放弃诉讼权利的；（2）被告死亡，没有遗产，也没有应当承担义务的人的；（3）离婚案件一方当事人死亡的；（4）追索赡养费、扶养费、抚育费以及解除收养关系案件的一方当事人死亡的。

第三节　行政诉讼法

行政诉讼，是指人民法院根据公民、法人或其他组织的请求，依法审理和解决行政案件的活动。它的特点是：（1）它由行政管理活动中的被管理者公民、法人或其他组织提起；（2）被告只能是作出某一具体行政行为的特定的行政机关，而不能是任何行政机关；（3）它是被管理者认为某一具体行政行为致使其合法权益受到了侵害而请求司法保护的诉讼；（4）它以行政机关的某一具体行政行为是否合法为裁判对象。

一、行政诉讼法的特有原则

（一）选择复议原则

选择复议原则，是指在法律、法规没有明确规定必须经过复议的情况下，相对方对行政处理决定不服时，既可以先向上一级行政机关或法律规定的特定机关申请，对复议决定不服，再向人民法院起诉，也可以不经复议直接向人民法院起诉。

（二）审查具体行政行为合法性原则

抽象行政行为和具体行政行为都有可能对公民、法人或者其他组织的合法权益构成侵害，但根据《行政诉讼法》规定，公民、法人或者其他组织只能在认为具体行政行为侵犯了自己的合法权益时，才可以向人民法院起诉，如果抽象行政行为的规定影响、妨碍或者侵犯了自己的合法权益时，则不能向人民法院起诉。

（三）具体行政行为不因诉讼而停止执行原则

《行政诉讼法》规定，诉讼期间，不停止具体行政行为的执行。行政诉讼法同时也考虑到在某些特殊的情况下，具体行政行为应当停止执行，否则将可能造成不必要的损失。具体情形有：1. 被告认为需要停止执行的；2. 原告申请停止执行，人民法院认为该具体行政行为的执行将会造成难以弥补的损失，并且停止执行不会损害社会公共利益，裁定停止执行的；3. 法律法规规定停止执行的。

（四）不适用调解原则

不适用调解原则，是指人民法院审理行政案件，既不能把调解作为诉讼过程中的一个必经阶段，也不能把调解作为结案的一种方式。但是，《行政诉讼法》规定，赔偿诉讼可以适用调解。因为赔偿诉讼一般不涉及行政机关的法定职权，仅在于对损害事实的认定及相应的赔偿。因此双方可以通过协商的方式来解决行政赔偿责任问题。

（五）司法变更权有限原则

司法变更权，是指人民法院对被诉具体行政行为经过审理后改变该具体行政行为的权力。司法变更权涉及司法权与行政权的关系问题。《行政诉讼法》既考虑到最大限度地保护向对方合法权益的需要及保障司法权有效性，又考虑到法定的权力分配关系，规定“行政处罚显失公正的，可以裁决变更”。因此，人民法院的司法变更权仅限于在行政处罚显失公正的情形下才可以行使。

二、证据及举证责任

行政诉讼法规定，行政诉讼证据有七种，即书证、物证、视听资料、证人证言、当事人的陈述、鉴定结论、勘验笔录。其中行政诉讼法在勘验笔录类中，增加规定了一个现场笔录。

行政诉讼法规定，被告，即作出具体行政行为的行政机关，要对其作出的具体行政行为负举证责任。这些举证责任包括：（1）行政机关提供作出该具体行政行为的证据，说明事实上的、法律上的依据；（2）提供适用法律、法规和其他规范性文件的证据；（3）提供证明具体行政行为属于其职权范围的证据；（4）提供证明具体行政行为的作出符合法定程序的证据；（5）提供行使职权符合立法目的证据；（6）提供关于行政处罚合理的证据；（7）提供其不履行或拖延履行法定职责的合法事由或正当理由的证据等。

【案例分析】

张某现居住在成都市，其户口关系等均在成都市。1990年张某经成都市劳动局将其工资关系等转至成都市某国有企业，但张某一直未去该单位工作，该国有企业也从未找过张某。2004年5月张某去该企业要求办理退休手续，该企业认为本单位并无此人，张某却以自己的户口等是随从工资关系一起于1990年迁入成都市的为由要求该国有企业为其办理手续，该企业在调查档案后发现张某的劳资关系并未迁入该单位。于是张某以劳动局为被告提起诉讼。在法院审理过程中发现是劳动局由于工作失误未将张某的工资关系交给该企业。

问：（1）张某应承担什么举证责任？（2）因此案牵涉时间久远原经办人员已不在该单位，应当由谁承担责任？

分析：（1）《行政诉讼法》规定，被告对作出的具体行政行为负有举证责任，应当提供作出该具体行政行为的证据和所依据的规范性条件。张某只需要证明自己在2004年5月之前并不知道侵权行为的存在，提交申请的材料，其余举证责任均由劳动局承担。（2）由于行政诉讼的被告只能是行政主体，所谓行政主体是包括国家行政机关，是法律、法规授权的组织。该案件中原经办人员作出的行政行为属于职务行为，由职务行为所产生的一切法律后果由行政机关承担，本案中劳动局才是行政机关，责任应该由劳动局承担。

三、行政诉讼受案范围与管辖

（一）行政诉讼的受案范围

行政诉讼的受案范围，是指人民法院受理并审理行政争议的范围，即人民法院受理行政案件的权限。人民法院受理的行政案件有以下几类：

（1）不服行政处罚的案件；

（2）不服行政强制措施的案件；

（3）认为行政机关侵犯法律规定的经营自主权的案件；

（4）对行政机关拒绝颁发许可证和执照或者不予答复不服的案件；

（5）申请行政机关履行法定职责而被拒绝或者不予答复的案件；

（6）认为行政机关没有依法发给抚恤金的案件；

（7）认为行政机关违法要求履行义务的案件；

（8）认为行政机关侵犯其他人身权、财产权的案件。

人民法院不予受理的事项有：

（1）国防、外交等国家行为；

（2）行政法规、规章或行政机关制定、发布的具有普遍约束力的决定、命令；

（3）行政机关对行政工作人员的奖惩、任免等决定；

（4）法律规定由行政机关最终裁决的具体行政行为。

（二）行政诉讼的管辖

行政诉讼的管辖，是指上下级法院之间和同级法院之间受理第一审行政案件的分工和权限。行政诉讼法规定的管辖可分为级别管辖、地域管辖、移送管辖和指定管辖。

1. 级别管辖

级别管辖是指上下级法院受理第一审行政案件的分工和权限。最高人民法院管辖全国范围内重大、复杂的行政案件；高级人民法院管辖本辖区内重大、复杂的行政案件；中级人民法院管辖确认发明专利权的案件和海关处理的案件，对国务院各部门或者省、自治区、直辖市人民政府所作出的具体行政行为提起诉讼的案件，本辖区内重大、复杂的案件；基层人民法院管辖除上级人民法院管辖的第一审行政案件以外的其他行政案件。

2. 地域管辖

地域管辖是指同级法院之间受理第一审行政案件的分工和权限。它根据法院的辖区与当事人所在地或者诉讼标的所在地的关系确定第一审行政案件的管辖。地域管辖分为一般地域管辖和特殊地域管辖。

一般地域管辖是按照最初作出具体行政行为的行政机关所在地而确定的管辖。凡是未经复议而直接向法院起诉的，或者经过复议后而维持原决定，当事人不服向法院起诉的，均由最初作出具体行政行为的行政机关所在地法院管辖。

特殊地域管辖有以下几种情况：（1）因不动产提起的行政诉讼，由不动产地人民法院管辖；（2）经过复议，复议机关改变原具体行政行为的，由最初作出具体行政行为的行政机关所在地或者由复议机关所在地的法院管辖；（3）对限制人身自由的行政强制措施不服提起的行政诉讼，由被告所在地或原告所在地法院管辖。原告可以选择向两个或两个以上有管辖权的法院中的一个起诉。

3. 移送管辖

移送管辖是指某一法院受理行政案件后，发现自己对该案件没有管辖权，将案件移送有管辖权的法院审理。移送法院的移送裁定对接受移送的法院有约束力，接受移送的法院不得再自行移送。接受移送的法院如果认为移送的案件也不属于自己管辖，应说明理由，报请共同上一级法院，由其指定某个下级法院管辖。

4. 指定管辖

指定管辖是指上级法院以裁定的方式指定某一下级法院管辖某一行政案件。另外，行政诉讼法还规定，上级人民法院有权审判下级人民法院管辖的第一审行政案件，也可以把自己管辖的第一审行政案件移交下级人民法院审判。下级人民法院对其管辖的第一审行政案件，认为需要由上级人民法院审判的，可以报请上级人民法院决定。

四、行政诉讼参加人

行政诉讼参加人，是指依法参加行政诉讼活动，与行政诉讼争议或诉讼结果存在直接利害关系的人。行政诉讼参加人包括当事人、共同诉讼人、诉讼中的第三人和诉讼代理人。行政诉讼参加人不同于行政诉讼参与人，行政诉讼参与人还包括证人、勘验人、鉴定人、翻译人员。

（一）行政诉讼当事人

行政诉讼当事人，是指因具体行政行为的合法性发生争议，以自己的名义起诉、应诉和参加诉讼，并受人民法院裁判约束的人。广义的当事人包括原告、被告和第三人。

1. 原告

行政诉讼的原告是指对行政机关的具体行政行为不服，向人民法院起诉请求法律保护的公民、法人或者组织。行政诉讼实行不告不理原则，没有原告，没有原告的发动，具体的诉讼就无法形成。

原告资格是法律赋予特定人提起诉讼的权利，通常不能转移，但在特定情况下，法律规定原告资格可以转移。原告资格转移有两种情况：（1）有权起诉的公民死亡，其近亲属可以提起诉讼。近亲属的范围包括配偶、父母、子女、兄弟姐妹、祖父母、外祖父母、孙子女、外孙子女。（2）有权起诉的法人或者其他组织终止，承受其权利的法人或者其他组织可以提起诉讼。

2. 被告

行政诉讼的被告是指作出原告指控具体行政行为侵犯原告合法权益并向人民法院起诉，人民法院受理后通知应诉的行政主体。

行政诉讼的被告分为以下几种类型：（1）直接起诉的被告；（2）经过复议程序的被告；（3）共同作出具体行政行为的被告；（4）法律、法规授权组织作出的行政行为，该组织是被告；（5）由行政机关委托的组织所作出的具体行政行为，委托的行政机关是被告；（6）行政机关被撤销的，继续行使职权的行政机关是被告。

（二）共同诉讼人

共同诉讼是当事人一方或者双方为两人以上的诉讼。共同诉讼人包括共同原告和共同被告。共同诉讼分为必要的共同诉讼和普通的共同诉讼。

必要的共同诉讼，是指当事人一方或双方为两人以上，诉讼标的是同一具体行政行为的诉讼。必要共同诉讼中的共同原告和共同被告统称为必要共同诉讼人。

普通的共同诉讼，是指当事人一方或双方为两人以上，诉讼标的相同，由法院合并审理的诉讼。普通共同诉讼中的共同原告和共同被告统称为普通共同诉讼人。

（三）行政诉讼第三人

行政诉讼第三人，是指与被诉具体行政行为有利害关系，申请参加或由人民法院通知参加行政诉讼的公民、法人或者其他组织。第三人具有独立的诉讼地位，是原告、被告以外的人，参加的是他人已经开始、尚未结束的诉讼。第三人加入行政诉讼程序有利于维护自身的合法权益。

（四）诉讼代理人

行政诉讼代理人，是指在代理权限内，以当事人的名义进行行政诉讼的人。行政诉讼代理可基于法律规定发生，也可由当事人委托成立。行政诉讼代理人按照代理权产生依据不同，分为三类：（1）法定代理人；（2）指定代理人；（3）委托代理人。

五、行政诉讼程序

行政诉讼程序主要由起诉与受理、第一审程序、第二审程序、审判监督程序和执行程序等构成。

（一）起诉与受理

1. 起诉

行政诉讼的起诉有两种类型：（1）直接向法院起诉。只要法律、法规没有明确规定必须经过复议的，公民、法人或其他组织对具体行政行为不服时，都可以直接向法院起诉。（2）经复议后向法院起诉。这又分为两种情况：一是法律、法规明确规定必须经过复议程序才能向人民法院起诉；二是虽然法律、法规没有规定必须经过复议，但公民、法人或其他组织自愿选择先申请复议，对复议决定不服，再向法院起诉。

起诉的条件是：（1）原告是认为具体行政行为侵犯其合法权益的公民、法人或者其他组织；（2）有明确的被告；（3）有具体的诉讼请求和事实根据；（4）属于人民法院受案范围和受诉人民法院管辖；（5）法律、法规规定在起诉前必须向行政机关申请复议的，应经过行政复议，或者复议机关逾期不作复议决定后才能起诉。

另外，起诉必须在法定期限内提出。主要的时效期限有：（1）公民、法人或其他组织直接向法院起诉的，应当在知道作出具体行政行为之日起 3 个月内提出（法律、法规对期限另有规定的除外）；（2）行政复议机关逾期不作答复的，申请人可在复议期满之日起 15 日内向人民法院起诉；（3）申请人对复议决定不服的，在收到复议决定之日起 15 日内可以向人民法院起诉；（4）行政机关作出具体行政行为时，未告知当事人诉权或者起诉期限，致使当事人逾期向法院起诉的，其起诉期限从当事人实际知道或者应当知道起诉期限时起算，但逾期的时间最长不超过 1 年；（5）公民、法人或者其他组织因不可抗力或者其他特殊情况耽误法定期限的，在障碍消除后的 10 日内，可以申请延长期限。

起诉应以书面方式提出，即向人民法院递交起诉状，并按被告人数提交起诉状副本。

2. 受理

人民法院接到原告的起诉状后，经审查认为起诉符合法定受理条件的，应当在 7 日内立案，并通知原告；认为起诉不符合条件的，应当在 7 日内作出裁定，通知原告不予受理。原告对不予受理的裁定不服，可以在接到裁定之日起 10 日内向上级法院提起上诉。

（二）第一审程序

人民法院审理行政案件一律实行合议制。合议庭在审判长组织领导下进行活动。合议庭成员平等，对于案件的调查、审理、裁判及其他重要问题，由全体成员共同研究，按照多数决定原则作出决定。合议庭成员对其所审理的案件负集体责任。行政诉讼的一审程序与民事诉讼的一审程序相类似，在此不再赘述。

人民法院经过审理，根据不同情况可以作出四种类型的判决：

第一，维持判决。人民法院经过审理，认定被诉具体行政行为证据确凿，适用法律、法规正确，符合法定程序，便判决维持被告作出的具体行政行为。

第二，撤销判决。人民法院认定被诉具体行政行为有下列情形之一的，应作出撤销判决：主要证据不足，即被告向法院提交的证据不能证实其作出的被诉具体行政行为所认定的基本事实；适用法律、法规错误；违反法定程序；超越职权，即具体行政行为超越了法律、法规的授权范围；滥用职权，即具体行政行为虽然在其自由裁量权限内，但背离了法律、法规的目的和宗旨等。撤销判决分为判决全部撤销、判决部分撤销及判决撤销并责成被告重新作出具体行政行为三种情况。

第三，限期履行判决。人民法院经过审理，认定被告有不履行或拖延履行法定职责的情形，可作出判决要求被告履行法定职责。限期履行适用于下列情况：符合法定条件，向被告申请颁发许可证和执照，被告拒绝颁发或不予答复的；被告没有依法发给抚恤金的；申请被告履行保护人身权、财产权的法定职责，被告拒绝履行或不予答复的。

第四，变更判决。在行政处罚显失公正时，法院可作出改变具体行政行为的判决。所谓显失公正，是表示具有通常法律和道德认识水准的人均可以发现和确认该处罚明显地失去了法律的公正性，如处罚畸轻畸重、反复无常、同样情况不同对待及不同情况同样对待等。

（三）第二审程序

行政诉讼的第二审程序与民事诉讼的第二审程序相似。二审法院审理上诉行政案件后，根据不同情况，可以作出维持判决和依法改判两种类型的判决和发回重审的裁定。

（四）审判监督程序

审判监督程序是人民法院发现已经发生法律效力的判决、裁定违反法律、法规，依法对案件再次进行审理的程序。它不是必须经过的审理程序，不具有审级的性质。审判监督程序包括再审程序和提审程序。

再审程序是指人民法院为了纠正已经发生法律效力的判决、裁定的错误，依照审判监督程序对案件再次进行审判的活动。再审分为自行再审和指令再审。提审程序是指上级人民法院按照审判监督程序对下级人民法院裁判已经生效的行政案件进行审理的活动。

审判监督案件的审理分别适用第一、第二审程序：只经过第一审程序审结的案件，无论是自行再审或指令再审，仍适用第一审程序，作出的裁判是第一审裁判，当事人不服，可以提起上诉；凡经过第二审程序审结的案件，无论是自行再审或指令再审，只能适用第二审程序，所作裁判为终审裁判，当事人不服，不得上诉；凡是最高人民法院或上级人民法院按照审判监督程序提审的案件，应按第二审程序进行审理，所作裁判为终审裁判，当事人不得上诉。

（五）执行程序

行政案件的执行是指人民法院按照法定程序，对已经生效的法律文书，在负有义务的一方当事人拒不履行义务时，强制其履行义务，保证生效法律文书的内容得到实现的活动。执行的管辖有两种情况：发生法律效力的行政判决、裁定和行政赔偿调解书，由第一审人民法院执行；行政机关申请人民法院强制执行其作出的法律文书的，由被执行人所在地的人民法院受理执行。

人民法院主要是根据当事人的申请启动执行程序：公民、法人或其他组织拒绝履行法院法律文书的，被告行政机关可以提出执行申请；行政机关拒绝履行法院法律文书的，作为原告或者第三人的公民、法人及组织可以提出执行申请；行政管理相对人拒绝履行行政机关的法律文书，又不起诉，并且法律、法规规定应当申请人民法院强制执行的，作出该法律文书的行政机关可以向人民法院提出执行申请。

行政诉讼法规定的执行措施主要包括：(1) 对公民、法人及其他组织的执行措施，主要有：划拨或者转交、扣留、提取被执行人的存款或者劳动收入；查封、扣押、冻结、变卖被执行人的财产；强制迁出房屋；强制拆除违章建筑或强制退出土地等。(2) 对被告行政机关适用的执行措施，主要有：对于应当归还的罚款或者应当给付的赔偿金，通知银行从该行政机关的账户内划拨；在规定期限内不履行的，从期满之日起，对该行政机关按日处50元至100元的罚款；向该行政机关的上一级行政机关或者监察、人事机关提出司法建议；拒不执行判决、裁定，情节严重，构成犯罪的，依法追究主管人员和直接责任人员的刑事责任。

第四节 刑事诉讼法

刑事诉讼有广义和狭义之分。广义刑事诉讼是指法院的审判、公诉机关的起诉和侦查机关的侦查等一系列诉讼活动的总称；狭义的刑事诉讼仅指法院的刑事审判活动的过程和程序。我国刑事诉讼理论一般对刑事诉讼采取广义解释。

刑事诉讼具有如下特点：(1) 刑事诉讼是一种国家活动，是国家特定机关行使刑罚权的活动；(2) 刑事诉讼的任务是通过揭露犯罪、证实犯罪、追究犯罪人的刑事责任，惩罚犯罪人，保障无辜的人不受刑事追究；(3) 刑事诉讼是在当事人和其他诉讼参与人的参加下进行的；(4) 刑事诉讼必须依照法定程序进行。

一、刑事诉讼法的特有原则

我国刑事诉讼法除了适用三部诉讼法共同的基本原则以外，还有下列特有的原则：

(1) 依靠群众原则。《刑事诉讼法》第6条规定，人民法院、人民检察院和公安机关进行刑事诉讼，必须依靠群众。这一原则要求专门机关在刑事诉讼中要正确处理专门工作与依靠群众的关系。

(2) 公、检、法三机关分工负责，互相配合，互相制约原则。《刑事诉讼法》第7条规定，人民法院、人民检察院、公安机关进行刑事诉讼，应当分工负责，相互配合，相互制约，以保证准确有效地执行法律。这一原则是解决刑事诉讼中专门机关之间相互关系的基本准则。

(3) 未经人民法院依法判决，不得确定任何人有罪原则。《刑事诉讼法》第12条规定，未经人民法院依法判决，对任何人不得确定有罪。这一原则吸收了西方国家“无罪推定”精神的内核。

(4) 保障诉讼参与人享有诉讼权利原则。《刑事诉讼法》第14条第1款规定，人民法院、人民检察院和公安机关应当保障诉讼参与人依法享有的诉讼权利。这是一个国家司法文明的标志。

二、刑事诉讼管辖

刑事案件的管辖，是指人民法院、人民检察院和公安机关依照法律规定立案受理刑事案件以及人民法院系统内审判第一审刑事案件的分工制度，包括立案管辖和审判管辖。

（一）立案管辖

立案管辖，又称职能管辖或部门管辖，是指公安机关、人民检察院和人民法院各自直接受理刑事案件的分工和权限。立案管辖所要解决的是刑事案件应当由公、检、法机关中的哪一个机关立案受理的问题。

我国《刑事诉讼法》第 18 条对公、检、法三机关的立案管辖作了明确规定，主要内容包括：（1）除了法律另有规定的以外，刑事案件的侦查由公安机关进行。这里所谓“法律另有规定”是指国家安全机关对危害国家安全的案件，军队保卫部门对军队内部发生的刑事案件，以及监狱对在监狱内的罪犯犯罪案件，行使侦查权。（2）贪污贿赂犯罪，国家机关工作人员的渎职犯罪。国家机关工作人员利用职权实施的非法拘禁、刑讯逼供、报复陷害、非法搜查等侵犯公民人身权利以及侵犯公民民主权利的犯罪，由人民检察院立案侦查。此外，国家机关工作人员利用职权实施的其他重大的犯罪案件，需要由人民检察院直接受理的时候，经省级以上人民检察院决定，可以由人民检察院立案侦查。（3）自诉案件，由人民法院直接受理。自诉案件是指由被害人及其法定代理人直接向人民法院起诉的刑事案件。其具体包括：告诉才处理的案件；被害人有证据证明的轻微的刑事案件；被害人有证据证明对被告人侵犯自己人身、财产权利的行为应当追究刑事责任，而公安机关或者人民检察院不予追究被告人刑事责任的案件。

（二）审判管辖

审判管辖，是指人民法院审判第一审刑事案件的分工和权限，包括各级人民法院之间、普通人民法院与专门人民法院之间以及同级人民法院之间，在审理第一审刑事案件上的权限划分。

审判管辖分为级别管辖、地域管辖和专门管辖。

1. 级别管辖

我国《刑事诉讼法》第 19~23 条对级别管辖作出了明确规定：（1）基层人民法院管辖第一审普通刑事案件，但是依照刑事诉讼法由上级人民法院管辖的除外；（2）中级人民法院管辖第一审危害国家安全案件；可能判处无期徒刑、死刑的普通刑事案件；外国人犯罪的刑事案件；（3）高级人民法院管辖的第一审刑事案件，是全省（自治区、直辖市）性的重大刑事案件；（4）最高人民法院管辖的第一审刑事案件，是全国性的重大刑事案件。

此外，上级人民法院在必要的时候，可以审判下级人民法院管辖的第一审刑事案件；下级人民法院认为案情重大、复杂，需要由上级人民法院审判的第一审刑事案件，可以请求移送上一级人民法院审判。

2. 地域管辖

我国《刑事诉讼法》第 24 条规定：“刑事案件由犯罪地的人民法院管辖。如果由被告人居住地的人民法院审判更为适宜的，可以由被告人居住地的人民法院管辖。”《刑事诉讼法》第25条规定：“几个同级人民法院都有权管辖的案件，由最初受理的人民法院审判。在必要的时候，可以移送主要犯罪地的人民法院审判。”

此外，上级人民法院可以指定下级人民法院审判管辖不明的案件，也可以指定下级人民法院将案件移送其他人民法院审判。

3. 专门管辖

专门管辖，即铁路运输法院、军事法院等专门人民法院受理第一审刑事案件的范围，以及各专门人民法院受理第一审刑事案件的分工。

【案例分析】

罪犯A因在B县犯抢劫罪，被判处7年有期徒刑，后在B县监狱服刑。监狱服刑期间，A打伤同监犯人C后越狱。3日后A逃至D县又犯抢劫罪，被D县公安机关抓获，并由D县人民法院受理了此案。同时，B县人民法院在D县人民法院受理此案10日后，也受理此案。

问：（1）B、D两个人民法院是否均具有管辖权？为什么？（2）本案中，应当由哪个法院进行审理？为什么？

分析：（1）两地人民法院均有管辖权。最高院关于执行刑诉法若干问题解释第十四条第三款规定：正在服刑的罪犯在脱逃期间又犯罪的，如果是在犯罪地被捕获发现的，由犯罪地法院管辖；如果是被羁押回监狱后发现的，则由服刑地法院管辖。所以此案中B、D法院都有管辖权。

（2）由D县人民法院受理。《刑事诉讼法》第25条规定：“几个同级人民法院都有权管辖的案件，由最初受理的人民法院审判。在必要的时候，可以移送主要犯罪地的人民法院审判。”本案中，A是在犯罪地D县被捕获的，而且D县先于B县法院受理，所以此案应由D县人民法院受理。

三、刑事诉讼参与人

刑事诉讼参与人，是指在刑事诉讼中除侦查、检察、审判人员以外的，享有一定诉讼权利，负有一定诉讼义务的人。根据《刑事诉讼法》第106条第4项的规定，诉讼参与人包括当事人、法定代理人、诉讼代理人、辩护人、证人、鉴定人和翻译人员。

（一）当事人

当事人是指与案件结果有着直接的利害关系，对诉讼进程有重大影响的诉讼参与人。当事人包括被害人、自诉人、犯罪嫌疑人、被告人、附带民事诉讼的原告人和被告人。他们是刑事诉讼的主要参与人。

具体内容如下：（1）公诉案件被害人是指直接遭受犯罪行为侵害的人。公诉案件实行国家追诉制度，被害人不是原告人，但他对人民法院、检察院作出的不起诉决定有申诉权。对于人民检察院维持不起诉决定的，被害人可以向人民法院起诉，也可以不经申诉，直接起诉。（2）自诉人是指依法直接向人民法院起诉的当事人，一般都是自诉案件的被害人。

(3) 犯罪嫌疑人是在刑事诉讼中被指控犯罪，尚未起诉到人民法院的当事人。(4) 被告人是指被人民检察院向人民法院提起公诉或被自诉人直接向人民法院起诉，要求追究其刑事责任的当事人。(5) 附带民事诉讼的原告人和被告人，前者是指因被告人的犯罪行为而直接遭受物质损失，在刑事诉讼中提起民事诉讼、要求得到赔偿的当事人；后者是因其犯罪行为造成物质损失而被起诉索赔的当事人。

（二）其他诉讼参与人

其他诉讼参与人是指当事人以外的、与案件没有直接利害关系的诉讼参与人，包括法定代理人、诉讼代理人、辩护人、证人、鉴定人和翻译人员等。

具体如下：(1) 法定代理人是指被代理人的父母、养父母、监护人和负有保护责任的机关、团体的代表。(2) 诉讼代理人是指接受公诉案件的被害人及其法定代理人或者近亲属、自诉案件的自诉人及其法定代理人委托代为参加诉讼的人，以及接受附带民事诉讼的当事人及其法定代理人委托代为参加诉讼的人。这里的近亲属是指夫、妻、父、母、子、女、同胞兄弟姊妹。(3) 辩护人是指受犯罪嫌疑人、被告人的委托或者经人民法院指定履行辩护职责的诉讼参与人。辩护人可以是：律师；人民团体或犯罪嫌疑人、被告人所在单位推荐的人；犯罪嫌疑人、被告人的监护人、亲友。辩护人的责任是根据事实和法律，提出证明犯罪嫌疑人、被告人无罪、罪轻或减轻、免除其刑事责任的材料和意见，维护犯罪嫌疑人、被告人的合法权益。(4) 证人是指了解案情并向司法机关陈述所了解的案情的诉讼参与人。生理上、精神上有缺陷或者年幼，不能辨别是非、不能正确表达的人，不能作证人。证人必须如实作证，否则要承担法律责任。(5) 鉴定人是指具有专业知识，被司法机关指派或聘请对案件中的专门性问题进行鉴定并作出结论的诉讼参与人。(6) 翻译人员是指由司法机关指派或聘请为特定的诉讼参与人提供语言文字或手势翻译的人员。

四、刑事诉讼强制措施

刑事诉讼中的强制措施，是指公安机关、人民检察院、人民法院为了保证刑事诉讼活动的顺利进行，防止犯罪嫌疑人、被告人等逃避或妨碍侦查、起诉和审判，依法对其采取的暂时限制或者剥夺人身自由的各种强制方法。

强制措施的种类有拘传、取保候审、监视居住、拘留和逮捕五种。这五种强制方法构成了严密的强制措施体系，司法机关在办案过程中可以视情况不同而选择适用。

（一）拘传

拘传，是指公安机关、人民检察院、人民法院对于未被羁押的犯罪嫌疑人、被告人强制其到案接受讯问的一种强制方法。拘传是强制措施体系中最轻的一种，

（二）取保候审

取保候审，是指公、检、法机关对于未被羁押的犯罪嫌疑人、被告人，依法责令其提供保证人或交纳保证金，并出具保证书，保证不逃避或者妨碍侦查、起诉和审判，并随传随到的一种强制方法。

取保候审适用的对象是：可能被判处管制、拘役或者独立适用附加刑的；可能被判处有期徒刑以上的刑罚，采取取保候审不致发生社会危险性的；应当逮捕的犯罪嫌疑人、被告人患有严重疾病，或者是正在怀孕、哺乳自己婴儿的妇女；已被拘留需要逮捕而证据尚不充分的；正在被侦查、起诉、审判的在押犯罪嫌疑人、被告人，不能在法定期限内结案，需要继续查证、审理的。

取保候审最长不得超过 12 个月。

（三）监视居住

监视居住，是指公、检、法机关对于未被羁押的犯罪嫌疑人、被告人，依法责令其不得擅自离开指定住处或居所，并对其活动加以监视和控制的一种强制方法。其适用对象与取保候审相同，一般是在犯罪嫌疑人、被告人找不到保证人或者不能交纳保证金的情况下适用监视居住。监视居住由公安机关执行。被监视居住的犯罪嫌疑人、被告人在被监视居住期间应当遵守以下规定：（1）未经执行机关批准不得离开住处。无固定住处的，未经批准不得离开指定的居所；（2）未经执行机关批准不得会见他人；（3）在传讯的时候及时到案；（4）不得以任何形式干扰证人作证；（5）不得毁灭、伪造证据或者串供。违反上述规定，情节严重的，予以逮捕。

（四）拘留

拘留又称刑事拘留，是指公安机关在法定的紧急情况下，对现行犯或重大嫌疑分子所采取的一种短期剥夺人身自由的强制方法。刑事拘留不同于行政拘留和司法拘留。适用拘留应具备两个条件：一是拘留对象必须是现行犯或重大嫌疑分子；二是必须有法定的紧急情况。根据《刑事诉讼法》第 80 条的规定，公安机关对于现行犯或者重大嫌疑分子，如果有下列情形之一的，可以先行拘留：（1）正在预备犯罪、实行犯罪或者在犯罪后即时被发觉的；（2）被害人或者在场亲眼看见的人指认他犯罪的；（3）在身边或者住处发现有犯罪证据的；（4）犯罪后企图自杀、逃跑或者在逃的；（5）有毁灭、伪造证据或者串供可能的；（6）不讲真实姓名、住址，身份不明的；（7）有流窜作案、多次作案、结伙作案重大嫌疑的。公安机关拘留人的时候，必须出示拘留证。

（五）逮捕

逮捕，是指公安机关、人民检察院、人民法院为了防止犯罪嫌疑人、被告人逃避侦查、起诉、审判，防止发生社会危险性，依法采取的在一定时间内剥夺其人身自由，并且予以羁押的强制方法。逮捕是刑事诉讼强制措施中最严厉的一种强制方法。适用逮捕措施必须具备三个条件：有证据证明有犯罪事实；可能判处徒刑以上的刑罚；采取取保候审、监视居住等方法尚不足以防止发生社会危险性而有逮捕必要。逮捕犯罪嫌疑人、被告人须经人民检察院批准、决定或者人民法院决定，由公安机关执行。

【案例分析】

王人因防卫致人死亡，公安依法拘留了王某，公安机关经审查王某犯有故意杀人罪，公安机关向检察机关提请批准逮捕，经检察机关研究决定，王某的行为属于正当防卫，不构成犯罪，不应逮捕。公安机关认为检察机关决定是错误的，向检察院提出复议。在此期间，对王某进行关押。试分析公安机关的行为有何不妥之处？

分析：根据《刑事诉讼法》第六十九条规定，人民检察院不批准逮捕的，公安机关应当在接到通知后立即释放，并且将执行情况及时通知人民检察院。对于需要继续侦查，并且符合取保候审、监视居住条件的，依法取保候审或者监视居住。所以，本案中公安机关在接到检察机关的不批准逮捕的通知后，应当立即释放王某，但本案中公安机关不但不释放反而继续关押，显然其行为不合法。但在必要时公安机关可以采取保候审或者监视居住的强制措施。

五、刑事附带民事诉讼

刑事附带民事诉讼，是指司法机关在当事人及其他诉讼参与人的参加下，在依法追究被告人的刑事责任的同时，附带解决由于被告人的犯罪行为而使被害人遭受物质损失的赔偿问题所进行的诉讼活动。

提起附带民事诉讼必须具备三个条件：（1）必须以被告人的犯罪行为成立为前提；（2）必须是因为被告人的行为直接造成了被害人的物质损失；（3）必须在刑事诉讼开始以后判决宣告以前提起。

附带民事诉讼应当同刑事案件一并审判，只有为了防止刑事案件审判的过分迟延，才可以先审判刑事案件，然后由同一审判组织继续审理附带民事诉讼。附带民事诉讼可以进行调解。

如果是国家财产、集体财产遭受损失的，人民检察院在提起公诉的时候，可以提起附带民事诉讼。人民法院在必要的时候，可以查封或者扣押被告人的财产。

【案例分析】

王某与刘某为同一单位工作人员，因刘某请假，王某暂时驾驶刘某的车，几天后刘某休假回来，公司调度员让王某卸货后将车还给刘某。因需要将车倒进仓库卸货，王某便准备往仓库内倒车。这时另外一辆挂车也要进仓库，王某便将车向后倒了一下给该车让路，倒完车王某下车一看，发现车尾部竟然挤死一个人，便赶紧去告诉了调度员。后查明，被挤的人正是刘某，急救人员到后，刘某已经当场死亡。

公诉机关认为，王某倒车时未确保安全，致车尾部与刘某身体相接触，造成其重度颅脑损伤死亡，以过失致人死亡罪向法院提起公诉。法院经审理判决王某构成过失致人死亡罪，判处有期徒刑一年缓刑一年。同时在案件审理过程中，死者家属以公司和王某为被告提起附带民事诉讼，要求赔偿死亡赔偿金等费用共计一百万余元，后经法院调解，公司和被告人王某共赔偿家属近五十万元，家属获得了保险公司理赔的 20 万元保险金。

六、刑事诉讼证据

我国《刑事诉讼法》第 48 条第 1 款规定：“可以用于证明案件事实的材料，都是证据。”证据具有客观性、相关性和合法性三个特征。

我国刑事诉讼证据有 8 种：（1）物证。物证是指能够证明案件事实的一切物品和痕迹。（2）书证。书证是指用文字、符号、图画等表达的思想内容来证明案件事实的书面材料。（3）证人证言。（4）被害人陈述。（5）犯罪嫌疑人、被告人供述和辩解。（6）鉴定意见。（7）勘验、检查、辨认、侦查实验等笔录。（8）视听资料、电子数据。

七、刑事诉讼程序

刑事诉讼程序可分为刑事诉讼审判前程序和刑事审判程序。刑事诉讼审判前程序包括立案、侦查和审查起诉程序；刑事审判程序包括第一审程序、第二审程序、死刑复核程序、审判监督程序。自诉案件在立案后可直接进入审判阶段，不需要经过侦查和提起公诉。

（一）刑事诉讼审判前程序

1. 立案

立案是指公安机关、人民检察院和人民法院对报案、控告、举报和犯罪嫌疑人自首的材料进行审查，根据事实和法律，认为有犯罪事实发生并需追究刑事责任时，决定作为刑事案件进行侦查或审判的诉讼活动。

我国的刑事诉讼程序是从立案开始的，立案是诉讼活动的开始和必经程序。根据刑事诉讼法的规定，立案包括三方面的内容：发现立案材料或对立案材料的接受；对立案材料的审查和处理；人民检察院对不立案的监督。立案阶段以上三个方面的内容相互衔接、相互联系，构成了立案程序的完整体系。

立案的条件是指立案的法定理由和根据。《刑事诉讼法》第 110 条规定："人民法院、人民检察院或者公安机关对于报案、控告、举报和自首的材料，应当按照管辖范围，迅速进行审查，认为有犯罪事实需要追究刑事责任的时候，应当立案；认为没有犯罪事实，或者犯罪事实显著轻微，不需要追究刑事责任的时候，不予立案，并且将不立案的原因通知控告人。控告人如果不服，可以申请复议。"根据这一规定，立案应同时具有两个条件：一是有犯罪事实发生；二是依法需要追究刑事责任。

2. 侦查程序

侦查，是指公安机关、人民检察院及其他特定的机关在办理刑事案件过程中，依法进行的专门调查工作和有关的强制性措施。在我国，公安机关是行使侦查权的法定专门机关。此外，人民检察院对于贪污贿赂犯罪、渎职犯罪以及非法拘禁、刑讯逼供、报复陷害、非法搜查等侵犯公民人身权利和民主权利的犯罪，行使侦查权；国家安全机关对危害国家安全的案件行使侦查权；军队保卫部门对军队内部发生的刑事案件行使侦查权。除上述机关以外，任何机关、团体、企事业单位和个人都没有侦查权。

侦查的主要任务是：依照法定程序收集证据材料，查清犯罪事实，查获犯罪嫌疑人，为起诉做好准备。侦查的主要内容和方式有：讯问犯罪嫌疑人；询问证人、被害人；勘验、检查；搜查；扣押物证、书证；鉴定；通缉。侦查机关在认为事实清楚，证据确实、充分，足以认定是否构成犯罪时，侦查即告终结。

侦查终结后，对于需要移送人民检察院审查起诉的案件，应写出起诉意见书，连同案卷材料、证据一并移送同级人民检察院审查决定。人民检察院对于自行侦查终结的案件，应当作出提起公诉、不起诉或者撤销案件的决定。

3. 审查起诉程序

审查起诉，是指人民检察院在公诉阶段，为了确定经侦查终结的刑事案件是否应当提起公诉，而对侦查机关确认的犯罪事实和证据、犯罪性质和罪名进行审查核实，并作出处理决定的一项诉讼活动。我国《刑事诉讼法》第167条规定："凡需要提起公诉的案件，一律由人民检察院审查决定。"

人民检察院审查案件的时候必须查明：犯罪事实、情节是否清楚，证据是否确实、充分，犯罪性质和罪名认定是否正确；有无遗漏罪行和其他应当追究刑事责任的人；是否属于不应追究刑事责任的；有无附带民事诉讼；侦查活动是否合法。

我国《刑事诉讼法》第172条规定："人民检察院认为犯罪嫌疑人的犯罪事实已经查清，证据确实、充分，依法应当追究刑事责任的，应当作出起诉决定，按照审判管辖的规定，向人民法院提起公诉。"据此，提起公诉必须具备三个条件：犯罪事实已查清；证据确实、充分；依法应追究刑事责任。

人民检察院对于《刑事诉讼法》第15条规定的不追究刑事责任的犯罪嫌疑人，应当作出不起诉的决定。对于犯罪情节轻微，依照刑法规定不需要判处刑罚的，可以作出不起诉决定。

（二）刑事审判程序

审判是指人民法院依法对刑事案件进行审理和作出裁判的诉讼活动。人民法院的审判活动必须通过一定的审判组织进行。审判组织有合议制和独任制两种。

合议制即由审判员或者审判员和人民陪审员组成合议庭对案件进行审判，它是审判组织的基本形式。独任制即审判员一人对案件进行审判，除基层人民法院适用简易程序的案件可以由审判员一人独任审判以外，其他刑事案件均适用合议制。

合议庭的成员人数应当是单数。合议庭由院长或者庭长指定审判员一人担任审判长；院长或者庭长参加审判案件的时候，自己担任审判长。合议庭讨论案件以少数服从多数的原则作出决定，但是少数人的意见应当写入笔录。对于疑难、复杂、重大的案件，合议庭认为难以作出决定的，由合议庭提请院长提交审判委员会讨论决定，审判委员会的决定，合议庭应当执行。

1. 第一审程序

第一审程序是人民法院对刑事案件进行初次审判的诉讼程序。第一审刑事案件是指人民法院按照级别管辖的规定受理的公诉案件和自诉案件。审判第一审案件的人民法院称为一审人民法院。

公诉案件的第一审程序按照以下程序进行：

（1）开庭

人民法院对提起公诉的案件进行审查后，对于起诉书中有明确的指控犯罪事实并且附有证据目录、证人名单和主要证据复印件或者照片的，应当决定开庭审判。开庭时，由审判长查明当事人是否到庭，然后宣布案由，宣布合议庭组成人员、书记员、公诉人、辩护人、诉讼代理人、鉴定人和翻译人员的名单，告知当事人有申请回避、被告人有辩护的权利。

（2）法庭调查

法庭调查是指在公诉人、当事人和其他诉讼参与人的参加下，当庭对案件事实和证据进行调查核对。其重点是审查案件事实，核实证据，查明犯罪事实和情节。根据《刑事诉讼法》第155条的规定，法庭调查一般经过以下活动：宣读起诉书；被告人、被害人陈述指控的犯罪事实；讯问被告人；向被害人发问；核查证据；调取新证据；法庭调查核实证据。

（3）法庭辩论

法庭辩论是在法庭调查的基础上，控诉方和辩护方就被告人的行为是否构成犯罪、犯罪性质、罪责轻重、证据是否确实充分，以及如何适用刑罚等问题进行互相争论和反驳的诉讼活动。法庭辩论开始时，先由公诉人发言，被害人发言，然后由被告人陈述和辩解、辩护人发表辩护意见，并可以互相辩论。

（4）被告人最后陈述

根据《刑事诉讼法》第193条第3款的规定，审判长在宣布辩论终结后，被告人有最后陈述的权利。这是被告人的一项重要诉讼权利。被告人可以就定罪与量刑等问题充分发表意见。被告人在最后陈述中如果提出新的犯罪事实或新的证据，一般情况下应当恢复法庭调查。如果案情复杂仍不能查清事实，可以宣告延期审理。

（5）评议和宣判

在被告人作最后陈述之后，审判长可宣布休庭。合议庭成员进行评议。评议以后当庭宣判或定期宣判。合议庭根据已经查明的事实、证据和有关的法律规定，分别作出以下判决：案件事实清楚，证据确实、充分，依据法律认定被告人有罪的，应当作出有罪判决；依据法律认定被告人无罪的，应当作出无罪判决；证据不足，不能认定被告人有罪的，应当作出证据不足、指控的犯罪不能成立的无罪判决。宣告判决一律公开进行。宣判时应将有关上诉期限和上诉法院等问题告知当事人。

2. 第二审程序

第二审程序又称上诉审程序，是指上一级人民法院根据上诉或抗诉，对下一级人民法院作出的未生效的判决和裁定进行第二次审理的诉讼程序。

上诉，是被告人、自诉人和他们的法定代理人，以及经被告同意的辩护人、近亲属，还有附带民事诉讼的当事人及其法定代理人，不服地方各级人民法院的一审判决或裁定，依法提请上一级法院重新审理的诉讼活动。上诉既可以书面提出，也可以口头提出，用口头提出上诉的，人民法院应制成笔录，并由上诉人签名盖章。刑事诉讼法对于提出上诉的理由没有规定任何限制，因此，上诉人在法定期限内提出上诉，不论理由是否充分，都自然引起第二审程序。不服判决的上诉期限为10日，不服裁定的上诉期限为5日，从接到判决书、裁定书的第二日起算。

抗诉，是指地方各级人民检察院认为同级人民法院的一审判决或裁定确有错误，依法提请上一级人民法院重新审理的诉讼活动。人民检察院只有在有充分根据认定原判决、裁定确有错误的情况下，才能提出抗诉。被害人及其法定代理人不服地方各级人民法院第一审判决的，自收到判决书后5日内，有权提请人民检察院提出抗诉，对此，人民检察院应当立即对请求人的资格、请求的时间和理由进行审查，并自收到请求后5日内作出是否抗诉的决定，答复请求人。

第二审人民法院实行全面审理原则，即对第一审人民法院的判决认定的事实和适用法律进行全面审查，不受上诉或者抗诉范围的限制。共同犯罪案件只有部分被告人上诉的，应当对全案进行审查，一并处理。二审法院审判上诉案件，不得加重被告人的刑罚，但人民检察院提出抗诉或者自诉人提出上诉的，不受此限。

二审法院对案件依法进行审理后，分别情况作出以下处理：（1）原判决认定事实和适用法律正确、量刑适当的，应裁定驳回上诉或者抗诉，维持原判。（2）原判决认定事实没有错误，但适用法律有错误或量刑不当的，应当改判。（3）原判决事实不清或者证据不足的，可以在查清事实后改判，或裁定撤销原判，发回重审。

3. 死刑复核程序

死刑复核程序是我国刑事诉讼中的一种特殊程序，是对死刑案件进行复查核准的程序。所有中级、高级人民法院判处死刑的案件都要经过死刑复核程序才能交付执行。死刑复核程序作为我国刑事诉讼中的特别审判程序，其目的和意义在于保证死刑判决的正确性，防止错杀，有利于控制死刑的运用，有利于贯彻少杀的原则。

死刑由最高人民法院核准。中级人民法院判处死刑的第一审案件，被告人不上诉的，应当由高级人民法院复核后，报请最高人民法院核准。高级人民法院不同意判处死刑的，可以提审或者发回重新审判。高级人民法院判处死刑的第一审案件被告人不上诉的和判处死刑的第二审案件，都应报请最高人民法院核准。中级人民法院判处死刑缓期二年执行的案件，由高级人民法院核准。最高人民法院复核死刑案件、高级人民法院复核死刑缓期执行的案件，应当由审判员 3 人组成合议庭进行。

4. 审判监督程序

审判监督程序又称再审程序，是指人民法院、人民检察院对于已经生效的判决和裁定，发现其在认定事实和适用法律上确有错误，依法提交原审法院再审、提审或以抗诉方式使案件得以重新审理，纠正错误判决和裁定的一种诉讼程序。

审判监督程序不是必经程序，而是一定条件下才采用的特殊程序，它是专门用于纠正确有错误的判决和裁定的程序。从本质上说，它是一种补救性程序。

当事人及其法定代理人、近亲属，对于已经发生法律效力的判决、裁定，可以向人民法院或者人民检察院提出申诉，其申诉符合《刑事诉讼法》第 242 条规定的情形之一的，人民法院应当重新审判。各级人民法院院长对于本院已经发生法律效力的判决和裁定，如果发现在认定事实或适用法律上确有错误，必须提交审判委员会处理。最高人民法院对于各级人民法院已经发生法律效力的判决和裁定，如果发现确有错误，有权提审或者指令下级人民法院再审。人民检察院发现人民法院已经发生法律效力的判决和裁定确有错误，有权按审判监督程序提出抗诉。

人民法院按照审判监督程序重新审判的案件，应当另行组成合议庭进行。如果原来是第一审案件，应当按照第一审程序进行审判，所作的判决、裁定，可以上诉、抗诉；如果原来是第二审案件，或者是上级人民法院提审的案件，应当按照第二审程序进行审判，所作的判决、裁定，是终审的判决、裁定。

八、刑事执行程序

执行，是指法定执行机关将已经发生法律效力的判决和裁定付诸实施的诉讼活动。它是刑事诉讼的最后程序，只有通过执行程序，刑事诉讼法的任务才能最后完成。

第一审人民法院判决被告无罪、免除刑事处罚的，如果被告在押，在宣判后应立即释放。最高人民法院判处和核准死刑立即执行的判决，应由最高人民检察院院长签发执行死刑命令。死刑采用枪决或注射等方式执行；执行死刑应当公布，但不应示众。

下级人民法院接到最高人民法院执行死刑的命令后，应在 7 日内交付执行。但发现有下列情形之一的，应停止执行，并立即报告最高人民法院，由最高人民法院作出裁定：（1）在执行前发现判决可能有错误的；（2）在执行前揭发重大犯罪事实或有其它重大立功表现，可能需要改判的；（3）罪犯正在怀孕。

罪犯交付执行死刑的时候，应由交付执行的人民法院将有关法律文书送达监狱或其他执行机关。对于被判处死刑缓期 2 年执行、无期徒刑、有期徒刑的罪犯，由公安机关依法将该罪犯送交监狱执行刑罚。对于判处有期徒刑的罪犯，在被交付执行刑罚前，剩余刑期在 1 年以下的，由看守所代为执行，对于被判处拘役的罪犯，由公安机关执行。对未成年犯应在未成年管教所执行刑罚。

对于判处有期徒刑或拘役的罪犯，有下列情形之一的，可暂于监外执行：（1）有严重疾病需保外就医的；（2）怀孕或正在哺乳自己婴儿的妇女。

人民检察院对执行机关执行刑罚的活动是否合法实行监督。如果发现有违法的情况，应通知执行机关纠正。

【案例分析】

被告人李某因贩毒被某市中级人民法院判处死刑缓期两年执行，并于 1994 年 12 月 1 日由云南省高级人民法院核准。1996 年 12 月 3 日，省高级人民法院就李某的减刑问题进行评议，尚未作出减刑裁定。12 月 4 日，李某将同监犯人王某打成重伤。

问：云南省高级人民法院是否可以李某又犯新罪为由核准执行死刑？是什么？

分析：云南省高级人民法院不能以李某又犯新罪为由核准执行死刑。当时的《刑事诉讼法》第 210 条第 2 款规定："被判处死刑缓期两年执行的罪犯，在死刑缓期执行期间，如果没有故意犯罪，死刑缓期执行期满，应当予以减刑；……如果故意犯罪，查证属实，应当执行死刑的，由执行机关提出书面意见，经高级人民法院批准后，报请最高人民法院核准。"（依有关规定，对贩毒死刑案件，广东、云南两省高级人民法院有核准权）。据此规定，对于在死刑缓期执行期间没有故意犯罪的罪犯，应当予以减刑。本案中，李某的死刑缓期执行考验期已满，应该及时减刑。李某在减刑前又犯罪是发生在两年的缓期执行期满以后，所以不能将其所犯新罪作为裁定或核准死刑的根据。因此，云南省高级法院先依法对李某予以减刑，然后对其所犯新罪故意伤害罪进行审判，如果新罪应判死刑的，方能执行死刑；如果新罪不应判死刑的，就应依据《刑法》第 71 条规定，把减刑后没有执行的刑罚和新罪所判处的刑罚，依照《刑法》第 69 条的规定，数罪并罚，决定应执行的刑罚。

【思考与练习】

一、单选题

1. 1997 年 6 月，刘某与张某离婚，法院判决 2 岁的儿子由刘某抚养，张某每月给付 200 元抚养费。2005 年 8 月，刘某觉得每月 200 元的抚养费根本无法维持儿子的基本生活与学习，在与张某协商无果的情况下，刘某应当通过怎样的程序加以解决？（　　）。

A. 可以向法院申请再审，要求增加抚养费

B. 可以向法院起诉，要求增加抚养费

C. 可以向仲裁委员会申请仲裁，要求增加抚养费

D. 可以向民政部门申请裁决，要求增加抚养费

2. 适用民事诉讼简易程序审理的案件，其结案期限为（　　）。

1. 1个月　　B. 2个月　　C. 3个月　　D. 6个月

3.《行政诉讼法》规定，被提起行政诉讼的主体是（　　）。

A. 行政机关

B. 行政机关工作人员

E. 认为侵犯其合法权益的公民、法人或者其他组织

D. 行政机关和行政机关工作人员

4. A养殖场因不服所在地动物卫生监督所处罚向当地人民法院提起行政诉讼，在诉讼期间因A养殖场经营不善被B养殖场收购，那么行政诉讼的原告是（　　）。

A. A养殖场原法人　　B. B养殖场法人

C. A养殖场所在地政府组织　　D. 由人民法院指定

5. 在刑事诉讼中被害人有权提起附带民事诉讼而没有提起时，司法机关如何处理？（　　）。

A. 可以提醒被害人有权提起附带民事诉讼

B. 不必告知被害人有权提起附带民事诉讼

C. 应当告知被害人有权提起附带民事诉讼

D. 告知被害人提起附带民事诉讼的权利已丧失

6. 某地发生一起盗窃案，公民当即将罪犯扭送到当地人民法院，该人民法院应当如何处理？（　　）。

A. 不立案侦查

B. 对公民扭送不予理睬

C. 先采取紧急措施，然后将该案移送公安机关立案侦查

D. 自行侦查

二、简述题

1. 简述民事诉讼特有的基本原则。

2. 民事诉讼的强制措施有哪些？

3. 简述人民法院受理的行政案件的种类。

4. 我国民事诉讼程序？

5. 简述由人民法院直接受理的刑事案件有哪些？

6. 什么是刑事附带民事诉讼？提起刑事附带民事诉讼的条件是什么？

三、案例分析题

1. 李某，男，18周岁，1996年2月因与孙某发生口角以至将孙某打伤。后李某家长同李某本人一起到孙某家赔礼道歉，并支付了医药费。1998年8月，孙、李二人再次发生争执，受到李某辱骂、武力威胁的孙某气愤不过，向公安局揭发了李某将其打伤的事。公安局

对李某的行为进行了调查，认为其认错态度恶劣，不能减轻处罚，于是加重了对李某的处罚。李某不服，向人民法院提起行政诉讼，法院告之应先进行行政复议方可受理。

问：以上的处理有无不妥？

2. 李某与杜某系夫妻，二人同住甲市城关区无线电厂家属楼，但在老家乙市郊区有房6间，由其长子李某居住。1996年李某夫妇遇车祸双亡。老人的长女李某已出嫁，住甲市。老人的次子李某（17岁）于1998年考上乙市的某大学，因该大学离长子李某住处近，次子李某便要求长子李某之妻张某将父母的遗房腾出一间由自己住。张某说："（长子）李某因犯罪已被判刑五年，不在家，自己不能做主；并且有4间房已出租给了方某、刘某，租期未满，不能腾房。"为此发生纠纷，次子李某便向某法院起诉，要求分割父母的遗房。某法院受理案件后，在审理中发现除长子李某、次子李某二位继承人外，还有老人的长女李某、次女李某二位继承人。经法院通知，次女李某明确表示放弃继承权，不参加诉讼；长女李某则既不明确表示弃权，又不愿参加诉讼。在法院对案件第一次开庭审理后，案外人于某找到法院，说长子李某夫妻现住的6间房是1948年其与死者李某共同经商时共同出资购买的，自己有一半的产权，并向法院提交了购房时二人共同签名的房契。

问：（1）本案应由哪个法院管辖？说明理由。

（2）请确定上述人员的诉讼地位，并说明理由。

第十章

国 际 法

课前准备

【案例导读】

1999 年 8 月 4 日，杨女士乘坐美国某航空公司从夏威夷至上海的航班。飞机起飞后不久，服务小姐应杨女士要求为其送上一杯热开水，并放在杨座位前的托盘中。不料，在服务小姐转身离去时，水杯翻倒，热水顺势泼洒在杨下腹部及两腿根部。由于航班上缺乏治疗烫伤的急救药品，机长只能向杨提供阿司匹林片剂以应付疗伤。此后飞机中途停经日本东京机场，杨女士在西北航空人员的陪同下赴机场诊所，但未得到医治。

回到上海，杨女士的伤被诊断为深二度烫伤。为此，杨就赔偿问题与航空公司进行交涉，但协商未果。2001 年 8 月，杨女士向美国夏威夷地区法院提起诉讼。2004 年，此案被当地法院撤销。此后，杨女士就这一人身损害赔偿纠纷在上海提起诉讼，要求航空公司赔偿精神损害抚慰金 1 美元，并登报公开赔礼道歉。法院判决仅支持了前一项诉讼请求。

杨女士不服，提出上诉，认为原审法院既然已支持关于赔偿精神损害抚慰金的诉讼请求，即认定被告的侵害行为对原告造成了严重的后果，因此应对两项诉讼请求一并予以支持。

市二中院审理后认为，杨被热水烫伤，非乘务人员的故意行为所致。意外发生后，机组人员在现有条件下对其进行照料，因此杨以航空公司提供的服务存在瑕疵而要求赔礼道歉的理由不充分。此外，就杨女士所述在日本东京机场遭航空公司人员“弃之不顾”而未能得到治疗的说法，因其在一、二审中均没有提供相应证据，法院不予采信。

本案是一起因国际航空运输而引发的涉外人身损害赔偿案件。中美两国都是《华沙条约》缔约国，因此优先适用《公约》中的相关规定，承运人对旅客伤亡只承担赔偿损失的责任，而不承担其他责任。杨女士要求被上诉人承担赔礼道歉的民事责任，与《公约》规定相悖。据此判决驳回上诉，维持原判。

【重点难点】

1. 掌握国际法的特征
2. 掌握国际法的基本原则

3. 熟悉联合国及其常设机构
4. 熟悉国际人权法
5. 掌握国际私法的概念和范围
6. 掌握世界贸易组织的基本原则

学习内容

第一节　国际法概述

一、国际法的概念、特征与渊源

（一）国际法的概念与特征

国际法或称国际公法，是指国家之间相互交往中形成的、调整国家之间权利义务关系的、有法律约束力的法律规范的总称。从法律体系上看，国际法是一个与国内法相对应的法律体系，共同构筑当代人类社会的法律秩序。

与国内法相比，国际法具有以下特征：

1. 法律关系的主体主要是国家

国际法调整的对象主要是作为国际社会成员的国家之间的关系，而不是国家内部的社会关系。因此，国际法的主体不是自然人和法人，而主要是国家。除国家外，类似国家的政治实体及由国家组成的国际组织，在一定条件下和一定范围内也是国际法的主体。

2. 国际法主要是国家间通过协议的方式制定的

国际法是国际法主体之间的法律，而不是国际法主体之上的法律。国际法的原则规定，规章和制度只能由国家之间在平等的基础上以协议的方式来制定，即以缔结条约的方式来制定。此外，还有一部分是国际习惯。国际条约和国际习惯是国际法的主要渊源。国际条约是国际法主体间就权利义务关系缔结的一种书面协议。国际习惯是由各个国家在国际实践中反复适用的惯例，并为各国所承认从而具有了法律效力。

3. 国际法的贯彻和实施是以国家单独或集体的强制措施为保证的

国内法一般主要依靠有组织的国家强制机关保证其实施，但在国际上没有也不应该有超越国家之上的强制机关来强制实施国际法的职能。国际法的强制实施，主要依靠国家本身的行动，如抗议、警告、要求赔偿损失甚至单独或集体的武装自卫等方式来保证国际法的实施。

（二）国际法的渊源

国际法的渊源有国际条约、国际习惯和一般法律原则。此外，司法判例、权威国际法学家的学说以及重要国际组织和国际会议的决议是确定法律原则的辅助资料。

二、国际法的基本原则

国际法的基本原则是指各国公认的，适用于国际法各领域的，构成国际法的基础，并具有强行法性质的法律原则。所谓强行法，又称为国际法强行规则，是指在国际社会中公认为必须绝对遵守和严格执行的法律规范，它不得任意选择、违背或更改。

国际法的基本原则是第二次世界大战后，由一系列国际文件规定和国际实践确立，并在国际关系的演变中逐步形成和发展的。其渊源包括 1945 年的《联合国宪章》、1954 年由中国、印度和缅甸共同提出的和平共处五项原则以及其他国际法文件。国际法的主要原则如下：

（一）国家主权平等和领土完整原则

国家主权是国家的根本属性，是指国家独立自主地处理其内外事务的统治权力。国家主权主要体现在对内最高权、对外独立权和自保权三个方面。国家主权平等原则，是指任何国家都拥有主权，各国都有义务尊重他国的主权和国际人格。任何国家都有权自由选择并发展其政治、社会、经济及文化制度。

（二）不干涉内政原则

内政是国家基于其管辖的领土而行使主权的表现。判断某一事项是否属于内政的标准是看其是否在本质上属于国内管辖的事项，及该事项中的行为是否违背已确立的公认的国际法原则和规则。不干涉内政原则，是指在相互交往中，任何国家或国际组织不得以任何借口或任何方式直接或间接地干涉在本质上属于任何国家国内管辖的事件，也不得以任何手段强迫他国接受自己的意志、维持或改变被干涉国的社会制度和意识形态。

（三）不使用威胁或武力原则

不使用威胁或武力原则，是指各国在其国际交往中，不得以武力或武力威胁、侵害任何国家的政治独立和领土完整；不得以任何与《联合国宪章》或其他国际法原则所不符的方式使用武力。

（四）和平解决国际争端原则

和平解决国际争端原则，是指国家间在发生争端时，各国都必须采取和平方式予以解决，禁止将武力或以武力威胁的方式付诸于任何争端的解决过程。

（五）民族平等和自决原则

民族平等和自决原则，首先是指在帝国主义殖民统治和奴役下的被压迫民族，有权自主决定自己的命运，摆脱殖民统治，建立民族独立国家的权利；其次是指所有民族都有平等的权利，自由地表达自己的意志，决定自己的命运，参与和从事政治、经济、文化等各项事务，各国均有义务尊重和促进这种平等权利的实现。

（六）善意履行国际义务原则

善意履行国际义务原则，是指国家对于由公认的国际法原则和规则所产生的义务，应善意全面的履行。同时，国家对于其作为缔约国参加的国际条约而产生的义务，也同样应善意履行。这一原则要求国家尊重和遵守国际法的规则，即所谓“约定必守”。

（七）国际合作原则

国际合作原则，是指国际社会各成员不论在政治、经济及社会制度上有何差异，都有义务在国际关系的各方面进行合作。该原则是现代国家间相互依存、共同发展的体现。

三、国际法与国内法的关系

国际法与国内法是两个不同的法律体系，但它们之间有着密切的联系，互相渗透、互相补充。国内法的制定者是国家，而国际法也是由国家参与制定的。原则上，国内法在制定时要充分考虑到国际法的要求，而在参与制定国际法时，也必须考虑到国内法的立场。

国际法是国家在自愿协议的基础上产生的，一般来说，国家就不应该制定与国际法相抵触的国内法，而且有必要使国内法符合它所承担的国际义务，或按照国际法的需要采取措施将国际法在国内付诸实施。在理论上，国内法与国际法不应发生冲突，但在实践中，冲突是有可能发生的。当一国的国内法与国际法相抵触时，优先执行国际法的规定。在这方面，我国的实践是凡我国签订、批准、或加入的国际公约、协定与我国法律有不同规定的，适用该国际公约、协定的规定，我国在签订、批准或加入时，声明保留的条款除外。

四、国际法主体

（一）国际法主体的概念与条件

国际法的主体，是指具有直接享有国际法上权利和承担国际法上义务的能力的国际关系的独立参加者。

国际法主体必须具备的条件是具有享受国际权利和承担国际义务的能力，具有参加国际关系活动的能力。

（二）国际法主体的类型

现代国际法的主体包括国家、国际组织以及正在争取解放的民族等类型。

（三）国家的基本权利和义务

国际法公认的国家含义有四个要素：固定的居民、确定的领土、政府和主权。国家的基本权利和义务是统一不可分离的。任何国家在享受基本权利的同时，必须承担其基本义务。

1. 国家的基本权利

根据国际实践，国家的基本权利包括：独立权、平等权、自保权和管辖权。

（1）独立权。独立权是国家主权在对外关系上的体现。它是指国家依照自己的意志处理内外事务，而不受他国控制和干涉的权利。国家依据独立权，可以独立自主地选择自己的社会制度、政治制度、经济制度，采取立法、司法和行政措施，决定它的对内和对外方针政策，处理它的国际关系。

（2）平等权。平等权是指国家在参与国际法律关系时，具有平等的地位和资格，平等地享受国际法上权利和承担国际法上义务。

（3）自保权。自保权是指国家保卫自己的存在的独立的权利。它包括国防权和自卫权两个方面。国防权是国家有制定国防政策，建设国防力量，防止外来侵略的权利。自卫权是当国家遭受外国武装袭击时，有权采取单独或集体的武装反击措施。

（4）管辖权。管辖权是指国家基于主权的行使而采取立法、行政、司法等方式，对特定的人、物、事件进行管理和处理的权利。管辖权以国家主权为依据，是国家主权的具体体现。管辖权既涉及国际法，也涉及国内法。国际法主要规定国家管辖权的范围以及对国家行使管辖权的限制；国内法则确定国家管辖权的具体行使方式。

根据国际条约和国际惯例，国家行使管辖权的原则主要有四种：

① 属地管辖权。属地管辖权又称领域管辖权或属地优越权，是指国家对其领域内的一切人和物以及所发生的事件有权实施管辖。属地管辖是现代国家行使管辖权的普遍形式和首要依据。

② 属人管辖权。属人管辖权又称为国际管辖权或属人优越权，是指国家有权对一切拥有本国国籍的人（包括自然人和法人）实行管辖，而不论其位于本国境内或境外。

③ 保护性管辖权。保护性管辖权是指国家对于其领土以外从事严重侵害该国的国家或公民的重大利益行为的外国人有权实行管辖。

④ 普遍性管辖权。普遍性管辖权是指国家对任何人在任何地域所犯的严重危害国际和平与安全以及全人类共同利益的国际犯罪行为有实行管辖的权利。行使普遍性管辖权，必须有国际条约为依据。

（5）国家主权豁免。国家主权豁免是指国家的行为及其财产享受豁免不受他国管辖。但国际法明确规定不得豁免的情况除外，如从事某些国际罪行的情况。实践中，国家主权豁免主要表现在司法豁免方面，其中包括：一国对他国的国家行为和财产进行管辖；一国的国内法院非经外国同意，不受理以外国国家作为被告或外国国家行为作为诉由的诉讼，也不对外国国家的代表或国家财产采取司法执行措施。

2. 国家的基本义务

根据国际实践，国家基本义务的核心内容是尊重别国主权和由此引申出来的各项义务，具体内容有：不得使用武力或以武力相威胁，或以与联合国宗旨不符的任何其他方式侵犯别国的领土完整和政治独立；不得以任何理由和方法直接地或间接地干涉别国内政；以和平的方法解决本国和别国的争端；善意履行依公认的国际法原则和规则及有效的国际条约所负的义务。

（四）国际法上的国家责任

国际法上的国家责任，也称国际责任，主要是指国家对其国际不法行为所承担的责任。所谓国际不法行为，是一国违反其国际法义务而对另一国或国际社会所作的侵害行为。一般国际不法行为分为国际犯罪行为和国际侵权行为。

国家责任的形式有：限制主权、恢复原状、赔偿和道歉。其中，限制主权是国家责任形式中最严重的一种，只适用于对他国进行武装侵略，侵犯他国的主权、独立和领土完整，破坏国际和平与安全，从而犯下国际罪行的国家。

五、联合国及其常设机构

联合国是迄今最重要的全球性、普遍性国际组织。联合国自成立以来，在维持国际和平与稳定、促进世界经济发展方面发挥着重要作用。

（一）联合国的宗旨与原则

《联合国宪章》规定联合国的宗旨为：维持国际和平与安全；发展各国以人民的平等权利和自决原则为基础的友好关系；促进国际间有关经济、社会及文化方面的合作；构成协调各国行动的中心；激励和促进基本人权和自由。

《联合国宪章》序言、宗旨中有关的原则包括：会员国主权平等；善意履行宪章义务；和平解决国际争端；不得使用威胁或武力；会员国对联合国依本宪章的规定而采取的行动应尽力予以协助；保证非会员国遵守上述规则；不得授权联合国干涉属于国内管辖的事务等。这些规定构成了当代国际法基本原则的基础。

（二）联合国常设机构

1. 大会

大会由联合国全体会员国组成，大会职权广泛。每一会员国出席大会的代表限为5人，但仅有一个投票权。重要问题的决议，须经出席并参加投票的会员国2/3多数通过，对于其他问题的决议，采取简单多数通过。大会每年举行一届常会，在9月的第三个星期二开幕。

2. 安全理事会

安全理事会简称安理会，是联合国在维持国家和平与安全方面负主要责任的机关，也是联合国中唯一有权采取行动的机关。安理会的重要职权包括：促使争端和平解决、制止侵略破坏等。

安理会由5个常任理事国和10个非常任理事国组成。现任的5个常任理事国是中国、美国、俄罗斯、英国和法国。非常任理事国由联合国大会按公平地域分配原则选出，任期2年，不能连选连任。安理会主席由理事国按国名英文前缀的排列顺序轮流担任，任期1个月。安理会每一理事国有一个投票权。对于程序问题，全体理事国中的9票即可通过；对于实质问题常任理事国的任何一个反对票都可以否决决议，被称为“大国一致原则”。在对某一事项是否属于程序性问题发生争议时，常任理事国可以行使否决权。这样，5个常任理事国就有双重否决权。安理会的决议对各会员国具有约束力。

3. 经济与社会理事会

经济与社会理事会，是在联合国大会权力下负责协调联合国与几个专门机构的经济与社会工作的机关，由54个理事国组成。中国一直是经社理事会理事国。

4. 托管理事会

托管理事会，是联合国为执行其国际托管制度专门设立的机关。联合国成立以来，置于国际托管制度下的 11 个托管领土，到 1994 年已陆续取得独立或自治。联合国托管制度已完成使命。

5. 国际法院

国际法院是为和平解决国际争端设立的主要司法机关，由联合国大会和安理会分别独立选举出 15 名不同国籍的法官组成。法官任期 9 年。法官不代表任何国家，不接受本国政府的制约。国际法院设在荷兰海牙。国际法院有权审理争端当事国提交的诉讼案件，判决是终局判决，对当事国具有约束力且不得上诉。

6. 秘书处

秘书处是联合国的行政部门。秘书处由秘书长和其他国际公务员组成，秘书长是联合国的行政长官，由大会根据安理会的推荐任命，任期 5 年，可连选连任。秘书处的工作人员只对联合国负责。

（三）联合国的专门机构

联合国的专门机构是在联合国体系内，在特定专门领域从事国际活动的国际组织。这些国际组织，无论在组织上还是在活动上都是独立的，它们不是联合国的附属机构，但它们根据协定与联合国之间建立有特殊的法律关系。

目前，与联合国建立法律关系的专门性国际组织主要有：国际劳工组织、世界卫生组织、联合国教育、科学及文化组织、国际原子能机构、世界气象组织、国际电线联盟、万国邮政联盟、国际海事组织、国际民用航空组织、世界知识产权组织、国际货币基金组织、国际复兴开发银行、国际开发协会、国际金融公司、世界贸易组织、联合国粮食及农业组织、国家农业发展基金组织、联合国工业发展组织等。

六、国际人权法与国际人权保护

（一）国际人权法的概念与渊源

国际人权法是国际法主体之间有关尊重、促进和保护人的基本权利和自由的原则、规则和制度的总称。

目前，国际人权法最主要的渊源是国际公约，有关保护国际人权的公约包括普遍性国际人权公约和联合国及其专门机构制定的关于保护某类人权的特殊性人权公约。

（二）国际人权公约

1. 普遍性的国际人权公约

（1）《联合国宪章》。宪章序言规定：“欲免后世再遭今代人类两度身历惨不堪言之战祸，重申基本人权，人格尊严与价值，以及男女与大小各国平等权利信念。”除此以外，宪章第 1、13、55、62、68、76 条都规定了联合国应促进全体人类的人权及基本自由的普遍尊重与遵守。

（2）《世界人权宣言》。宣言是为落实《联合国宪章》促进和保护人权的宗旨，联合国人权委员会起草的，并于 1948 年提交第三届联合国大会审议通过。该宣言第 3~21 条规定了公民权利和政治权利。

（3）《公民权利和政治权利国际公约》。公约是联合国人权委员会起草，并于1966年提交第二十一届联合国大会通过，于1976年3月23日生效。该公约第6~27条规定了公民、政治权利的具体内容。

（4）《经济、社会、文化权利国际公约》。公约是联合国人权委员会起草，并于1966年第二十一届联合国大会通过，于1976年1月3日生效。该公约对其所保护的经济、社会和文化权利作了具体规定。

2. 特殊性的国际人权公约

（1）《防止及惩治灭绝种族罪公约》。公约是1948年联合国大会通过并于1951年1月12日生效。我国政府于1983年4月18日向联合国交存批准书，公约于同年7月17日对我国生效。公约把灭绝种族罪定义为“蓄意全部或局部地消灭某一民族、种族或宗教集团”的行为。公约宣布灭绝种族行为是国际法上的罪行，各国都有普遍管辖权。

（2）《消除一切形式种族歧视公约》。公约于1965年联合国大会通过并于1969年1月4日生效。我国政府于1981年12月29日交存批准书，次年1月28日公约在我国生效。公约对种族歧视所下的定义是：基于种族、肤色、世系或原属国或民族本源之任何区别、排斥、限制或优惠，其目的或效果为取消或损害政治、经济、社会、文化或公共生活任何其他方面人权及基本自由在平等地位上之承认、享受或行使。公约设立了消除种族歧视委员会作为公约的监督机构。

（3）《禁止并惩治种族隔离罪行公约》。公约于1973年由联合国大会通过，1976年7月18日生效。我国政府于1983年4月18日交存批准书，同年5月18日公约对我国生效。公约对“种族隔离罪”所下的定义是：包括与南部非洲境内所推行的相类似的种族分离和种族歧视的政策和办法，即为建立和维持一个种族团体对任何其他种族团体的主宰地位，有计划地压迫后者而作出的不人道行为。公约为缔约国规定了各项义务。为了保证公约规定的执行，公约同时规定对被控犯有种族隔离行为的人，缔约各国都有刑事管辖权。

（4）《消除对妇女一切形式歧视公约》。公约由联合国大会于1979年通过，1981年9月3日生效。我国于1980年7月17日签署公约，同年11月4日交存批准书，1981年9月3日公约对我国生效。公约把“对妇女的歧视”定义为：基于性别而作的任何区别、排斥或限制，其影响或其目的均足以妨碍或否认妇女（不论已婚或未婚）在男女平等的基础上认识、享有或行使在政治、经济、文化、公民或任何其他方面的人权和基本自由。为保证公约规定的各项义务得到充分保护，公约设立了消除对妇女歧视委员会。

（5）《儿童权利公约》。公约由联合国大会于1989年11月20日通过，1990年9月生效。我国于1990年8月29日签署该公约，并于1991年12月批准。公约规定“儿童”是18岁以下的任何人，除非对其适用的法律规定成年年龄低于18岁。公约还规定了儿童权利的具体内容和缔约国的具体义务。

（三）国际人权保护

1. 国际人权保护的概念与范围

国际人权保护，是指国家之间通过缔结国际条约来确立和承担国际义务，通过必要而适当的国内立法和救济措施确保国际人权的普遍而充分的实现。

国际人权保护的范围包括个人人权和集体人权两大类。个人人权包括生存权、平等权和政治、经济、文化权利和自由。集体人权包括民族自决权和发展权。

2. 国际人权保护机构

（1）联合国机构。联合国机构包括联合国大会和经济与社会理事会。联合国大会是联合国人权活动的最高机构，它在人权保护方面的职权主要是根据《联合国宪章》规定的。经济与社会理事会是联合国负责经济、社会事务的机构，审议人权问题是其重要职能。理事会下属的人权委员会、妇女地位委员会、预防犯罪和刑事司法委员会都涉及人权事务。

（2）国际公约机构。国际人权公约缔结之后，为监督公约的实施，多数成立了公约执行监督机构。这些机构主要有：人权事务高级专员、经社文权利委员会、反对酷刑委员会，消除种族歧视委员会、消除对妇女歧视委员会和儿童权利委员会等。

3. 国际人权保护的实施制度

（1）报告及审查制度。多数人权公约都规定了报告及审查制度，即缔约国有将其履行条约的情况向有关机构提交报告的义务，有关机构有权对各缔约国提交的报告进行审查。

（2）处理缔约国来文及和解制度。有些国际人权公约规定了处理缔约国来文及和解制度。

（3）个人申诉制度。有些国际人权条约规定了个人申诉制度，但一般都要求要基于条约中的任选条款，并必须是在确认用尽国内救济办法后才能受理个人申诉。

（4）联合国 1503 程序。该程序是指 1970 年联合国经社理事会通过的“有关侵犯人权及基本自由的来文的处理程序”的决议中所规定的程序。即规定防止歧视及保护少数小组委员会不用依据条约，在经证明确系一贯和严重地侵害基本人权的情况下即有权受理个人的来文。小组委员会可决定将具有一贯侵犯人权特点的情况提交人权委员会审议。人权委员会可以自行研究并向经社理事会提出报告和建议，也可以在征得有关国家同意的情况下任命一个特设委员会进行调查。

4. 我国在人权问题上的基本立场

（1）尊重和保护人权，反对利用人权干涉别国内政。在国际上，我国主张相互尊重国家主权，优先维护发展中国家人民的生存权和发展权，从而为全世界人民享受更多人权创造必要条件。中国反对任何国家借口人权问题干涉别国内政。

（2）积极参与联合国人权领域的活动。我国自 1971 年恢复联合国的合法席位后，一直出席联合国大会和联合国经社理事会的历届会议，参加人权问题的审议。我国政府先后签署、批准和加入了一系列国际人权公约。

（3）在人权领域内加强国际合作。我国一贯捍卫发展中国家的民族自决权，在制止大规模侵犯人权方面作出了不懈努力。

第二节 国际私法概述

一、国际私法的概念、特征与渊源

（一）国际私法的概念与特征

国际私法是以涉外民商事法律关系为调整对象的法律规范的总称。

国际私法的特征表现为：（1）国际私法的调整对象是具有涉外因素的民商事法律关系；（2）国际私法的中心任务是解决因各国民商法规定不同而在涉外民事关系中所发生的法律冲突；（3）国际私法的内容以冲突规范为最基本规范，同时包括规定外国人民事法律地位的规范、避免或消除法律冲突的统一实体规范及国际民事诉讼与仲裁程序规范。

（二）国际私法的渊源

国际私法调整对象的复杂性决定了国际私法规范的多样性。国际私法的渊源表现为国内法渊源（国内立法、司法判例、司法解释和习惯）和国际法渊源（国际条约、国际惯例和国际法院的判例）。

二、国际私法的调整方法与范围

（一）国际私法的调整方法

国际私法不同于其他法律部门，不仅在于它调整的社会关系为国际民商事法律关系，而且在于它调整这种关系的方法有独特之处。国际私法对国际民商事关系的调整有两种方法：

1. 间接调整

间接调整又称冲突规范调整，即在法律中制定具体的法律适用规则，规定在不同的情况下适用不同的法律，确定当事人的权利和义务。

2. 直接调整

直接调整又称实体法调整，以实体规范直接规定当事人的权利和义务。

（二）国际私法的范围

国际私法的范围，即国际私法规范的组成范围。国际私法规范组成，一般认为包括外国人法律地位规范、冲突规范、国际统一实体规范和国际民商事诉讼及仲裁程序规范。国际统一实体规范包括：限制外国法的适用；公共秩序的保留；法律规避；外国法内容的查明等内容。

三、冲突规范与准据法

（一）法律冲突的概念

法律冲突是指调整同一社会关系或解决同一问题的不同法律制度由于各自内容的差异和位阶的高低相互在效力上的抵触。法律冲突是一种普遍存在的现象，国际法正是在解决国际民商事法律冲突的基础上产生和发展起来的。冲突规范和准据法都是为了解决法律冲突而产生的。

（二）冲突规范的概念与结构

冲突规范是由国内法或国际条约规定的，指明某种国际民商事法律关系应适用何种法律的规范。冲突规范又称法律适用规范，或法律选择规范，它是间接调整涉外民商事法律关系的一种方式。

冲突规范由三部分组成，第一部分称为“范围”或“连接对象”，是冲突规范所要调整的某种法律关系或所要解决的法律问题。第二部分称为“连接点”，又称为“关联词”。它从语法结构上将“范围”和“系属”联系起来。它是冲突规范借以确定涉外民商事法律关系应适用于什么法律的根据。第三部分称为“系属”或“冲突原则”，它指明某种法律关系或法律问题所适用的法律。

（三）准据法

准据法是国际私法上特有的概念，是指经冲突规范指定援用来具体确定民商事法律关系的当事人的权利和义务的特定国家的实体法律。准据法本身不是冲突规范，但它是经冲突规范援用的实体法，因此它与冲突规范的关系非常密切。一方面，冲突规范本身不能直接调整有关涉外民商事法律关系，它的直接作用是援引准据法。它只是与它所指定的准据法相结合才能发挥作用。另一方面，准据法必须通过冲突规范的援引才能发挥它的调整涉外民商事法律关系的作用，离开冲突规范，准据法在特定的民商事法律关系中的作用也无从发挥。

可以成为准据法的法律包括国内实体法和国际统一实体规范。国内实体法包括内国法和外国法。国际统一实体规范包括国际条约和国际惯例。以国际惯例形式出现的统一实体法规范大多是任意性惯例，只有当合同当事人按“意思自治”原则选择它们作为准据法时，它们对合同当事人才有拘束力。

（四）限制外国法适用的各种制度

冲突规范所援引的准据法，可能是国内法，也可能是外国法。尽管在国际民商事法律关系领域，在一定范围内有限度地适用外国法是必要的，也为各国理论和实践所接受，但是，出于维护国家利益，克服适用外国法过程中发生的诸多困难等原因，各国在司法实践中还是形成了许多限制外国法适用的制度，如反致、公共秩序保留、法律规避等。

四、国际民事诉讼与国际商事仲裁

（一）国际民事诉讼

国际民事诉讼，又称为涉外民事诉讼，是指民事诉讼的主体、标的或涉及的法律关系中至少有一个为外国因素的诉讼。

国际民事诉讼程序是指法院在审理含有涉外因素的民事案件的过程中所专用的程序。国际民事诉讼程序的基本内容包括：涉外民事案件的管辖权；外国人的民事诉讼地位；司法协助及外国判决的承认与执行。

（二）国际商事仲裁

国际商事仲裁是指国际经济贸易活动中当事人依事先或事后达成的仲裁协议，将有关争议提交临时或常设仲裁机构进行审理，作出有约束力的仲裁裁决制度。

国际商事仲裁的特点是：国际商事仲裁不同于国际民事诉讼，它是通过民间性质的仲裁机构进行审理，其管辖权基于当事人的合意，是非强制性的，表现了对双方当事人的尊重；国际商事仲裁不同于国际仲裁，主要是解决发生在私人之间以及私人和国家之间的商事争议；国际商事仲裁不同于国内仲裁，国际商事仲裁是国际性的。

第三节　世界贸易组织

国际经济组织是当今世界上主要从事经济活动的国际组织，其中的国际货币基金组织、世界银行集团和世界贸易组织被公认为国际经济秩序的根基。这里主要介绍世界贸易组织。

一、世界贸易组织的概念与职责范围

（一）世界贸易组织的概念

世界贸易组织简称世贸组织，英文为 World Trade Organization，英文缩写为 WTO。

世界贸易组织是根据《关税贸易总协定》（CATT）乌拉圭回合多边贸易谈判达成的《建立世界贸易组织协议》于 1995 年 1 月 1 日建立的。它是一个以乌拉圭回合多边谈判中所达成的一整套协定和协议为法律准则，对各成员国之间在经济贸易关系方面的权利和义务进行监督、管理的国际经济贸易组织。

（二）世界贸易组织的职责范围

世界贸易组织作为一个国际组织，在法律上与联合国等国际组织处于平等地位。它的职责范围是：组织实施多边贸易协议、提供多边贸易谈判场所和论坛、负责定期审议其成员的贸易政策和统一处理成员之间产生的贸易争端、负责加强同国际货币基金组织和世界银行的合作，以实现全球经济决策的一致性。

二、世界贸易组织的宗旨与目标

（一）世界贸易组织的宗旨

世界贸易组织的宗旨是规范和制约成员国对外经济行为，促进世界贸易自由化进程，但是，世界贸易组织不能直接干预成员体内的非经济事务。

（二）世界贸易组织的目标

世界贸易组织的目标是通过互惠互利的安排，切实降低关税和非关税贸易壁垒，在国际贸易中消除歧视待遇，坚持非歧视贸易原则，对发展中国家给以特殊和差别待遇，扩大市场准入程度及提高贸易政策和法规的透明度，以及实施通知与审议等原则，来协调各成员之间的贸易政策，共同管理全球贸易，从而建立一个完整的包括货物、服务、与贸易有关的投资及知识产权等更具有活力、更持久的多边贸易体系。

三、世界贸易组织的基本原则与主要协议

（一）世界贸易组织的基本原则

世界贸易组织的基本原则贯穿在世界贸易组织的协议和协定中，构成多边贸易体制的基础。世界贸易组织的基本原则的核心是非歧视，主要体现在：

1. 最惠国待遇原则

最惠国待遇是指缔约一方现在和将来给予缔约另一方的优惠、特权和豁免，都不应低于其给予任何第三方的优惠、特权和豁免。实施最惠国待遇的目的是使除本国之外任何其他缔约方之间在本国市场上进行公平竞争。最惠国待遇的灵魂是机会均等。

2. 国民待遇原则

国民待遇原则是指根据条约，世界贸易组织成员的商品或服务进入另一成员领土后，也应享受与该国的商品或服务的相同的待遇。其目的是为了保证外国公民和产品等在进口国市场获得与进口国本国公民和产品相同的地位，防止进口国利用国内的有关法规作为实行贸易保护的手段。

3. 自由贸易原则

自由贸易原则是指通过多边谈判，实质性地逐步削减关税和减少贸易壁垒，扩大成员之间的货物和服务贸易。

4. 公平竞争原则

公平竞争原则是指成员方应避免采取扭曲市场竞争的措施，纠正不公平贸易行为，鼓励公开和公平竞争的规则。一般要求取消贸易数量限制，在服务贸易领域，要求成员方提供国民待遇和市场准入机会。

5. 透明度原则

透明度原则是指成员方应公布所制定和实施的贸易措施，不公布的不得实施，同时应将这些情况通知世界贸易组织。贸易措施的透明，保证贸易环境的稳定和可预见性。

（二）世界贸易组织的主要协议

世界贸易组织的主要协议有：马拉喀什协议；货物贸易的多边协议；服务贸易总协议；与贸易有关的知识产权协议；与贸易有关的投资措施协议；争端解决规则与程序的谅解；贸易政策审议机制；诸边贸易协议。

四、世界贸易组织与我国新时期法制建设

（一）我国入世后享受的基本权利与承担的义务

我国自1986年7月10日提出申请至2001年12月11日正式成为世界贸易组织成员。从此，WTO使开放的中国全面融入世界经济体系，使中国的经济和企业发展开始面临更多的机遇和更大的挑战，也极大地推进着新时期中国的法制建设和法制现代化进程。中国走到了世界的前列，享受着各个国家共同的基本权利，承担着共同的义务。

1. 我国入世后享受的基本权利

我国入世后享受的基本权利包括：（1）享受非歧视待遇。我国将充分享受多边无条件的最惠国待遇和国民待遇。（2）全面参与多边贸易体制。我国将充分享受正式成员的权利，全面参与 WTO 各理事会及委员会的所有正式和非正式会议，维护我国的经济利益，享受发展中国家权利。（3）享受世界贸易组织各项协议规定的特殊和差别待遇。同时，我国还获得市场开放和法规修改的过渡期；保留国营贸易体制；有条件、有步骤地开放服务贸易领域等其他基本权利。

2. 我国入世后承担的基本义务

我国入世后承担的义务有：（1）遵守非歧视原则，对进入我国的进口货物给予国民待遇和最惠国待遇。对进入我国的服务以及与贸易有关的投资措施，将履行我国加入世贸组织的具体承诺。（2）将关税逐步减低到发展中国家的水平，逐步减少和取消对进口产品的许可证和配额等非关税措施。（3）逐步开放服务贸易，有步骤地允许外商进入我国电信、银行、保险、证券以及分销等服务领域。（4）废除和停止实施与世贸组织相抵触的法律、法规和规章。（5）改革外贸管理体制，实施统一、透明的外贸政策。

（二）加入世界贸易组织对我法制建设的影响

加入世界贸易组织也对我国法制建设产生重大影响，主要体现在对相关国内法的制定或修改和建立完善司法审查制度两个方面。

加入世贸组织促进了我国社会主义市场经济的快速发展，大大加快了市场经济法律体系的建设，使我国的进出口管理体制透明度得以提高，行政法律建设进程加快，关税逐渐降到与 WTO 的要求基本一致，为知识产权保护、扩大各类国际贸易和引进高新技术创造了良好的法制环境。世界经济全球化和中国加入世界贸易组织的形势，有利于我国在更大范围、更高层次上参与国际经济的合作与竞争，有利于扩大贸易和国民经济持续快速增长。

【思考与练习】

一、单选题

1. 下列（　　）不属于特殊国际人权公约。

A.《防止及惩治灭绝种族罪公约》　　B.《消除一切形式种族歧视公约》

C.《禁止并惩治种族隔离罪行公约》　　D.《经济、社会、文化权利国际公约》

2. 国家责任的形式不包括（　　）。

A. 限制主权　　B. 恢复原状　　C. 恢复名誉　　D. 赔偿和道歉

3. 联合国常设机构不包括（　　）。

A. 大会　　B. 安全理事会　　C. 托管理事会　　D. 常务委员会

4. 我国是（　　）正式成为世界贸易组织成员的。

A. 1986 年 7 月 10 日　　B. 2001 年 12 月 11 日

C. 1999 年 7 月 1 日　　D. 2003 年 12 月 11 日

二、简述题

1. 什么是国际法？国际法的特征有哪些？

2. 国际法的基本原则有哪些?
3. 联合国的组织机构有哪些?
4. 什么是冲突规范?冲突规范由哪些部分组成?
5. 世界贸易组织的概念和基本原则是什么?

21世纪高职高专新概念（财经类）系列教材

（一）基础科目

1. 管理学概论
2. 经济法基础
3. 计算机文化基础
4. 政治经济学原理（第二版）
5. 会计学原理
6. 财经应用文
7. 国际贸易理论与实务
8. 宏微观经济学（西方经济学）
9. 公共关系实用教程
10. 财经数学
11. 大学语文（第二版）
12. 普通话水平训练与测试
13. 书法教程
14. 计算机应用基础教程
15. 市场营销
16. 法律基础（第2版）
17. 计算机应用基础实践教程

（二）国际贸易专业

1. 国际贸易概论
2. 国际贸易实务（第二版）
3. 国际商法
4. 国际金融
5. 国际经济合作
6. 对外贸易综合技能
7. 外贸运输与保险
8. 国际结算与外贸单证
9. 国际贸易地理（第二版）
10. 进出口商品检验与通关
11. 国际货运代理实务（第二版）

（三）会计专业

1. 基础会计
2. 财务会计（第二版）
3. 成本会计
4. 财务管理（第二版）
5. 审计原理与实务
6. 会计电算化
7. 统计学基础（第二版）
8. 会计综合技能训练
9. 税务法律与纳税处理

（四）商务英语专业

1. 国际商务函电
2. 外贸英语口语
3. 国际商务英语写作
4. 商务英语阅读
5. 国际商务谈判
6. 英美概况
7. 实用外贸英语谈判与函电

（五）企业管理专业

1. 工商企业经营与管理概论（第二版）
2. 工商企业管理实务
3. 现代企业管理案例精析
4. 人力资源管理学教程
5. 现代企业文化学
6. 市场营销学

（六）市场营销专业

1. 市场营销学概论（第二版）
2. 国际市场营销
3. 网络营销
4. 商务谈判
5. 广告理论与实务
6. 消费心理学（第二版）
7. 现代物流与配送
8. 商品学
9. 市场营销实训教程（第二版）
10. 市场营销综合技能训练

（七）金融与保险专业

1. 货币银行学（第二版）
2. 财政与金融（第二版）
3. 国际结算
4. 证券与投资
5. 保险原理与实务
6. 商业银行经营与管理
7. 金融企业经营与管理
8. 金融保险操作综合技能

（八）电子商务专业

1. 电子商务（第二版）
2. 电子商务实用教程
3. EDI 实务与操作
4. 电子商务安全与支付
5. 电子商务法律法规
6. 电子商务综合技能

（九）旅游与酒店管理专业

1. 旅游学概论
2. 中国旅游地理
3. 导游业务与技巧
4. 旅行社经营与管理（第二版）
5. 旅游市场营销
6. 酒店经营与管理
7. 酒店管理综合技能训练
8. 旅游心理学
9. 现代旅游管理法规概论
10. 旅游文化学概论

（十）物流管理专业

1. 物流管理概论
2. 物流企业管理
3. 供应链管理
4. 物流技术与设施
5. 物流管理信息系统
6. 仓储与配送